KB112306

개항부터 한일합병까지 한국사 이면 엿보기

하루 30분 근대 속의 대한제국을 읽다

하루 30분 근대 속의
대한제국을 읽다

초판 1쇄 인쇄 | 2018년 9월 20일
초판 1쇄 발행 | 2018년 9월 27일

지은이 | 이수광
펴낸이 | 박영욱
펴낸곳 | 북오션

편 집 | 허현자 · 하진수
마케팅 | 최석진
디자인 | 서정희 · 민영선
Cover image assistant | 박현빈

주   소 | 서울시 마포구 월드컵로 14길 62
이메일 | bookocean@naver.com
네이버포스트 | m.post.naver.com('북오션' 검색)
전   화 | 편집문의: 02-325-9172   영업문의: 02-322-6709
팩   스 | 02-3143-3964

출판신고번호 | 제313-2007-000197호

ISBN 978-89-6799-425-9 (03910)

이 도서의 국립중앙도서관 출판예정도서목록(CIP)은 서지정보유통지원시스템
홈페이지(http://seoji.nl.go.kr)와 국가자료공동목록시스템
(http://www.nl.go.kr/kolisnet)에서 이용하실 수 있습니다.
(CIP제어번호: CIP2018025609)

하루 30분 근대 속의 대한제국을 읽다

개항부터 한일합병까지 한국사 이면 엿보기

이수광 지음

북오션
콘텐츠그룹

역사의 행간과 이면

《우리도 몰랐던 한국사의 비밀 32가지》가 출간되자 뜻밖에 많은 독자들이 호응을 해주었다. 독자들이 이런 반응을 보여준 것은 고맙고 기쁜 일이다. 그래서 이번에는 한국 근대사를 다루었다.《하루 30분 근대 속의 대한제국을 읽다》는 개화의 물결이 도도하게 밀려오고 대한제국이 일본에 멸망한 1845년부터 1910년까지의 이야기다.

100여 년 전 수많은 선각자들은 개화를 위해 목숨을 바쳤고, 옛것을 지키기 위해 몸부림을 치던 수구파와 싸웠고, 조선을 침략하려는 서구 열강과 싸웠다. 그들의 행적을 따라 역사 속에 숨어 있는 진실을 추적하다 보면 또 다른 면을 발견하게 된다.

《백범일지》는 왜곡되었는가?《백범일지》의 어떤 부분이 오류고 역사와 다른가? 김정호는 백두산을 올랐는가, 오르지 않았는가? 김옥균의 갑신정변이 우리 역사에 어떤 영향을 미쳤는가? 민영익은 과연 친청당이어서 우정국 낙성식에서 암살당했는가? 이 책을 통해 이러한 미스터리를 하나씩 풀다 보면 한국 근대사에 한결 더 가깝게 다가갈 수 있을 것이다.

　역사의 과오를 되풀이하지 않으려면 노도처럼 밀려오는 외세의 틈바구니에서 당대의 주요 인물들이 무엇을 했는지 살펴볼 필요가 있다.

　김옥균이 왜 급진 개화파가 되었는지, 요화 배정자가 무엇 때문에 일본의 스파이가 되어야 했는지, 태극기를 누가 어디에서 만들었는지, 그 이면을 살피는 것도 흥미로운 일일 것이다.

　한국사 공부가 어려운 학생들에게는 재미있게 학습을 할 도구가 될 수도 있을 것이다.

　한말의 어지러운 정세를 살펴보면 오늘날 우리의 정치 판도가 보인다. 누가 위정자인지, 누가 국민을 속이고 권력을 탐하는지 알 수 있을 것이다. 작금의 동북아 정세는 100년 전과 별반 다르지 않다. 일본과 중국에 둘러싸여 갈팡질팡하던 근대 역사에서 우리는 새로운 지평을 여는 지혜를 배워야 할 것이다.

이수광

차 례

교황은 왜
솔뫼성지를 방문했을까?

2014년 한국을 방문한 프란치스코 교황은 8월 15일 충남 당진의 솔뫼성지를 방문하여 아시아청소년 대표들과 만남을 갖고 약 5만 명에 이르는 천주교 신자들로부터 열렬한 환영을 받았다. 솔뫼성지는 아시아청년대회가 열리는 곳이었고 한국천주교회 초대 신부인 김대건 안드레아 신부의 생가가 있는 곳이었다.

진산사건과 천주교 탄압

한국의 근대화가 태동을 한 것은 영정조 시대부터라고 볼 수 있다. 정조 시대에 이용휴, 이가환 등 남인 계열의 실학자들이 등장했고, 한국에 천주교회가 들어온 것도 정조 시대였다. 영조 시대의 극심한 당쟁이 정조 시대까지 이어지고 있었다. 정조가 남인 계열의

| 솔뫼성지 김대건 신부의 생가 |

이가환을 발탁하려고 했을 때 노론은 격렬하게 반대했다. 그러자 정조는 쓰레기더미 속에서 장미가 피어난다는 뜻으로 다음과 같이 말했다.

> 한미한 집안의 누더기를 걸친 자들을 초야에서 뽑아 올렸는데 가환은 그 가운데 한 사람이다. 그대는 가환에 대해 말하지 마라. 가환은 지금 골짜기에서 교목(喬木)으로 날아 오른 것이고 썩은 두엄에서 새롭게 변화한 것이다. 그의 심중을 통해 나오는 소리가 왜 점차 훌륭한 경지로 들어가지 못할 것이라고 근심하는가.

그런데 기묘한 것은 남인 계열의 실학자들이 대부분 천주교 계열이라는 점이다. 이가환, 정약용 등이 천주교와 관련되어 있고, 정약용은 한국천주교회 발상지인 천진암에서 강학을 열었다. 이때 강학에 참여한 이승훈은 중국으로 건너가 한국 최초의 세례자가 되었다. 이승훈은 세례를 받고 돌아와 천주교를 전파하기 시작했다.

조선의 지도층인 사대부는 성리학이 유일무이한 학문이고 나머지는 모두 사학(邪學), 또는 사교(邪敎)라고 부르면서 탄압했다. 그러나 성리학은 일부 지도층의 전유물이었을 뿐 일반 대중에게는 아무 도움이 되지 못했다. 가난하고 소외된 평민들은 실생활에 도움이 되는 새로운 학문과 새로운 종교를 찾았다.

이때 등장한 것이 서학, 천주교였다. 천주교는 처음에 조선에서 학문으로 연구되었다.

조선에 천주교가 전파되면서 이를 제대로 이해하지 못한 조선인들은 가성직제를 만들어 신부가 아니면서 세례를 주고 천주교 의식을 집전했다. 만민이 평등하다는 천주교 교리는 순식간에 대중 속으로 파고들어 신자들이 빠르게 늘어났다. 그러나 천주교에 깊이 파고들수록 신자들을 당황하게 만드는 현상이 일어났다. '나 이외에 다른 신을 믿지 말라'는 교리에 따라 조선의 천주교인들은 조상에 대한 제사를 금지하고 조상의 위패까지 모실 수 없게 된 것이다.

천주교가 조선의 해서(海西)·관동(關東) 지방의 일반 민중 사이에 신봉되고 있는 동안은 아무런 문제도 일어나지 않았다. 1790년 북경 교구장인 구베아 주교가 조선 로마가톨릭교회에 제사 금지령을 내리자, 전라도 진산군에 사는 선비 윤지충 바오로와 그의 외종

사촌 권상연 야고보는 이 가르침을 따르고자 집 안에 있던 신주를 불살랐다. 1791년 여름 윤지충이 모친상을 당하여 권상연과 함께 어머니의 유언대로 유교식 상장(喪葬)의 예를 쓰지 않고 조문을 받지 않았으며, 로마 가톨릭 예식으로 장례를 치러 종친들을 분노케 했다.

이 사건이 조정에 알려지면서 당쟁으로 비화되었고 대대적인 천주교 탄압이 일어났다. 이를 전라도 진산에서 일어났다고 하여 '진산사건' 또는 신해년에 일어났다고 하여 신해사옥, 신해교난이라고도 부른다.

'서교도는 조상도 모르는 짐승 같은 자들이다.'

진산사건은 천주교에 대한 본격적인 탄압이 이루어지는 계기가 되었다. 그러나 정조는 천주교인들에게 관대했다. 그는 천주교인들을 교화하면 된다고 생각했다. 그러나 정조가 죽고 순조가 즉위하면서 상황이 달라졌다. 정순왕후를 비롯하여 노론은 대립관계에 있던 남인들을 제거하기 위해 대대적인 탄압을 했다.

천주교 집안에서 자란 김대건

김대건은 1822(순조 22)년 충남 당진 솔뫼 마을에서 태어났다. 그가 태어났을 때는 천주교가 널리 전파되어 있었다. 증조부를 비롯해 아버지와 어머니가 독실한 천주교인이었다. 김대건은 천주교 집안에서 태어나 어린 시절부터 교리를 배우고 입교했다. 증조부인 김진후가 박해를 받아 10년 동안 옥고를 치르다가 순교하자 할아버지를 따라 경기도 용인군 내사면 남곡리로 이사하여 그곳에서 자랐다. 천주교는 그의 어린 영혼에 많은 영향을 미쳤다. 아버지 김제준도 독실한 천주교 신자였는데 1839년 기해박해 때 서울 서소문 밖에서 순교한다.

당시 조선에는 파리외방전교회 소속 신부가 파견되어 있었다. 그러나 외국인이었기 때문에 전교에 어려움이 많아 조선인 신부를 양성해야 한다고 생각했다. 이에 조선에 들어와 있던 모방 신부가 조선인 소년 3명을 선발하여 마카오에 있는 파리 외방전교회 동양경리부로 보내기로 했다. 이때 김대건은 15세였으나 최방제, 최양업과 함께 선발되어 모방 신부에게 라틴어를 배우고 학문이 높은 선비인 유진길에게는 한문을 배웠다.

모방 신부는 김대건에게 많은 관심을 기울였다.

교인들은 박해를 피해 깊은 산골짜기로 들어가 화전을 일구고 옹기를 굽거나 숯을 구워 살았다. 생활은 말할 수 없이 궁핍했으나 그들은 신앙을 버리지 않고 성실한 생활을 해나갔다. 이들이 누구보다도 정직하고 이웃과도 친밀하게 지냈기 때문에 이웃 마을의 사람들도 양식을 빌려주어 그들이 생활 터전을 마련하는 데 도움을 주었다.

김대건의 가족들도 박해를 피해 바람처럼 떠돌다가 부평에 이르렀고 그곳 교우들의 추천으로 신학생 후보로 선발되었다. 모방 신부는 김대건에 대해 잘 몰라 신부로 양성하는 것을 주저했다. 그러나 그가 학업에 열중하고 신부가 되면 조선교회를 위해 기꺼이 순교할 수 있다고 말하자 신학생 후보로 받아들였다.

김대건은 1년 동안 성실하게 라틴어와 중국어를 배우고 기도 생활을 철저하게 하여 모방 신부를 만족하게 했다.

1836년 12월 2일 세 소년은 마침내 한양을 떠나게 되었다. 그들은 중국으로 돌아가는 유방제 신부와 함께 정하상과 조신철의 안내로 눈보라 속에서 길을 재촉하기 시작했다. 뱃길이 위험했기 때문에 육로로 마카오로 갈 예정이었다. 마카오로 가는 길은 수만 리 먼 길이었다.

'저들이 무사히 도착해야 할 텐데……'

모방 신부는 김대건이 떠나는 모습을 보면서 기도했다. 눈보라 치는 겨울에 길을 떠나는 것은 압록강이 한겨울이 되어야 얼기 때문이었다. 국경을 감시하는 군사들의 눈을 피하려면 얼어붙은 강을 건너는 수밖에 달리 방법이 없었다.

머나먼 마카오 유학 길

마카오로 가는 길은 끝없이 멀고도 험난했다. 압록강까지도 오로지 걸어서 가야 했기 때문에 많은 시간이 걸렸고 도처에 위험이 산재해 있었다. 무엇보다 추위와 굶주림이 견디기 어려웠다. 그러니 김대건 일행은 기도를 하면서 걸음을 재촉했다. 때로는 눈보라가 몰아치고 살을 엘 듯한 추위가 엄습하기도 했다. 온몸이 덜덜 떨리고 이빨이 딱딱 부딪쳤다.

압록강을 건너자 추위는 더욱 심해졌다.

'천주께서 우리를 시험하시는 것인가?'

김대건은 만주 벌판을 끝없이 걸었다. 광활한 벌판에 몰아치는 추위는 영하 30도를 오르내리는 혹한이었다. 그러나 절망감이나 고통은 전혀 느껴지지 않았다.

'천주께서 우리를 인도하실 것이다.'

김대건은 손발이 얼어터지는 추위 속을 걸으면서 천주의 섭리를 강하게 느꼈다. 지독한 추위와 굶주림이 계속되었다. 이들을 안내하는 정하상은 소년들이 길에서 얼어 죽을까 봐 걱정을 많이 했다. 어른들도 견디기 어려운 혹독한 추위가 몰아치고 있었다. 김대건은 정하상의 지극한 보살핌을 받으면서 만주와 내몽고, 그리고 중국 내륙을 걸어 8개월 동안의 대장정을 마치고 마카오에 도착했다. 한양에서 12월에 떠났는데 마카오에는 7월이 되어서야 도착한 것이다.

'아아 드디어 마카오에 도착했구나.'

김대건은 감동하여 가슴이 뛰었다. 참으로 길고 긴 여정이었다.

김대건 등은 중등 과정을 공부하기 시작했다. 그는 라틴어와 프랑스어, 그리고 신학을 열심히 공부했다. 라틴어를 공부하면서 처음으로 구약과 신약을 읽을 수 있었다. 그것은 이루 말할 수 없는 감동이었다. 이때 최방제가 풍토병에 걸려 1년 만에 병사하고 만다.

"내가 못한 일 너희들이 이루어다오."

최방제는 임종 전에 눈물을 흘리면서 김대건과 최양업에게 당부했다.

"우리는 반드시 너의 말대로 하겠지만 너는 주님의 곁에서 우리를 보살펴주기 바란다."

김대건과 최양업은 그의 손을 잡고 눈물로 맹세했다. 최방제는 마침내 눈을 감았다. 오로지 신부가 되기 위해 머나먼 조선 땅에서 장장 8개월 만에 마카오에 도착했는데 덧없이 최방제가 죽은 것이다. 김대건은 깊은 슬픔과 더 무거운 책임감을 느꼈다.

김대건은 슬픔 속에서도 최방제를 이국땅에 묻고 공부를 계속했다. 1년이 지나고 2년, 그리고 3년이 지났다. 그들은 마카오의 신학생들 중에서 누구보다도 열심히 공부하여 훌륭한 성직자로서 자격을 갖추게 되었다.

"사제가 되려면 25세가 되어야 합니다. 그동안 성직자로서 자질을 갖추기 위해 노력하십시오."

페레올 주교가 김대건과 최양업에게 당부했다. 그들은 교리와 신학에 더욱 열중했다. 고향으로 돌아가서 사목활동을 하고 싶었으나 아직 때가 아니었다.

조선 최초의 신부

김대건은 1845년 1월 다시 압록강을 건너 10년 만에 조선으로 입국했다. 그러나 기찰이 삼엄했기 때문에 고향에 있는 어머니에게도 알리지 못하고 중국으로 되돌아갔다. 그는 만주에서 며칠을 지내다가 11명의 교우와 함께 황포돛배를 타고 산둥 반도로 향했다. 육로로 조선으로 입국하는 것보다 뱃길로 입국하는 것이 훨씬 낫다고 판단한 것이다. 김대건과 교인들은 태풍을 만나 온갖 고생을 하다가 상해에 이르렀다. 그동안 페레올 주교는 마카오에 있었으나 상해로 와서 김대건과 반갑게 해후했다.

"그동안 많은 노력을 했으니 이제 신품성사를 받아야 합니다."

페레올 주교가 말했다. 김대건은 상해의 금가항 교회에서 주교 페레올의 집전으로 신품성사를 받아 신부가 되었다. 김대건은 이렇게 하여 한국천주교회 최초의 신부가 된 것이다.

"김대건 안드레아 신부님은 조선 최초의 천주교 신부가 되었습니다. 이는 역사에 길이 남을 일입니다."

페레올 주교가 말했다. 김대건 신부는 무거운 책임감을 느꼈다.

김대건 신부는 조선의 천주교에 목숨을 바치기로 결심했다. 그는 신품성사를 받은 뒤 첫 번째 미사를 만당 소신학교에서 집전했는데 다블뤼 부주교가 복사를 맡았다. 김대건 신부는 기쁨이 충만하여 11명의 조선 교우들이 배를 수리하고 있는 상해의 해안으로 돌아왔다. 1845년 8월 31일 페레올 주교와 다블뤼 부주교가 밤중에 그들을 찾아왔다.

"안드레아 신부님, 배는 어떻게 되었습니까?"

페레올 주교가 김대건 신부에게 물었다.

"다행히 수리를 마쳤습니다."

"그럼 오늘 밤 조선으로 갑시다. 조선의 신자들이 우리를 기다리고 있습니다."

"주교님, 너무 위험하지 않겠습니까? 조선은 박해가 심하다고 합니다."

김대건 신부는 깜짝 놀라 반대했다.

"천주께서 안배하실 것입니다."

김대건 신부는 페레올 주교의 강력한 희망에 따라 황포돛배를 타고 조선으로 향했다. 그 배는 대천사의 이름을 따서 라파엘호라고 불렀다. 그러나 중국 해안을 떠난 지 얼마 지나지 않아 강력한 돌풍을 만나고 말았다. 산더미 같은 파도가 배를 덮쳐 키와 노가 부러지고 배는 가랑잎처럼 흔들렸다.

'아아 나는 여기서 죽으면 안 되는데……'

김대건 신부는 하늘을 향해 기도했다. 다행히 중국 배를 만나 요동반도 근처로 갔으나 중국 배마저 파선되었다.

'이는 하느님의 뜻이다.'

김대건 신부는 거센 파도에 운명을 맡겼다. 다행히 풍랑이 점차 가라앉고 키도 노도 없는 배는 물결을 따라 떠돌아다니다가 제주도 해안에 이르렀다.

'우리 모두가 무사한 것은 천주께서 조선 교회를 위해 안배한 것이다.'

김대건 신부는 다시 한 번 천주의 섭리를 강하게 느꼈다. 제주도에서 배를 수리하고 전라도 해안을 따라 거슬러 올라가다가 금강으로 들어섰다. 60리쯤 상류로 올라가자 은진군 강경리 나바위 교우촌에 도착할 수 있었다. 중국을 떠난 지 42일 만으로 기적이라고밖에 할 수 없었다. 김대건 신부는 조선 땅을 밟게 되자 감격하여 가슴이 뭉클했다.

순교의 길로 들어서다

페레올 주교는 한양으로 올라가고 다블뤼 부주교는 나바위 촌에 머물면서 조선말을 배우고 교우들을 위하여 미사를 집전하고 고백성사를 주었다.

김대건 신부는 교인들에게 세례를 주고 미사를 집전했다.

페레올 주교는 만주에 머물고 있는 오매트로 신부와 최양업 부제를 조선에 입국시키기 위해 여러 방법을 모색했다. 그러나 국경의 감시가 심하여 입국을 시킬 수 없었다. 페레올 주교는 뱃길을 개척하기로 하고 그 일을 김대건 신부에게 위임했다.

'그래. 최양업 부제를 입국시켜 같이 사목 활동을 해야 한다.'

김대건 신부는 어머니와 해후하고 페레올 주교의 지시에 따라 뱃길을 개척하기 위해 조기잡이가 한창인 연평도 근처의 순위도로 나갔다. 조기잡이 철이 되면 중국에서도 배들이 몰려오기 때문에 그들과 쉽사리 접촉할 수 있으리라고 생각한 것이다. 다행히 중국 배를 만나 중국 교회에 전하는 서찰을 맡기고 돌아오려고 했다. 그때 등산 첨사 정기호가 포졸들을 거느리고 나타났다. 그는 김대건 신부의 배를 징발하려고 했으나 거절하자 화를 냈다. 이어 뱃사공 엄수를 체포하여 엄중하게 심문했다.

"사학을 하는 놈들이 최근에 서해에 자주 출몰한다고 하는데 이 놈들이 수상하다."

정기호는 김대건 신부가 서교도라고 의심하여 포졸들을 거느리고 와서 몽둥이로 사정없이 때리고 관아로 끌고 갔다. 김대건 신부는 첨사 정기호의 심문을 받은 뒤에 옹진군으로 끌려갔다. 김대건 신부를 태우고 온 배는 혼비백산하여 달아나 버렸다.

'조선의 교우들을 위해 사목 활동을 하려고 했는데 천주께서 나를 다른 길로 인도하시는구나.'

김대건 신부는 하느님의 섭리를 깨달았다.

"나는 조선에서 태어났으나 중국에서 성장했고 천주교 신부가 되어 조선의 교우들을 구제하러 왔다."

김대건 신부는 자신이 천주교를 믿는다고 당당하게 선언했다.

"네가 정녕 서교도라는 말이냐?"

옹진군수는 얼굴이 하얗게 변했다. 때마침 프랑스 군함이 서해안에 나타나 조정이 바짝 긴장해 있었다. 옹진군수는 김대건 신부를 옥에 가두고 대대적인 수색을 벌여 중국 배를 체포했다. 체포된 중국인은 페레올 주교가 쓴 편지도 가지고 있었다.

옹진군수는 김대건 신부를 황해도 감영으로 압송했다.

"나는 천주교 신부다."

김대건 신부는 황해도 관찰사 김정집 앞에서도 자신의 신분을 떳떳하게 밝혔다. 김정집은 김대건 신부를 심문한 뒤에 이양인(異樣人) 김대건을 체포했다고 조정에 보고했다.

프랑스 군함과 조정의 논란

"불랑국(佛朗國)의 글을 보았는가?"

헌종이 중희당에서 대신들에게 물었다.

"과연 보았는데 그 편지에는 자못 공동(恐動)하는 뜻이 있었습니다. 또한 먼바다에 출몰하며 그 사술(邪術)을 빌어 인심을 선동하며 어지럽히는데, 이것은 이른바 앵베르와 함께 모두 서양의 무리입니다."

영의정 권돈인이 아뢰었다.

"김대건의 일은 어떻게 처리하는 것이 좋겠는가?"

"김대건의 일은 한 시각이라도 용서할 수 없습니다. 스스로 사교에 의탁하여 인심을 속여 현혹하였으니, 그가 한 짓을 보면 오로지 의혹하여 현혹시키고 선동하여 어지럽히려는 계책에서 나왔습니다. 그는 본래 조선인으로서 본국을 배반하여 다른 나라 지경을 범하였고, 스스로 사학을 칭하였습니다. 그가 말한 것을 생각하면 뼈가 오싹하고 쓸개가 흔들립니다. 이를 법에 따라 처벌하지 않으면 안 됩니다."

"처분해야 마땅하다."

헌종이 고개를 끄덕거렸다.

"한번 사술이 유행하고서부터 점점 물들어가는 사람이 많고, 이번에 불랑선이 온 것도 반드시 그들이 부추기고 유인하였기 때문입니다."

권돈인이 말했다. 불랑선은 프랑스 군함을 말하는 것인데 때마침 조선의 서해안에 와서 조정에 외교문서를 보내 앵베르 주교, 모방 신부와 샤스탕 신부를 살해한 일을 문책하고 이에 대한 해답을 요구하는 서신을 보냈다. 이에 조정이 바짝 긴장하여 중신회의가 열린 것이다.

"불랑선이 무엇 때문에 왔는지 알고 있는가?"

의금부 도사가 김대건 신부에게 물었다.

"무엇 때문에 왔는지는 모르겠습니다."

김대건 신부는 프랑스 함대가 온 사실을 전혀 모르고 있었다.

"불랑국은 어떤 나라인가?"

"구라파에 있는 나라로 황제가 다스리고 있고 군대가 막강하여 청나라도 무시하지 못하고 있습니다."

"영국은 어떤 나라인가?"

"불랑국 옆에 있는 나라로 이번에 청나라를 격파했습니다."

"그들 나라에 대해서 자세히 말해 보라."

김대건 신부는 프랑스와 영국에 대해서 상세하게 설명하고 세계 지리의 개략을 편술한 뒤에, 영국제의 세계지도를 번역, 색도화(色圖化)해서 조정에 제출했다. 이에 조정에서는 그를 살려주어야 한다는 주장까지 제기되었다. 그러나 김대건 신부를 처형하라는 유림의 여론이 더욱 강력해졌다. 김대건 신부는 자신이 살아날 수 없다고 생각했다.

존경하올 주교님, 저의 어머니 율슬라를 보살펴 주시기를 바라옵니다. 10년 동안이나 같이 있지 못하다가 겨우 며칠 동안을 자식과 보낸 불쌍한 어머니입니다. 이제 얼마 지나지 않아 그 자식은 다시 먼 곳으로 가게 될 것입니다. 원컨대 주교님은 저희 어머니를 위로해 주시옵소서.

김대건 신부는 페레올 주교에게 옥중 편지를 보내 어머니에 대한 애틋하고 깊은 정을 보였다. 그의 편지는 순교를 암시하고 있었다.

이 세상의 모든 일은 천주께서 안배하는 것입니다. 박해도 천주께서 허락하지 않으면 일어나지 않습니다. 나의 죽음은 교우들에게 가슴 아픈 일일 것이고 교우들의 영혼은 슬픔에 잠길 것입니다. 그러나 천주께서 나보다 더 훌륭한 사람을 목자로 보내주실 것이니 슬퍼하지 말고 큰 사랑을 가지고 천주를 섬기십시오. 사랑으로써 한 몸과 한마음이 됩시다. 내가 천 번이고 만 번이고 바라는 것은 오직 이것뿐입니다.

김대건 신부가 교우들에게 보낸 편지였다. 이 편지에서도 그는 자신의 순교를 언급하고 있었다.

한국의 성인으로

조정에서는 마침내 김대건 신부에게 군문효수형을 내리고 음력 7월 20일 사형을 집행하라는 영을 내렸다.

사형이 집행되는 날 김대건 신부는 아침 일찍 일어났다. 아직 해도 뜨지 않은 미명의 새벽이었다. 먼동이 희미하게 밝아오고 있었으나 그는 경건하고 엄숙하게 오랫동안 기도했다. 차꼬가 채워져 있었기 때문에 미사를 집전할 수 없었다. 함께 갇혀 있던 교우들은 엄숙하게 기도했다. 기도를 마친 김대건 신부의 얼굴은 어느 때보다도 평화로워 보였다. 그는 교우들을 격려하고 함께 성가를 불렀다.

이내 날이 밝았다. 김대건 신부는 포도청의 감옥에서 끌려나와 새남터 형장으로 끌려갔다. 새남터 사형장에는 이미 구름처럼 많은 사람들이 운집해 있었다. 사형을 집행하는 판관이 사형 판결문을 낭독했고 김대건 신부는 군중에게 말했다.

"나의 마지막 때가 왔습니다. 여러분은 귀를 기울여 주십시오. 내가 외국 사람과 통한 것은 오직 성교(聖教)를 위해서입니다. 천주를 위하여 나는 죽어갑니다. 그러나 여기에서 영원의 생명이 시작될 것입니다."

사형장은 원래 노들로 불리던 군기시 연무장이었으나 이때부터 새남터로 불리게 되었다. 새남터는 새로 태어난다는 뜻이니 그의 말이 예언처럼 실현된 것이다. 새남터는 한문으로 음역을 달아 '사남기(沙南基)'라고 부르기도 했다.

"여러분도 죽어서 복록을 누리시려면 천주교 신자가 되십시오. 천주께서는 당신을 업신여기는 자에게 끝없이 괴로운 벌을 주실 것입니다."

김대건 신부는 군중들을 향해 마지막으로 큰소리로 외쳤다. 형리들이 그의 옷을 벗기고 관례에 따라 두 귀를 뚫어 화살을 꿰고 얼굴에는 물을 뿜고 횟가루를 뿌렸다. 그리고 두 명의 형리가 김대건 신부의 양쪽 겨드랑이에 몽둥이를 끼어 넣어 앞뒤에서 걸머메고 사형장을 빠르게 세 바퀴나 돌았다. 김대건 신부는 조금도 두려워하지 않고 오히려 태연했다. 형리들이 김대건 신부를 꿇어앉히고 한 가닥의 밧줄로 머리를 묶어 사형대로 세워놓은 말뚝에 매달았다. 이는 사형수가 목을 움직이는 것을 방지하기 위한 것이었다.

"이렇게 하면 쉽게 자르겠느냐?"

김대건 신부는 회자수가 목을 자르기 쉽게 자세를 취해주었다. 회자수들은 당황하여 어쩔 줄을 몰라 했다.

"이제 나의 목을 베어라. 준비는 끝났다."

김대건 신부가 담담하게 말했다.

이때 새남터에는 수많은 교인들이 몰려와 있었다. 그들은 한국 최초의 신부가 순교하는 거룩한 장면을 증거하기 위해 죽음의 위험을 무릅쓰고 찾아온 신자들이었다. 그들은 마음속으로 기도하면서 역사의 현장을 낱낱이 지켜보았다.

마침내 12명의 회자수가 빙글빙글 돌면서 칼춤을 추다가 차례로 칼을 내리쳤는데 김대건 신부는 여덟 번째 칼날에 목이 떨어졌다. 이때 그의 나이 25세였다.

회자수는 김대건 신부의 머리를 쟁반에 담아 판관의 검사를 받았다. 판관이 허락을 하자 형리들이 김대건 신부의 머리를 장대에 매달았다. 그의 머리는 3일 동안 방치되어 있다가 새남터에 묻혔다. 형리들이 김대건 신부의 잘린 머리를 몸체에 붙이고 무명 바지와 붉은 조끼를 입히고 굵은 새끼로 동여맸다. 형리들은 김대건 신부의 시체를 교인들이 가져가지 못하도록 14일 동안이나 감시를 했다. 그러나 14일이 지나 감시인들이 사라지자 교인 열네 명이 한밤중에 시체를 파내어 한양에서 150리 떨어진 안성 미리내에 매장했다.

"이 젊은 조선인 신부를 잃은 것이 나에게는 너무나 아픈 타격이었습니다. 나는 아버지가 자식을 사랑하듯이 그를 사랑하고 있었습니다."

페레올 주교는 바랑 신부에게 편지를 보내 김대건 신부의 순교를 알렸다. 절절한 슬픔 속에서 그는 오랫동안 울면서 기도했다.

김대건 신부가 처형당한 새남터, 그의 시신이 묻힌 미리내, 그리고 그가 태어난 솔뫼는 모두 한국천주교회의 성지가 되었다.

한국천주교회의 자생적인 태동과 순교는 한국근대화의 태동이나 다를 바 없었다.

2014년 8월 15일 프란치스코 교황이 솔뫼성지를 방문한 것은 김대건 신부의 순교를 세계에게 알리기 위한 것이다.

김정호의 대동여지도는
어떻게 만들어졌는가?

하얀 물줄기가 장쾌하게 쏟아지고 있었다. 소녀는 넋을 잃은 듯 하얗게 쏟아지는 물줄기를 쳐다보았다. 그러자 산을 오르느라고 흥건하게 흘러내린 땀이 시원하게 마르는 것 같았다.

"아버지, 이게 장백폭포인가요?"

소녀가 중년의 사내를 돌아보면서 지친 표정으로 물었다. 중년의 사내는 바랑에서 종이와 작은 붓을 꺼내 폭포 주위의 산 모양을 그리고 있었다.

"그렇다. 저 산이 민족의 영산인 백두산이고 이 폭포가 장백폭포다."

사내가 감개무량한 표정으로 폭포를 지그시 응시했다. 오랜 여행 탓인지 그들의 옷은 해졌으며 흙먼지가 덕지덕지 묻어 있었다.

"저 산 위에 거대한 연
못이 있나요?"

"그래. 천지라고 부르는
연못이지."

"산 위에 연못이 있다는
게 신기해요."

"옛날에 화산이 폭발했
기 때문이다. 우리나라는

| 장백폭포 |

화산이 폭발한 곳이 제주도 한라산과 백두산 두 곳뿐이다."

"북쪽 끝과 남쪽 끝에 있네요."

"그렇지. 한라산을 가보았으니 백두산을 오르면 조선의 영산을
모두 오르는 것이다. 여자로서는 드문 일이지. 조선에서 백두산을
오른 여자가 얼마나 되겠느냐?"

중년 사내가 빙그레 웃었으나 소녀의 얼굴은 어두웠다. 장백폭포
아래서 바라보는 백두산은 가파르기 짝이 없었다. 산을 오르는 데
얼마나 오랜 시간이 걸릴지 알 수 없었다. 그러나 숙명이라고 생각
했다. 아버지의 꿈을 이루기 위해 조선 팔도를 누비고 다닌 지 어느
덧 3년이었다. 그 고단한 여정이 언제 끝날지 알 수 없었으나 끝까
지 함께하리라고 입술을 깨물었다.

"산 위에서 노숙을 하게 될지 모르는데 올라가겠느냐?"

"올라가야지요. 어차피 올라가야 하잖아요?"

"그래. 가자꾸나. 백두산을 오르는 것이 쉽지는 않을 것이다. 그

래도 올라가자.”

부녀는 앞서거니 뒤서거니 가파른 산길을 오르기 시작했다. 산은 오를수록 험준해지고 숲이 울창했다. 길도 없고 인적도 없었다. 장백폭포 옆은 자작나무가 빽빽하게 숲을 이루고 있었다. 자작나무 숲을 지나자 이름을 알 수 없는 키 작은 고산식물과 야생화가 잔뜩 피어 있었다. 그들은 숨이 차오를 때마다 바위에 앉아 쉬고 풀숲에 앉아서 쉬었다.

한 시진이 걸려 산 중턱에 이르자 빗방울이 후드득 떨어지기 시작했다. 중년 사내와 소녀는 바랑에서 피풍(皮風)을 꺼내 뒤집어썼다. 웅장한 산은 고적하고 산 위의 하늘은 음울한 잿빛이었다. 조선 팔도를 누비고 다니면서 비를 만나는 일이 잦았기 때문에 항상 피풍을 준비하고 다녔다.

“춥지 않냐?”

사내가 안쓰러운 듯이 소녀에게 물었다.

“괜찮아요.”

소녀가 사내를 돌아보고 생긋 웃었다. 사내는 소녀가 길도 없는 산을 오르는 것이 가슴 아팠다. 어미가 병으로 죽은 뒤에 딸을 혼자 집에 둘 수 없어서 데리고 다니기 시작한 것이 고단한 여정의 시작이었다.

“올라가자.”

사내가 다시 바위 틈 사이로 산을 오르기 시작했다. 백두산은 높이 오를수록 더욱 미끄럽고 험했다. 땀을 흥건히 흘리면서 몇 번이나 엎어지고 넘어지며 오르다가 두 시진이 지나서야 넓은 분지에 이르렀다. 분지 양쪽으로 산들이 솟아 있고 천지에서 흘러나오는 물이 계곡으로 흘러가 장백폭포로 흐르고 있었다.

"여기가 하늘로 올라가는 문, 천문(天門)이다."

사내가 푸른 기운이 감도는 물을 보면서 말했다.

"천지는 어디에 있습니까?"

소녀가 가늘게 몸을 떨면서 물었다. 굵은 빗줄기가 떨어지는 백두산 정상이라 한여름인데도 한기가 느껴졌다.

"저기 둑을 올라가야 할 것이다."

사내가 성벽처럼 가로막혀 있는 둑을 보면서 말했다. 소녀는 둑을 바라보다가 뒤를 돌아보았다. 저 멀리 장백폭포 아래 산들이 아득하게 내려다보였다.

"가자."

사내가 빗속에서 다시 앞서 걷기 시작했다. 소녀도 지친 걸음으로 뒤를 따라갔다. 사내와 소녀는 한참을 걸어서 마침내 둑 위로 올라섰다.

"아……."

중년 사내는 눈이 시리게 파랗게 펼쳐진 거대한 연못을 보고 가슴이 뭉클했다. 백두산 정상의 천지는 장대하고 아름다웠다. 그의 눈에서 눈물이 줄줄 흘러내렸다.

빗속에서 소녀와 함께 백두산을 올라 눈물을 흘리는 사내는 김정호, 훗날 '대동여지도'를 완성하는 인물이었다.

| 백두산 오르는 길 |

자료에 나타난 김정호

조선시대에도 지도는 다양하게 만들어졌지만 근세에 만들어진 지도로는 김정호의 대동여지도가 가장 탁월하다. 이는 조선의 근대화를 촉진시키는 과학 사상의 하나였다. 지도의 완성은 숙종 시대부터 영조 때까지 생존했던 농포자(農圃子) 정상기가 제작한 '동국지도'가 가장 우수한 지도였다. 그러나 지도는 남아 있을 뿐 그에 대한 자세한 기록이 없다.

조선은 지도를 제작하는 것을 엄격하게 금지해 왔는데 이는 지도가 외적에게 알려지는 것을 방지하기 위해서였다. 김정호 역시 지도 제작에 평생을 바쳤으나 그 어떤 관직도 얻지 못하고 보상도 받지 못했다. 그 바람에 그에 대한 기록이 온전하게 남아 있지 않다. 대신 그에 대한 무수한 구전만 전해져 내려오고 있다.

> 김정호는 원래 기교한 재예가 있고 여지학(輿地圖, 지리학)에 열중하여 널리 상고하고 자료를 수집하여 일찍이 지구도를 만들고 또 대동여지도를 제작하여 손수 판각하고 인본을 만들어 세상에 배포하였다. 그 상세하고 정밀함이 고금에 견줄 데가 없다. 나도 그중 하나를 얻고 보니 참으로 보배가 되었다.

19세기 여향시인(閭巷詩人) 유재건이 《이향견문록》에 남긴 글이다. 이 기록에도 김정호의 생애는 기록되어 있지 않다. 김정호가 어떻게 하여 지도 제작을 하게 되었는지조차 알 수 없고, 그가 어떻게 학문을 했는지도 알려지지 않았다. 다만 유재건이 대동여지도 인본을 얻었고, 당대의 기인인 혜강 최한기, 신헌 등과 교분을 갖고 있다는 점을 미루어 상당한 학문을 성취했을 것으로 추정할 수 있다.

최한기는 김정호가 청구도를 완성하자 제언(題言, 해설서)을 쓰기도 했다.

> 김우(金友) 정호(正浩)는 소년 때부터 깊이 지지(地志)에 관심을 갖고 오랫동안 섭렵하였다. 모든 방법의 장단을 자세히 살피어 매양 한가한 때에 사색을 하여 간편한 집람식(輯覽式)을 발견하였다. 김정호는 방안(方眼)을 획성(劃成)하여 부득이 산수(山水)를 끊

고 주현(州縣)을 배열하였는데 표선(表線)에 의하여 경계를 살피기는 어렵다.

그래서 그는 전폭을 구분하여 가장자리에 선을 긋고 본조(本朝)의 역산표(歷算表)를 모방하여 한쪽을 위로 한쪽은 아래로 하여 길고 넓은 형체가 제 강역대로 접하게 되고 반청반홍(半晴半紅)으로 수놓은 듯 강산이 같은 색을 따라 찾을 수 있게 되었다.

최한기가 쓴《제언》에는 청구도에 대한 자세한 설명이 있다. 최한기는 학문이 뛰어난 선비였으며 평생 서적을 수집하여 그의 집이 온통 책으로 가득했다. 김정호가 지도에 관심을 갖게 된 것은 최한기로 인한 것이었다. 최한기는 지리에 관심이 많아《지구전요》라는 세계 지리책을 직접 쓰고 김정호와 함께 '지구전후도'라는 세계지도를 만들기도 했다. 그러나 본격적인 지도 제작은 훈련대장 등 무관직을 역임한 신헌에 의해서 시작되었다.

나는 일찍이 우리나라 지도에 깊은 관심을 갖고 있어 비변사나 규장각에 소장되어 있는 지도나 고가(古家)에 좀먹다 남은 지도를 광범위하게 수집하여, 여러 지도를 서로 대조하고 여러 지리지 등을 참고하여 하나의 완벽한 지도를 만들려고 노력했다. 나는 이 작업을 김정호에게 위촉하여 완성했다.

신헌은 훈련대장 등 무관직을 역임한 인물인데 자신의 글에 이러한 기록을 남겼다.

구전에 의하면 김정호는 집안이 빈한하
여 딸과 함께 살았는데 딸이 지도 제작에
참여한 것으로 전해진다. 지도를 제작하
는 것은 그림도 잘 그려야 하고 인본을 하
기 위해서는 조각도 해야 한다. 양갓집 규
수에게 각수(刻手) 일을 시키거나 지도 제
작에 참여하게 하지는 않는다. 그러므로
김정호의 딸이 지도 제작에 참여한 것을
보면 그들의 신분은 중인 또는 천민이었
을 것이다.

| 신헌 초상화 |

김정호가 과거를 본 기록도 없고, 벼슬
에 나서지 않은 것도 그 까닭이다. 귀중한 지도나 지리책을 찾아다
니다가 최한기를 만나게 되었고 최한기의 소장본에서 많은 참고 자
료를 얻었을 것이다.

신헌은 추사 김정희에게 서체를 배웠고 김정희는 인장(印章, 도장)
에서 조선 최고의 수준이었기 때문에 김정호가 그의 제자 중 한 사
람일 가능성도 있다.

김정호가 조선 팔도를 세 번이나 답사하고 백두산에 일곱 번이나
올랐다는 것을 역사학자들은 일본의 왜곡이라고 주장한다. 이는 김
정호가 전국을 답사한 기록이 전혀 없고 김정호 자신의 기록이나
다른 사람의 기록에도 여러 자료를 섭렵하고 참고했다는 기록만 남

아 있을 뿐이기 때문이다. 이러한 기록에는 전국을 답사했다거나 백두산에 올랐다는 사실이 적혀 있지 않다. 그러나 기록에 없다고 해서 김정호가 고서만을 참고하여 지도를 제작했다는 것이 사실이라고도 할 수 없다. 오히려 김정호는 전국을 답사하고 백두산에도 올랐으나 기록에 남지 않았을 수도 있는 것이다.

김정호는 본관이 청도이고 남대문 밖 만리재와 서대문 밖 공덕리에 살았다. 부인과 사별하여 딸과 함께 일생을 보냈다고 하나 부인과 사별하면 재혼을 하는 것이 당시의 관습이었으므로 재혼을 했을 가능성이 더 높다. 다만 딸이 지도 제작에 더욱 깊이 참여하여 그녀가 구전으로 전해지고 있는 것이다.

후대를 위한 지도

김정호는 소년 시절에 지리학에 관심을 갖게 되었다. 그는 닥치는 대로 지리학에 대한 책을 읽고 연구에 몰두했다.

"지도를 만들어서 무엇에 쓰려는가?"

사람들이 김정호를 비난했다.

"지도 제작은 남자가 평생을 걸어볼 만한 작업이다."

김정호는 사람들에게 지도의 중요성을 역설했다. 그러나 사람들은 김정호가 터무니없는 짓을 한다며 비웃고 손가락질했다.

김정호는 사람들이 비웃어도 아랑곳하지 않았다.

"어째서 지도가 그렇게 중요한가?"

"지도를 이용해 우리나라 강토가 어떤 모양인지 알 수 있고 한양에서 의주나 부산까지 얼마나 걸리는지 알 수 있다. 지도의 실용적 가치는 무한하다."

"지도의 실용적 가치가 무한하다고 해도 자네에게 무슨 이익이 있는가?"

"나는 지도 제작으로 만족할 뿐이다. 100년 후 사람들이 지도의 가치를 알아줄 것이다."

김정호는 딸을 데리고 전국을 답사하기 시작했다. 그는 기존의 지도를 가지고 다니면서 실측을 했다. 한양에서 전국의 지방 고을까지 거리가 얼마인지 실제로 측량하고 세밀하게 기록했다. 때로는 눈이 올 때도 있고 비가 올 때도 있었다. 그러나 김정호는 비바람과 눈보라를 맞으면서 전국을 답사했다.

마을에 이를 때마다 높은 산에 올라 촌락의 모양을 살피고 논과 밭, 저자(시장)의 형상을 살폈다. 전국을 답사하는 일은 수년이 걸리는 일이었다. 그들은 남도를 모두 돌아보고 북도 답사에 나섰다. 해안을 따라 말을 타고 달리기도 하고 험준한 산을 넘고 강을 건너기도 했다. 백두산에도 오르고 압록강을 따라 서쪽으로 이동을 하면서 광대한 만주 대륙도 보았다.

"힘들지 않냐?"

풍찬노숙을 할 때면 딸에게 미안했다. 김정호는 딸을 살피면서 안쓰러운 표정을 지었다.

"아니요. 저도 이제는 조선을 돌아다니는 것이 좋아요."

딸이 얌전하게 웃었다.

길고 긴 답사가 끝나자 김정호는 지도 제작에 들어갔다. 그는 그동안 만든 지도의 오류를 수정하고 자신만의 독특한 지도를 제작하기 시작했다.

지리지는 그림 없이 글로 지리를 설명했는데 그는 자신이 제작하는 지도에 고을의 가구 수, 토지 면적, 군사의 숫자, 곡식의 생산량, 한양까지의 거리까지 상세하게 기록했다. 그가 완성한 지도에는 역사 지리가 상세하여 사람들은 놀랐다.

김정호는 1834년 지도가 완성되자 '청구도'라는 이름을 붙였다. 전국을 헤매고 다닌 지 10년 만의 일이었다.

"이는 역사에 길이 남을 대작일세."

최한기는 청구도를 보고 크게 감탄했다.

"과찬의 말이네. 아직도 부족한 점이 많네."

"이젠 무엇을 할 것인가?"

"도성 지도를 만들 것이네."

"도성 지도? 도성 지도를 무엇 때문에 그리나?"

"도성 지도를 잘 만들어 놓으면 나라에서 정책을 세우기가 좋아. 상세한 지도는 나라와 백성 모두에게 이익이 되는 것이네."

김정호는 청구도를 완성하고 얼마 지나지 않아 다시 지도 제작에 들어갔다. 그는 청구도로 만족할 수 없었다.

1840년 김정호는 '수선전도'를 완성했다. 수선전도는 조선의 도읍 한양을 실측하여 그린 도성도다. 수선(首善)은 세상에 으뜸가는 선이라는 뜻으로 도읍을 지칭하는 말이었다. 성 밖의 산과 들은 물론 성안 대궐과 마을, 사찰까지 정밀하게 그려져 있었다.

"자네가 이 지도를 제작했는가?"

신헌이 김정호를 불러 물었다.

"예."

김정호는 신헌이 부른 이유를 알 수 없어서 공손하게 대답했다.

"나는 지리학에 관심이 있어 많은 지도를 수집했네. 자네가 제작한 청구도는 아주 훌륭한 지도지만 좀 더 완벽한 지도를 만들었으면 하네."

"저 역시 완벽한 지도를 만들고 싶습니다."

"그렇다면 새로운 지도를 만들지 않겠나? 지금까지 나온 모든 지도보다 완벽한 지도 말일세."

"대감께서 도와주신다면 평생의 역작을 만들어 보겠습니다."

김정호는 매일같이 신헌을 만나 지도에 대해 의논했다. 신헌은 지도에 대해서도 박식했다.

"수선전도까지 마쳤으니 이제 그만 쉬세요."

딸이 매일같이 신헌의 집을 드나드는 김정호에게 말했다.

"아직 할 일이 남아 있다."

김정호는 꿈을 꾸는 듯한 표정으로 말했다.

"아버지, 할 일이 무엇입니까? 이제는 좀 쉬어야 합니다."

"전부터 하려던 일이다. 나는 새로운 지도를 제작할 것이다."

"예? 또 지도를 제작하신다는 말입니까?"

"그렇다. 내 평생을 지도 제작하는 일에 바칠 것이다."

김정호는 대동여지도 제작에 들어갔다.

대동여지도는 청구도가 완성된 지 자그마치 27년 후에 완성되었다. 이는 김정호가 그토록 심혈을 기울였기 때문이다. 김정호는 조선을 남북으로 120리씩 나누고 동서를 80리씩 나누어 지도 1첩이 되게 했다. 지도는 모두 22첩으로 되어 있는데 이 도첩을 순서대로 배열하면 전도가 되는 것이다.

대동여지도의 1첩에는 지도유설(地圖類說)이라고 하여 지도의 기원, 중요성에 대해서 자신의 사상을 밝혔다. 또한 지도 제작의 여섯 가지 원칙과 해안선의 길이, 압록강과 두만강의 길이 등도 이수(里數)로 기록했다. 1첩에 그려진 지도 방안(方眼)에는 매방십리(每方十里)라고 표시되어 있는데 10리를 축적 기준으로 삼았다는 뜻이다. 대동여지도도 청구도처럼 16만분의 1이다. 대동여지도를 전부 합치면 길이가 7미터 폭이 약 3미터에 이르는 거대한 작품이다.

대동여지도는 지지(地誌)에 관한 내용은 별도로 제작한 《대동지지》에 기록하고 부호로 표시했다. 부호를 설명한 것은 지도표라고 불렀다. 지도표는 모두 14개 항목으로 나누고 그것을 다시 22개로 세분했다.

대동여지도에는 관찰사가

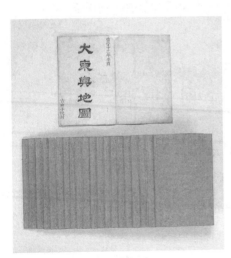

| 대동여지도 |

머무는 감영, 주현의 읍, 역참, 봉수, 능침, 방리, 도로 등의 기호가 표시되어 있다. 성곽과, 역참, 봉수 등 주요 군사 시설까지 상세하게 표시했다. 이는 지도의 실용적 가치를 중요하게 생각했기 때문이었다.

교통로의 표시도 훨씬 정밀하게 이루어졌다. 남북방향의 간선도로와 동서방향을 비롯한 지역과 지역의 연결도로에 이르기까지 상세히 표시하고 거리도 이수로 표시했다.

"오오 이것이 백원(김정호의 자)의 역작이란 말인가? 과연 조선 최고의 걸작이로다."

신헌은 김정호가 제작한 대동여지도를 보고 넋을 잃었다. 김정호의 대동여지도는 그 세밀함에 있어서나 크기에 있어서나 그동안의 지도가 따를 수 없는 대작이었다.

김정호는 대동여지도가 완성되자 목각을 만들어 인본을 배포했다. 그 덕분에 대동여지도가 오늘 날까지 여러 점이 남아 있을 수 있었다.

김정호는 위대한 업적을 남기고 1864년 세상을 떠났다.

대원군은 명성황후 민씨와 왜 원수가 되었나?

| 대원군 초상화 |

명성황후 민씨와 흥선대원군 이하응은 한국 근대사에 커다란 족적을 남긴 인물이다. 대원군 이하응은 영조의 4대손으로 남연군 이구의 넷째 아들이다. 일본인들은 그를 5척 단신이지만 호랑이 같은 인물이라고 표현했다. 그는 야망이 많은 인물이었고 한국 근대사를 다채롭게 장식하고 조선 왕실의 후예답게 조선왕조를 강하게 만들려고 노력했다.

기회를 잡는 이하응

이하응은 조선에 풍운이 몰아치던 1821년

에 태어났다. 조선은 흉년과 괴질이 돌아 어지러웠고 누대에 걸친 부패로 삼정(三政)이 문란했다. 봄에는 일식이 일어나고 여름에는 폭우에 홍수가 나서 수많은 이재민이 발생했다. 수해에 이어 괴질이 창궐하여 10만 명에 이르는 사람들이 무리 죽임을 당한 일도 있었다. 거리와 골목에 시체가 즐비하고 집집마다, 마을마다 곡성이 그치지 않았다.

이때 전국을 휩쓸던 괴질이 호열자라고 불리던 콜레라로 해마다 창궐하여 수많은 조선인들의 목숨을 앗아갔다.

이하응은 어릴 때부터 총명했다.

"장차 우리 집안을 크게 일으킬 아이다."

남연군 이구는 이하응이 총명하고 기국이 남다르다는 것을 알고 칭찬을 아끼지 않았다. 그의 큰형은 이최응으로 훗날 영의정을 지내기도 하지만 고종의 큰아버지이기 때문에 가능했고 실제로는 어로(漁魯)를 구분하지 못한다는 평가를 받았다. 장남 이최응이 두뇌가 명석하지 못한 탓에 넷째 아들인 이하응이 부모의 총애를 받은 것이다.

이하응은 12세 때 여흥 민씨 민치구의 딸과 혼인하고 어머니를 여의었다. 18세 때에는 부친 남연군마저 여의었다.

이하응의 형제들은 남연군이 죽자 장지를 충청도 덕산 땅으로 결정했다. 이하응은 남연군의 무덤을 파기 위해 지관을 따라 충청남도 덕산에 있는 대덕사(大德寺)로 갔다. 지관은 대덕사의 오래된 탑을 가리키며 저곳이야말로 천하의 대명당이라고 이하응에게 가르쳐주었다. 이하응은 대덕사의 주지승에게 절을 팔라고 요구했다. 주지승은 2만 냥을 내놓으라고 했다. 이하응은 그 길로 집으로 돌아와 재산을 모두 처분한 뒤 다시 내려가 대덕사 주지승에게 주고 절을 불 지르라고 하였다. 주지승은 돈을 받고 절에 불을 지르고 떠났다. 그날 밤 꿈에 흰 옷을 입은 노인이 나타나 "나는 이 절의 탑신이다. 너희들은 어찌해서 내가 살고 있는 곳을 빼앗느냐? 끝내 여기에 장례를 지낸다면 네 형제는 한날한시에 죽게 될 것이다" 하고 말했다. 이하응의 형제들은 모두 똑같은 꿈을 꾸었다. 그들은 당황하고 두려워하면서 이하응이 절에 불을 지르게 한 것이 잘못이라고 책망을 했다. 그러자 이하응은 분연히 일어나서 형제들에게 큰 소리로 외쳤다.

"흰 옷을 입은 노인이 탑을 지키는 귀신이라면 이곳이야말로 천하 대명당이다. 이런 천하 대명당을 두고 어느 뫼에 산소를 쓴다는 말인가? 사람의 명이란 하늘이 정한 것인데 귀신이 죽으라고 죽겠는가? 우리 형제가 안동 김씨 문전에서 기웃거리며 구차하게 살고 있는데 더 이상 나빠질 것도 없으니 한날한시에 죽는다면 기쁜 일이 아닌가? 형님들은 자식이 다 있으나 나는 아직 자식도 없다. 그러니 지금 죽는다고 해도 억울한 것은 나뿐이 없다."

이하응의 기세에 놀라 형제들은 아무 말도 하지 못하였다. 이튿날 아침 탑을 깨트리자 그 자리가 온통 바위였다. 도끼로 내려치니 도끼가 튀기만 하였다. 이하응은 도끼를 들고 허공을 향해 크게 꾸짖은 뒤에 바위를 내리쳤다. 바위가 그제야 깨어졌다. 이하응은 그 자리에 남연군의 상여를 모신 뒤 다른 사람들이 천하 대명당을 훔치지나 않을까 하여 철 수만 근을 녹여서 부었다. 장례가 끝나고 수원 대보진(大浦津)을 지나는데 일행에 섞여 있던 대덕사 주지승이 배 안에서 갑자기 구해 달라고 미친 듯이 소리를 질러대다가 물속에 뛰어들어 죽었다. 사람들은 탑신이 노하여 주지승을 죽였다고 하였다.

황현의 《매천야록》에 있는 기록이다. 이러한 기록으로 살펴보더라도 이하응은 기개가 남다르다는 것을 알 수 있다. 이하응은 헌종 7년에 홍선 정이 되었고, 헌종 9년에 군(君)으로 봉해졌다. 헌종 13년에는 동지사로 사신 물망에 올랐으나 뽑히지 못했고, 오위도총부의 도총관이 되었다.

야사에는 이하응이 가난하게 살았고 안동 김씨의 핍박을 받은 것으로 되어 있으나 실제로는 부유하게 살았고 왕족으로 높은 벼슬도 누렸다. 도총관은 조선의 군사조직인 오위의 총책임자니 한직도 아니었고 실질적으로 병권을 쥔 것이었다. 이때의 경험이 이하응에게는 중요한 영향을 미쳤을 것이다.

헌종에게 후사가 없었기 때문에 그는 자신에게 대권이 돌아올지도 모른다고 은연중 야망을 품었다.

이하응은 대권이 자신에게 돌아오면 나라를 대대적으로 개혁하겠다고 생각하면서 때를 기다렸다. 정계의 거물들과 교분을 나누고 세력을 떨치고 있던 안동 김씨와도 친밀하게 지냈다.

　이하응은 왕실의 후손답게 많은 땅을 갖고 있었고 자유분방한 생활을 했다.

　헌종이 죽자 대권이 강화도령 철종에게 넘어갔다. 이하응은 크게 실망했다. 철종은 강화도에서 농사를 짓던 사람이라 정치력도 없고 무능했다. 하지만 후사가 없어서 이하응은 긴장의 끈을 놓지 않았다.

　이하응은 만일의 사태에 대비하여 왕대비 조씨의 친정 조카들인 조성하, 조영하 형제와 친밀하게 지냈고, 그들을 통해 왕대비 조씨에게 접근했다. 왕대비 조씨는 남편인 효명세자가 보위에 오르지 못하고 유명을 달리하는 바람에 왕비의 자리에 앉아 보지도 못하고 대비가 된 불운한 여인이었다. 익종으로 추증된 효명세자와의 사이에서 헌종을 낳았으나 왕비의 집안인 안동 김씨 세도 때문에 그녀의 친정은 권력에서 밀려나 있었다. 그녀는 풍양 조씨 가문을 일으키려는 야망이 있었다. 이하응은 왕대비 조씨를 은밀하게 만나 협상했다.

　"대감의 아들을 효명세자의 양자로 삼으라고?"

　왕대비 조씨가 이하응에게 물었다.

　"그렇게 하시면 안동 김씨 세도를 몰아낼 수 있습니다. 왕대비마마께서 섭정을 하게 되시니 풍양 조씨 가문도 일으킬 수 있습니다."

　이하응이 눈을 반짝이면서 말했다.

　"내가 무슨 능력이 있다고 그들을 몰아내겠소?"

　"신이 왕대비마마의 수족이 되어 돕겠습니다."

"대감의 아들이 몇 살이오?"

"열두 살입니다."

"좋소."

왕대비 조씨와 이하응이 합의하고 얼마 지나지 않았을 때 철종이 죽었다. 조선 왕실의 가장 어른인 왕대비 조씨는 재빨리 옥새를 간직하고 이하응의 둘째 아들 재황을 익종의 양자로 삼아 왕실의 대통을 잇는다고 선포했다.

이하응의 아들 이재황은 그렇게 하여 조선의 제26대 국왕이 되었다. 왕대비 조씨가 수렴청정을 하고 대원군 이하응이 실질적인 섭정이 되었다. 이하응은 국왕의 생부라는 지위를 이용하여 조정을 장악했다.

대원군의 대척자가 되는 명성황후

고종은 15세가 되었을 때 왕비를 맞아들였다. 왕비는 장악원 첨정을 지낸 여흥 민씨 민치록의 딸로 훗날 명성황후*가 된다.

명성황후는 여주에서 태어나 안국동의 감고당에서 살았으나 집안이 한미하여 외척 세도의 염려가 없기 때문에 이하응이 며느리로 삼았다고 야사에서는 전한다. 그러나 그녀는 금혼령을 내리고 초간택, 재간택을 한 후에 당당하게 조선의 국모가 된 여인이었다.

첨정 민치록의 딸, 유학 김우근의 딸, 현령 조면호의 딸, 영(泳)

---

* 이 책에서는 대한제국 이후 추책된 시호인 '명성황후'를 사용합니다.

서상조의 딸, 용강 현령 유초환의 딸을 재간택에 넣고, 그 나머지
는 모두 허혼하라.

대왕대비 조씨는 초간택에서 다섯 명의 규수를 선발했다. 《승정
원일기》에 있는 기록이다. 재간택에 오른 규수들은 쟁쟁한 명문가
의 딸이었다.

"첨정 민치록의 딸을 삼간택에 들이고, 그 나머지는 모두 혼인을
허락하라."

대왕대비 조씨가 1866년 2월 29일 재간택을 마치고 전교를 내렸
다. 《승정원일기》의 기록에서 알 수 있듯이 명성황후 민씨는 당당하
게 간택에 참여하여 왕비로 선발되었던 것이다.

명성황후와 대원군 이하응의 대립은 개화와 관련이 있다.

야사에서는 명성황후가 아들을 낳았을 때 일을 거론한다. 명성황
후는 첫째 딸을 낳았으나 유아 때 죽었다. 곧이어 아들을 낳았으나
항문이 막혀 있는 기이한 병을 갖고 태어났다. 조선에서 쇄항(鎖肛)
이라고 부르던 대변불통 증상이었다. 현대에 와서는 수술로 간단하
게 치료할 수 있으나 당시로서는 치료가 불가능한 병이었다. 그런
데 대원군이 산삼을 쓰게 하고 왕자가 며칠 만에 죽자 서로 원수가
되었다는 것이다. 그러나 이는 야사일 뿐 실제로는 병인양요, 신미
양요 등으로 개화의 물결이 밀려오고 있는데도 이하응이 완고하게
쇄국정책을 고집하고, 임금이 20세가 되었는데도 섭정의 자리를 내
놓지 않았기 때문이다.

'국왕이 15세가 되면 섭정에서 물러나는 것이 관례다. 그런데 진짜 섭정인 대왕대비는 물러났는데 아무 근거도 없는 대원군이 국정을 다스리고 있지 않는가?'

명성황후는 이하응의 섭정이 불만이었다. 이하응은 마치 상왕이라도 된 듯이 조정의 인사권을 마음대로 휘두르고 정책을 결정하는가 하면 고종에게도 영을 내렸다. 서원을 철폐하여 유림의 불만을 샀고 천주교를 탄압하여 병인양요를 불러왔다. 쇄국정책을 강행하여 개화를 반대했다.

'대원군을 물러나게 하지 않으면 국왕이 허수아비가 된다.'

명성황후는 최익현을 움직여 이하응을 탄핵했다.

삼가 성상전에 북향 사배하고 엎드려 아뢰나이다. 현재 나라의 폐단이 없는 곳이 없으나 가장 큰 것을 든다면 황묘(皇廟, 만동묘)의 철거로 군신의 윤리가 무너진 것이요, 서원의 혁파로 사제간의 의리가 끊어진 것이요, 죽은 자가 양자 가는 것으로 부자간의 윤리가 무너진 것이요, 호전(好錢)을 사용하는 것으로 중화와 오랑캐와의 구별이 문란해진 것입니다. 이에 학문하는 유림의 사기를 크게 떨어트려 학문이 진작되지 못하고 퇴보하였으며 국적(國賊)이 신원(伸寃)되어 충신과 역적이 모호하게 되었나이다. 이는 모두 전하께오서 하신 일이 아니라 전하의 보령이 유충하시어 전정(專政)하시기 전에 있은 것이니 신하들이 성상의 총명을 가리고 위엄과 복을 마음대로 부린 탓입니다.

이제 전하께서는 몸소 백관을 진퇴시키되 그 어떤 자리에도 있지 않고 친친(親親)의 열(列)에 속한 사람은 그 지위를 높이고 그의 녹을 중하게 하시되 나라 정사에는 일체 간여하지 말게 하시옵소서. 신은 성상께서 내리시는 호조참판 직을 엎드려 사직하며 황송함이 간절함을 이기지 못해 죽음을 무릅쓰고 사직 상소를 올리나이다.

친친의 열에 속하는 자는 대원군을 일컫는 것이었다. 최익현의 상소는 대원군이 임금의 아버지니 녹을 후하게 주어 편하게 살게 하고 나라의 정치에 간섭하지 말게 하라는 것이었다. 이에 사간원과 사헌부가 일제히 최익현을 탄핵했다.

최익현의 상소는 임금의 의중을 빙자하여 언사가 흉악하기 짝이 없으니 의금부로 하여금 잡아다가 국문케 하여 왕부의 위엄을 바로 세우소서.

최익현의 상소가 올라오자 조정은 물 끓듯 했다. 삼사를 비롯하여 육조판서, 성균관 유생들까지 최익현을 격렬하게 비난했다. 하지만 고종의 반응은 달랐다.

그대의 이 상소문은 가슴속에서 우러나온 것이고 또 나에게 경계를 주는 말이 되니 매우 가상한 일이다. 감히 열성조의 훌륭한 일을 계승하여 호조 참판으로 제수한다. 이렇게 정직한 말에 대하여 만일 다른 의견을 내는 사람이 있다면 소인이 됨을 면하지 못할 것이다.

고종은 최익현을 오히려 호조참판에 임명하여 사람들을 놀라게 했다. 최익현을 두둔하고 조정의 관리들에게 엄중하게 경고한 것이다.

쫓겨나는 대원군

'이는 조선을 개화시키려는 중전의 책략이다.'

대원군은 명성황후가 자신의 쇄국정책에 반기를 들고 있다고 생각했다. 명성황후는 개화를 하려면 대원군이 정계로 돌아와서는 안 된다고 생각했다. 그녀는 16세의 어린 나이에 왕비가 되었으나 사서오경을 읽은 여인이었다. 병인양요와 신미양요를 겪으면서 조선이 장차 외국의 침략을 당할지 모른다고 생각했다. 개화는 조선왕조의 국책인 쇄국을 바꾸는 것이니 용납할 수 없는 일이었다. 그러나 얼마 지나지 않아 고종은 대원군의 대궐 출입까지 금지시켰다. 이하응은 한순간에 권력의 정점에서 몰락했다.

대원군은 실망하여 양주 직곡으로 은거해 버렸다. 대원군에게 그해 겨울은 유난히 추웠다. 권력의 정점에 있던 그가 이제는 한낱 야인이 되어 있었던 것이다.

양주에서 하루하루 야인으로 보내는 것은 한없이 쓸쓸하고 고통스러웠다. 그가 양주에서 실의의 나날을 보내자 추종하는 세력은 대원군을 돌아오게 하는 것이 효라고 상소를 올리며 고종을 질책했다. 그러나 고종은 대원군의 추종 세력을 중벌에 처해 유배 보냈다.

'중전을 용서하지 않을 것이다. 왕을 움직여 나에게 대항하고 있다.'

대원군은 며느리인 명성황후 탓에 권력을 빼앗긴 것이라고 생각하여 분노했다.

1876년 그가 야인으로 물러나 있을 때 운요호 사건이 일어나고 조선은 일본에 개항했다. 그 무렵 명성황후와 대원군을 대립하게 만든 결정적인 사건이 일어났다.

민승호는 대가 끊어진 명성황후의 친가에 양자가 되었는데 명성황후가 왕비가 되자 벼락출세를 하게 되었다. 그는 인사권을 휘두르면서 척신으로 막강한 권세를 누렸는데 대원군을 물러나게 하는 데 결정적인 역할을 했다. 민승호는 그의 집에서 터진 화약 때문에 명성황후의 어머니인 한창부부인 이씨와 함께 폭사했다. 그의 집에서 화약이 폭발하여 민승호와 명성황후의 어머니인 한창부부인 이씨가 폭사했다. 범인이 누구인지는 밝혀지지 않았으나 개화를 반대하는 세력이 저지른 짓이었다.

"이는 대원군의 짓이 분명합니다."

민씨들이 명성황후에게 은밀하게 말했다. 명성황후는 친정어머니와 오라버니가 폭사하자 이를 갈았다.

대원군은 고종의 친정이 안정을 찾은 뒤에야 한양으로 돌아올 수 있었다. 그동안 고종과 명성황후는 외국의 여러 나라들과 수교조약을 맺고 일본에 신사유람단을 보내는 등 개화정책을 활발하게 추진했다.

대결의 마지막

1882년, 임오군란이 일어났다. 대원군이 정계에서 물러난 지 10년 만의 일이었다. 대원군은 구식 군대의 난동을 주의 깊게 살피고 그들의 난동을 일본을 몰아내는 척왜와 명성황후를 몰아내는 척족타도로 이끌었다. 대원군의 사주를 받은 난군은 대궐로 몰려갔고 명성황후를 죽이려고 했다.

명성황후는 가까스로 대궐을 탈출하여 장호원에서 실의의 나날을 보냈다.

임오군란은 청군이 개입하여 진압되었다.

'대원군이 정치에 관여하면 개화를 할 수 없다.'

명성황후는 대궐로 돌아오자 대원군을 청나라로 보냈다.

1894년에는 갑신정변이 일어났다. 그는 다시 조선으로 돌아왔으나 세상은 빠르게 변하고 있었다.

'개화가 대세인가? 그러나 무작정 개화를 하면 조선은 멸망하게 될 것이다.'

대원군은 일본과 서구 여러 나라가 조선으로 밀려오자 탄식했다. 그는 명성황후에 대한 원망도 분노도 잊었다.

1895년 명성황후 민씨가 시해당했을 때 일본은 사태 수습을 대원군에게 맡기려고 운현궁으로 가서 대원군을 설득했다. 그러나 대원군은 며느리인 명성황후를 일본인이 시해한 것을 수습하는 일은 완강하게 거부했다.

리델 신부는 왜 프랑스 함대를
조선으로 끌고 왔는가?

한국의 근대화는 고종 시대부터 이루어지기 시작했다고 볼 수 있다. 1863년 고종은 불과 12세에 조선의 국왕이 되었고 대원군 이하응이 국왕의 생부로서 섭정을 했다. 대원군은 백성에게 원성을 샀던 서원을 철폐하고, 안동 김씨 세도정치를 타파하고, 경복궁을 중건하는 등 침체에 빠져 있던 조선 국정을 혁신하기 시작했다. 그러나 격변하는 시대 상황을 인식하지 못했다.

대원군이 섭정을 한 지 불과 3년도 되지 않았을 때 청나라를 서구 열강이 침략하고 1866년 조선에는 천주교 박해의 피바람이 무섭게 불었다. 이를 병인박해, 병인교난이라고 부르는데 이 사건이 원인이 되어 병인양요가 일어났다.

천주교의 성행과 박해

한국의 천주교는 정조 때부터 본격적으로 들어오기 시작하여 고종 때는 신도들이 수만 명에 이르렀고 파리외방전교회 소속 프랑스 신부 열두 명이 들어와 비밀리에 전교 활동을 하고 있었다. 순조 초기에 이르렀을 때는 천주교에 대한 대대적인 탄압이 벌어져, 정약용, 정약전, 황사영 등 수많은 인재들이 사형을 당하거나 귀양을 갔으나, 안동 김씨가 정권을 장악하면서 탄압이 느슨해져 천주교 신도들이 급속하게 늘어났다. 그러나 천주교 신자들이 늘어난 것은 탄압이 느슨해진 것도 하나의 이유가 되지만 조선 민중의 삶이 피폐해졌기 때문이다.

조선 후기는 봉건시대 말기였기 때문에 산업이 발전하지 못했고 오로지 농업 생산에 의해 경제가 이루어지고 있었다. 상업이나 공업은 미미했고 대다수 경제 인구가 농업 활동을 하고 있었으나 광작(廣作)이 실시되면서 농업 인구가 급속하게 줄어들었다.

광작은 17세기에 시작되었는데 조선의 전통적인 모내기 방식이 직파법에서 이양법으로 바뀌고, 밭고랑과 이랑을 만들어 재배하는 견종법이 보급되면서 노동력이 절감되고 지주가 넓은 농지를 경영할 수 있게 된 것을 의미한다.

지주들은 병작(幷作, 지주가 소작인에게 소작의 절반을 떼어주면서 농사를 짓게 하던 일)을 하던 것보다 노비들을 동원해 농사를 짓는 광작을 통해 더 많은 생산량을 얻게 되었다. 농민들은 농지를 얻기가 어려워지고 지주들은 더 많은 농지를 얻게 되어 대지주가 되면서 농민들은 농토를 헐값으로 팔고 소작농이나 노비로 전락했다.

농촌 사회가 붕괴되어 유리걸식하는 농민들이 많아졌다.

농지가 없는 농민들의 삶은 절망적이어서 민란에 뛰어들기도 했고 고통도 불행도 없는 영생을 약속하는 종교에 빠져들기도 했다. 비슷한 시기에 일어난 동학이 요원(燎原)의 들불처럼 번진 것이나 천주교 신자들이 급속도로 늘어난 것은 이러한 사상 때문이었다.

대원군과 공식적인 섭정이었던 대왕대비 조씨는 정권을 장악하고 있던 안동 김씨 척족 세력을 몰아내야 했다. 무엇보다 서양인들이 청나라를 침략했다는 사실이 그들을 두려움에 떨게 했다. 그들은 안동 김씨를 축출하고 서양의 침략을 막기 위해 서교도를 탄압하여 피바람을 불러일으켰다.

"사교를 용납할 수 없다. 오가작통법을 시행하여 서학을 뿌리 뽑으라."

대왕대비 조씨와 대원군이 영을 내렸다. 이로 인해 프랑스 신부 아홉 명을 비롯하여 전국에서 수백, 수천 명의 천주교 신자들이 체포되어 참수형과 교수형을 당했다.

교우 사이로 숨어들다

리델(Ridel) 신부와 권 페롱 신부는 병인박해가 시작되자 곧바로 충청도 진밭의 산골 교우촌으로 숨어 들어가 가까스로 박해를 피할 수 있었다. 그러나 고생은 막심했다. 조선인과 용모가 판이하게 다른 프랑스 신부들은 외교인 눈에 띄지 않게 상복을 입거나 승복을 입고 다녔다. 진밭의 교우촌은 인가가 불과 네 집밖에 없었고 두 신부가 숨어 살던 집은 과부 혼자 여섯 아이를 키우는 가난한 집이었다. 게다가 양력 5월로 접어들면서 농촌에는 더욱 먹을 것이 없어졌다.

교우들은 풋보리를 베어 죽을 끓여 신부들에게 대접했다. 그러나 외국 신부들은 풋보리죽을 먹고 영양실조에 걸려 쓰러지고 말았다. 외국 신부들은 나물죽은 억지로 먹었으나 풋보리죽을 먹는 것이 너무나 고통스러웠다.

"신부님, 이렇게 고생이 심해서 어떻게 합니까?"

교우들은 신부들 앞에서 황송해했다.

"아니오. 주님께서는 우리를 시험하는 것이니 너무 걱정하지 마시오."

리델 신부는 굶주림 속에서도 먼저 순교한 신부들을 위해 기도했다. 프랑스에서 머나먼 조선 땅까지 와서 목이 베여 죽은 그들을 생각하자 가슴이 타는 것 같았다.

교우들은 남은 것을 모두 팔아서 쌀 두 말을 사다가 신부들에게 먹게 하여 겨우 회

| 천주교 박해를 묘사한 그림 |

복시켰다.

'내가 과연 이렇게 살아야 하는가? 다른 신부님들은 모두 주님을 위하여 순교했는데 내가 박해를 피해 도망 다닐 수는 없다. 조선인 교우들의 희생을 막기 위해 내가 죽어야 한다.'

리델 신부는 자수하여 순교하려고 했다. 포졸들은 숨어 있는 외국 신부들을 검거하기 위해 천주교인들을 가혹하게 고문했다.

거친 바다를 건너서

리델 신부는 파리 외방전교회 소속으로 1830년 7월 20일에 출생하여 신학교를 다닌 뒤 1859년 7월 29일에 외방전교회에 들어간 뒤 1860년 7월 29일에 파리를 떠나 조선에 들어와 활약하고 있었다. 강갈래 신부는 진천 삼박골에 숨어 있다가 포졸들이 들이닥치자 문경새재 쪽으로 피신한 뒤에 다시 삼박골에 들어와 숨어 있었다. 그는 진밭골 교우촌에 숨어 있던 리델 신부의 연락을 받고 밤길을 달려 공주로 와서 두 신부와 해후했다.

"나는 먼저 순교하신 신부님을 따라 우리도 순교해야 한다고 생각합니다. 우리가 박해를 피해 숨어서 연명하는 것은 그리스도 제자의 본분이 아니라고 생각합니다."

리델 신부는 자수하자고 두 신부에게 권했다. 자수하여 먼저 죽은 신부들을 따라 순교하고 싶었다.

"우리가 자수하여 죽게 되면 조선에는 신부들이 없게 됩니다. 죽음의 공포에 떨고 있는 조선의 신자들을 누가 돌보겠습니까?"

주교와 부주교가 순교하여 수석 신부가 된 페롱 신부가 말했다.

"그럼 어떻게 해야 합니까?"

"조선에서의 박해를 파리외방전교회에 알려야 합니다."

"조선에서의 박해는 저절로 알게 될 것입니다."

"그렇지 않습니다. 신부님들이 순교했다는 사실을 알리고 새로운 신부의 파견을 요청해야 합니다. 리델 신부님이 그 일을 해주십시오."

"저는 죽음이 두려워 도망치지 않을 것입니다. 박해받는 조선의 신자들을 버리지 않을 것입니다."

"신부님에게 도망을 치라는 것이 아닙니다. 위험한 뱃길로 청나라에 가서 사실을 알리라는 것입니다. 육지는 기찰이 심해 갈 수가 없습니다."

청나라로 가는 길이 바다로 가야 하는 위험한 길이라는 것을 알게 되자 리델 신부는 기꺼이 승낙했다. 그것은 죽음을 각오해야 하는 위험한 일이었다. 그러나 배를 구하는 일이 쉽지 않았다.

"형제 여러분, 배를 구해 주십시오."

리델 신부는 교인들에게 간곡히 부탁했다.

"신부님, 바다를 건너는 것은 목숨을 걸어야 하는 일입니다."

교인들은 고개를 흔들었다.

"나는 죽음이 두렵지 않습니다. 형제 여러분들이 걱정될 뿐입니다."

"저희들도 죽음을 각오하고 신부님을 모시고 청나라로 가겠습니다."

최인서 등 11명의 용감한 교인들이 자원하고 나섰다. 6월 29일 마침내 모든 준비가 갖추어지자 리델 신부는 다른 신부들과 작별하고 진밭골을 나서 길을 떠났다. 그들은 밤에만 길을 걸어 온양을 거쳐 8일 만에 방하실골에 이르렀다.

"신부님, 배가 큰 바다로 나갈 때까지는 배 밑창에 숨어 있어야 합니다."

"나는 괜찮소. 그런데 이 배로 청나라까지 갈 수 있겠소?"

리델 신부는 배를 보고 실망했다. 그 배는 아주 작은 배였다. 배는 널빤지와 나무못으로 만들어졌고 갈대풀을 엮어 돛으로 삼았으며 닻줄도 짚을 엮어서 꼰 새끼여서 리델 신부는 그 배로 과연 청국까지 갈 수 있을지 걱정이 되었다. 항로를 알 수 있는 것은 기껏해야 조그만 나침반 하나뿐이었다.

"날씨만 좋으면 갈 수 있습니다."

교인들이 배를 띄우며 말했다. 리델 신부는 하느님의 뜻에 맡길 수밖에 없다고 생각하면서 배에 올랐다. 그는 배가 조선 연안을 벗어날 때까지 사흘 동안이나 배 밑창에서 숨어서 지냈다. 그것은 너무나 고통스러운 일이었다.

"신부님, 이제 괜찮습니다."

교인들이 신부를 배 밑창에서 끌어냈다. 배는 어느덧 섬과 섬 사이를 돌아서 큰 바다로 나섰다. 리델 신부는 비로소 갑판에 서서 떠나온 조선 땅을 돌아보았다.

'아아 조선에서의 박해는 언제 끝날 것인가?'

58

리델 신부는 참담한 기분을 느꼈다. 지금 이 시간에도 죽어가는 조선의 교인들을 생각하자 눈시울이 뜨거워졌다. 지금 떠나면 언제 박해의 땅으로 돌아올지 알 수 없었다. 조선 교우들을 죽음의 땅에 버려두고 혼자 떠났다고 생각하자 괴로웠다.

저녁 무렵이 되자 갑자기 큰 바람이 일기 시작하고 파도가 높아졌다.

"신부님, 큰 바람이 불 것 같습니다. 저희들을 위해 기도해 주십시오."

교인들이 리델 신부에게 간곡히 청했다. 리델 신부는 무릎을 꿇고 간절하게 기도했다.

배는 나뭇잎처럼 위태롭게 출렁거렸다. 열한 명의 교인들은 배가 뒤집어지는 것을 방지하기 위해 애를 써야 했다. 다행히도 그 돌풍은 두 시간 만에 멎어서 리델 신부는 안심할 수 있었다.

이튿날도 육지가 보이지 않아 조각배나 다름없는 범선은 망망대해에서 파도를 헤치며 앞으로 나갔다. 바다로 나간 지 사흘째 되던 날 청나라 배를 몇 척 볼 수 있었다. 교인이며 뱃사공인 그들은 중국이 가까워졌다고 소리를 지르면서 환호했다.

"청나라 배다!"

리델 신부도 뱃전에 서서 청나라 배를 보고 손을 흔들었다.

밤에 다시 바람이 불었다. 그러나 바람이 중국 쪽으로 불었기 때문에 배는 상당히 멀리까지 갈 수 있었다. 새벽녘에 바람이 더욱 강하게 불고 비가 내리기 시작했다. 파도는 점점 거칠어져 뱃전을 사납게 때렸다. 사방이 칠흑처럼 캄캄한 가운데 바다가 끓어올라 거대한 파도가 뱃전을 때리고 비는 장대질하듯이 세차게 쏟아졌다.

'이 배가 폭풍우에 견디지 못하겠구나.'

리델 신부는 또다시 폭풍우가 몰아치자 이제는 살아나지 못할 것이라고 생각했다.

"폭풍우다!"

교인들이 두려움에 떨면서 소리를 질렀다.

"배가 뒤집어지지 않게 돛을 내려!"

"물이 들어온다! 물을 퍼내! 모두 물을 퍼내."

교인들은 공포와 불안에 떨면서 폭풍우와 결사적인 싸움을 했다. 집채만 한 파도가 배를 금방이라도 조각낼 것 같았다. 그들은 몇 번이나 파도에 휩쓸려갈 뻔하면서 폭풍우와 싸웠다. 그 무서운 싸움은 새벽까지 계속되었다. 교인들은 점점 용감해졌다. 선장은 밤새도록 자기 자리를 지키며 키를 잡았고 교인들은 물을 퍼냈다. 리델 신부는 허리를 밧줄로 묶은 채 비를 맞으며 물을 퍼내는 일을 거들었다.

폭풍우가 그친 것은 동쪽 하늘이 붉게 물들기 시작했을 때였다.

"주여, 감사드리옵니다."

리델 신부는 간절하게 기도를 올렸다. 그러나 아직도 항해가 끝난 것은 아니었다. 육지가 보이지 않는 망망대해가 끝없이 펼쳐져 있었다. 교인들은 모두 녹초가 되었으나 폭풍우에 밀려 어디로 가고 있는지, 어디쯤 와 있는지 서로 불안한 표정으로 얘기를 주고받았다. 그때 망망대해의 수평선에 검은 점이 하나 보였다. 리델 신부는 그 검은 점이 가까이 오자 돛을 보고 유럽 배라는 것을 알았다. 그는 조선에서 나올 때 몰래 품속에 간직하고 있던 프랑스 국기를 꺼내 게양했다. 나중에 안 일이지만 그 배는 생말로(Saint Malo)에 선적을 둔 거대한 프랑스 상선이었다.

상선의 선장은 나뭇잎처럼 작은 배에서 프랑스 국기가 펄럭이는 것을 보고 매우 놀라워했다. 그의 명령으로 상선에도 깃발이 올랐다. 리델 신부는 초조하게 깃발이 오르는 것을 지켜보다가 자신도 모르게 경례를 했다.

'조국의 깃발을 망망대해에서 보다니…….'

리델 신부는 형언할 수 없는 감동을 맛보았다. 이역만리에 복음을 전파하러 프랑스를 떠난 지 어느덧 6년, 동료 선교사 아홉 명은 이미 조선에서 죽었고 두 명은 아직도 박해의 기운이 수그러들지 않고 있는 조선에 남아 있었다. 그는 6년 동안 프랑스인을 본 일이 없었다. 리델 신부는 고향에 돌아온 듯이 눈물을 주르르 흘렸다.

'주여, 감사합니다.'

상선은 나뭇잎처럼 작고 기이한 배에 예의를 표하기 위해 길게 무적을 세 번 울렸다. 리델 신부는 그 배에 도움을 청하기 위해 가까이 가려고 했다. 그러나 크고 훌륭한 돛을 세 개나 갖고 있는 거대한 상선은 순풍을 만나 순식간에 저 멀리로 사라져 버렸다.

병인양요의 원인

"육지다!"

얼마 후에야 육지가 보였다. 그러나 역풍이 불고 있어 육지로 쉽게 나아갈 수가 없었다. 7월 7일 아침에야 리델 신부 일행은 겨우 산동 해안에 도착할 수 있었다.

"형제님들, 고생이 많았소. 여러분들은 이곳에서 나를 기다려 주시오. 나는 다시 조선으로 돌아갈 것이오."

리델 신부는 즉각 천진으로 가서 프랑스 순양함대를 지휘하던 로즈 제독을 만났다. 그는 조선에서 천주교 주교 두 명과 신부 일곱 명이 죽음을 당한 사실을 로즈 제독에게 말하고 조선의 천주교인들을 구해 달라고 부탁했다.

"조선에서 이와 같이 불행한 일들이 일어났다는 것은 놀라운 일입니다. 우리는 반드시 조선으로 나가서 추궁할 것입니다."

로즈 제독이 리델 신부의 손을 잡고 말했다. 조선에서 천주교 신부 아홉 명이 죽음을 당한 사실은 중국에 거류하고 있던 서양인들을 놀라게 했다. 더욱이 프랑스는 천주교가 국교나 다름없는 나라였으므로 로즈 제독은 함대를 이끌고 조선으로 가겠다고 했다. 그러나 때마침 베트남에서 반란이 일어나 로즈 제독은 함대를 이끌고 인도차이나로 출항했다.

'아아, 조선에서의 포교는 어떻게 할 것인가?'

리델 신부는 실망했다. 로즈 제독의 순양함대는 모두 일곱 척으로 이루어져 있었는데 인도차이나로 갔다가 돌아와 9월 18일에야 조선으로 출항했다.

이것이 저 유명한 병인양요다.

리델 신부와 11인의 천주교 신자는 로즈 함대와 함께 조선으로 돌아왔다. 로즈 제독의 지시를 받은 데롤레드호와 타르디프호는 강화도 월곶진을 거쳐 통진의 한강 하류에 이르렀다. 프랑스 군선은 유유히 통진을 지나 김포로 거슬러 올라가 한강을 염탐한 뒤에 돌아갔다. 조선은 발칵 뒤집혔다. 데롤레드호와 타르디프호는 8월 18일 마침내 양화진을 거쳐 샛강[西江]까지 들이닥쳤다.

대궐은 어수선하고 장안은 일대 혼란이 일어났다. 언제나 그렇지만 나라가 누란의 위기에 빠지면 가장 먼저 살길을 찾아 피난을 가는 부류가 지배층이다. 프랑스 함대가 샛강에 이르자 가장 먼저 피난 보따리를 싼 것도 사대부 명문세가들이었다. 그들은 바리바리 피난 짐을 싣고 한성을 떠났다. 그 뒤를 중인이 따르고 상민(常民)이 따랐다. 그리하여 성안을 빠져나가려는 백성들로 4대문이 미어터지고 길이 피난민으로 가득했다.

"프랑스 신부 9인의 죽음에 대해서 해명하라."

로즈 제독은 강화도 관리들에게 요구했다. 강화도 관리들은 조정에 보고하고 조선에서 물러갈 것을 촉구했다.

"책임 있는 관리가 나와서 해명하라. 우리의 요구를 받아들이지 않으면 응징할 것이다."

"우리는 외국과의 왕래를 금한다. 외국인 9인은 우리 백성들을 유인하여 사교에 빠지게 했다."

조선인 관리들이 문정(問情, 관리가 사정을 알아보던 일)을 하는데도 프랑스 함대는 강화 앞바다에서 정박하고 위협했다. 프랑스의 거대한 함선을 본 조선인들은 경악했다. 대원군은 군대를 소집하고 천주교인에 대한 탄압을 더욱 강경하게 했다.

프랑스군은 강화도에 상륙하여 강화읍성 남문을 대대적으로 공격했다. 조선군은 치열하게 맞서 싸웠으나 프랑스군은 대포로 남문을 박살내고 강화도를 점령했다. 대원군은 양헌수 장군에게 군사를 이끌고 읍내에서 멀리 떨어진 정족산성에 진을 쳤다.

프랑스군은 정족산성에서 양헌수 장군에게 대패했고, 인도차이나 사정이 안 좋은 쪽으로 흐르자 철수했다.

'함대가 철수하면 우리 교인들은 어떻게 하는가?'

리델 신부는 프랑스 함대가 철수하자 실망했다. 조선은 프랑스 군대가 돌아가는 것을 보고 승리를 거두었다고 기뻐했다.

리델 신부는 청나라로 갔다가 12년이 지나 주교가 되어 1878년 조선으로 돌아왔으나 조선에 돌아온 지 5개월 만에 체포되어 청나라로 강제 추방되었다.

병인양요는 결국 리델 신부가 조선의 천주교 신부 박해 소식을 로즈 제독에게 알리면서 비롯되었다고 할 수 있다.

매혹의 질주,
근대화를 향해 달리는 기차

근대화는 기계문명이고 과학문명이었다. 이러한 근대과학문명은 조선의 개화와 함께 시작되었다고 보는 것이 타당할 것이다. 그렇다면 근대화를 상징하는 것은 무엇인가. 대표적인 것이라면 기차, 전기, 전화 등일 것이다. 그중에 기차는 들판을 달리고, 강을 건너고, 산속에 굴을 뚫고 달려서 사람들을 놀라게 했다. 교통수단으로, 물자 수송 수단으로 교통과 산업의 동맥 역할을 하면서 근대화의 첨병이 되었다.

일본에 사신을 파견하다

한국에서 기차를 가장 처음 탄 사람은 일본 수신사(修信使) 김기수다.

김기수는 연안 김씨로 1832년 한양에서 태어났다. 1875년(고종 12)에 현감으로 별시문과에 병과로 급제하여 홍문관 응교가 되었다. 홍문관은 조선시대 사헌부, 사간원과 함께 삼사(三司)로 불리면서 학문이 높은 관리들만 들어갈 수 있던 곳이었다.

김기수는 1876년 운요호가 강화도에 상륙하여 〈병자수호조규〉가 체결되자 예조 참의로 일본수신사에 임명되어 처음으로 근대 일본을 방문하게 되었다.

"왜 갑자기 왜국에 가는 거예요?"

부인이 김기수의 옷가지를 챙기면서 물었다. 일본은 임진왜란의 여파로 조선인들에게는 원수와 다를 바 없었다. 비록 수백 년 전에 일어난 전쟁이었으나 기록과 구전으로 임진왜란을 모르는 사람이 없었다.

"임금의 명이니 어쩌겠소?"

김기수는 수심이 가득한 표정으로 먼 허공을 쳐다보았다. 일본은 강화도를 침략했고 조선은 강압에 의해 그들과 수호조규를 맺었다. 1866년 프랑스군이 침략했을 때는 전력을 다해 싸웠으나 1876년에는 싸울 틈도 없이 기습을 당해 강화도가 점령당했다. 쇄국정책을 강력하게 추진하던 대원군이 물러나고 고종이 친정을 하고 있던 때였다. 그는 대원군과 달리 개화정책을 추진했다.

고종은 일본이 강화도를 점령하자 신헌을 접견대관에 임명하여 수호조규를 체결했다. 김기수는 조약 체결에 대한 예의로 일본을 방문하기로 한 것이다. 사신의 명칭이 수신사인 것은 개화를 반대하는 유림의 반발을 줄이기 위한 것이었다.

"왜국이 조선을 침략한다는 말이 사실인가요?"

"누가 그런 말을 하는 거요?"

"한양 장안에 소문이 파다해요."

"수호조규는 이웃 나라를 침략하는 것이 아니라 우호적인 관계를 유지하자는 것이오."

"그래도 조심하세요. 왜인들은 흉한 인간들이잖아요?"

"사신을 죽이는 법은 없으니 걱정하지 마시오."

김기수는 불안감을 떨쳐버리듯이 활짝 웃었다. 그러나 가슴속에서는 수만 리 바다를 건너 일본으로 간다는 생각이 무겁게 자리하고 있었다.

일본은 적국이다. 개화를 하여 부강해졌다는 풍문을 들었으나 정확한 정보는 알 수 없었다. 호전적이고 조선에 해악을 끼치는 자들이라고 생각했다. 서구 열강은 산업혁명의 여파로 해외로 진출하고 있었으나 조선은 아직도 깊이 잠들어 있는 동방의 작은 나라에 지나지 않았다.

개국의 바람

조선은 개국의 바람이 휘몰아쳐 오고 있었다. 수백 년 동안 쇄국정책을 펼쳐 온 조선에 서양 각국이 통상을 요구하면서 조용한 아침의 나라 조선을 긴장시켰다. 1860년, 청나라가 영불연합군에 패하여 황제가 열하(청더)로 피난을 가는 바람에 조선이 발칵 뒤집혔다.

두만강에서는 러시아가 통상을 요구하고 서양의 상선들도 해안으로 들어와 조선에 통상을 요구했다.

조선은 청나라 외에는 일본의 사절을 간간이 맞이했을 뿐 완강하게 쇄국정책을 고수하고 있었다. 영불연합군에 의해 청나라 황제가 피난을 가고 북경이 폐허가 되자 조선인들은 전쟁의 바람이 조선까지 휘몰아칠까 봐 전전긍긍했다.

조선은 이에 대한 대비책으로 군대를 양성하고 천주교 탄압에 나섰다. 1865년부터 1872년까지 약 2만 명에 이르는 천주교인들이 체포되어 사형을 당하거나 가혹한 고문을 당했다.

병인양요 때 조선인은 처음으로 거대한 함선을 보았다. 로즈 함대는 물러갔으나 1868년 네덜란드 상인 옵페르토가 대원군의 아버지 무덤인 남연군 묘를 도굴하여 조선인들을 분노하게 했고, 곧이어 미국 상선 제너럴셔먼호가 평양의 대동강으로 들어와 통상을 요구했다. 조선은 이를 거절하고 물과 식량을 주는 등 인도적으로 대우해 주었으나 미국 상인들은 뭍에 상륙하여 노략질을 일삼았다. 이에 분노한 평양 시민과 군사들이 제너럴셔먼호에 불을 질러 침몰시켰다.

박규수는 서양 상선을 침몰시킨 공로를 인정받아 우의정으로 승차했다.

1872년 미국은 제너럴셔먼호 사태의 책임자 문책을 요구하면서 책임 있는 대신과의 면담을 요구했다. 그러나 조선이 거절하자 덕진진을 거쳐 강화도 광성진에서 대규모 상륙작전을 전개했다.

미군은 함포사격으로, 조선군은 대완구(大碗口, 대포)로 포격전을 전개했다. 그러나 조선의 대완구는 사정거리가 너무나 짧았다. 미군의 함포사격으로 포대가 박살나는 동안 대완구의 포탄은 미군의 군함까지 날아가지 못하고 바다에 떨어져 하얀 물기둥을 일으켰다.

조선의 광성진 중군 어재연은 군사를 이끌고 치열하게 맞서 싸웠으나 미군의 우수한 화력 앞에 전멸하고 자신도 장렬하게 전사했다.

신미양요 때 조선군 사망자가 300명이 넘었는데 미군 사망자는 2명에 지나지 않았다. 미군은 조선군 포로들에게 맥주를 주고 어재연 장군의 원수기(元帥旗)를 노획했다. 이 원수기는 136년이 지나서야 돌아왔다.

미군은 광성진 전투가 지나치게 일방적으로 끝나자 스스로 철수했다. 조선에서의 전쟁은 아무런 경제적 이익도 없었고 군사적 요충지도 아니었다.

이달 25일에 적군이 철수하였는데 군관 조상준을 시켜 소상하게 조사한즉 성벽과 보루며 영현이 잠든 옛터의 눈에 뜨이는 곳곳은 참으로 비참하였고 산마루의 중군 어재연이 분전하던 장대(將臺) 밑에는 구덩이마다 흙이 메워져 있었나이다. 이에 인근 백성들을 동원하여 흙을 파헤치니 중군 어재연과 그 아우 어재순 이하 군관 이현학, 겸종(謙從) 임지팽, 천총(天摠) 김현경이 한 줄로 피투성이가 되어 흙구덩이 속에 묻혀 있었고 나머지 군사들의 시체는 적군에게 화형을 당하여 몸과 머리가 타고 그을렸으며,

| 신미양요 당시 빼앗은 원수기 앞에서 수병들이 자세를 취하고 있다. |

살이 익고 부풀어서 누가 누구인지 식별할 수가 없었나이다. 광
성 별장(別將) 박치성은 그의 시신을 바다에서 건져 올렸는데 인
신(印信)을 옆에 끼고 숨겨 있어서 의정부로 운구하여 바치나이
다. 또 부상당한 별무사(別武士) 이학성의 보고에 의하면 그날 중
군은 적의 포격과 탄환을 두려워하지 않고 친히 군사들을 독려
하여 앞으로 나아가며 무수히 많은 적들을 죽이는 데 전력하다
가 난군 중에 전사하고, 천총 김현정은 칼을 잡고 적군과 싸우다
가 기력이 쇠진하여 전사하고, 무사 별장(別將) 유예준은 중군의
뒤를 따르며 호위하다가 총에 맞은 바 되고, 어영(御營) 초관(哨
官) 유풍노도 기운을 돋우어 힘써 싸웠고, 군관 이현학은 적군 앞
에서 큰 목소리로 소리치며 싸우는 것을 똑똑히 보았다 하나이다.

또 어영우가 기록한 《강도일기》를 보면 24일 아침 대포를 쏘아 대는 음향이 크게 울리고 검은 연기가 광성에 오래도록 오르면서 병사와 군막이 다 타버렸다 하나이다. 이에 어영우의 아들 윤익이 선전관과 함께 광성진에 나가보니 적군이 우리 장수와 병사의 시신을 한 장소에 모아서 구덩이에 던져 넣은 다음 나무와 짚으로 섶을 만들어 불을 지른 까닭에 모발이 타고 살이 그슬린 어공(魚公) 형제를 알아볼 수 없었다 하나이다.

허나 어공 형제가 키가 크고 얼굴이 타인과 비교하여 특이하였기에, 비록 불꽃은 꺼졌다고는 하지만 살 타는 냄새가 코를 찌르고 불에 타서 벗겨져 있는 몸인데도 가히 의심할 것이 전혀 없기에 이내 수의와 이불을 갖다가 염습을 하고, 두세 번 혼령을 부른 뒤에 상여에 모시니, 상여가 지나가는 길에 인근 백성들이 몰려나와 절을 하고 곡을 하는데 애통하기가 이를 데 없었나이다. 이제 나라에서도 이를 기리는 성대한 의전(儀典)이 있어야 하겠나이다.

강화 진무사 정기원의 보고가 올라오자 조선 조정의 대신들은 모두 눈물을 흘렸다. 그러나 유림은 서양이나 일본과 교통하는 것을 완강하게 거부했다. 그들은 척화비를 세우면서 양이 오랑캐를 몰아내야 한다고 주장했다.

병인양요와 신미양요로 조선은 서양에 강대국이 존재한다는 사실을 비로소 알게 되었다. 그러나 1873년이 되면서 조선이 바뀌기 시작했다. 포천에 있는 최익현이 대원군을 탄핵하여 고종이 친정을 하게 되었고, 고종이 서서히 개화 정책을 펴기 시작한 것이다.

1875년 9월 일본은 강화도에 침략하여 함포사격을 하고 방화와 약탈을 자행했다. 조선은 전쟁이냐 평화냐 분분한 논쟁을 벌이다가 1876년 2월 강화도에서 일본과 병자수호조규를 체결했다. 국제정세에 어두워 불평등조약이었으나 이 조약의 결과로 일본에 수신사를 파견하게 된 것이다.

일본에서 근대문물을 배우다

김기수는 수신사 정사가 되어 고종을 알현했다. 1876년 4월 4일의 일이었다.

"이번 길은 단지 멀리 바다를 건너가는 일일 뿐 아니라 처음 가는 길이니, 모든 일은 반드시 잘 조처하고 그곳 사정을 자세히 탐지해 가지고 오라."

고종이 김기수를 살피며 영을 내렸다. 일본이 얼마나 발전해 있는지 알아오라는 것이다.

"삼가 하교(下敎)를 받들어 거행하겠습니다."

김기수가 머리를 조아렸다.

"대체로 보고할 만한 일들은 모름지기 빠짐없이 하나하나 써 가지고 오라."

"성상의 하교가 지극하시니 반드시 명심하여 봉행하겠습니다."

김기수는 몇 번이나 다짐하고 물러나와 사절단 76명을 이끌고 4월

4일 한양을 출발하여 4월 29일 부산에서 일본 증기기관선 고류마루(黃龍丸)호를 타고 시모노세키로 향했다. 김기수를 비롯해 수신사 일행이 배를 타고 망망대해로 나선 것은 처음이었다.

'왜국이 이렇게 넓은 바다 건너에 있다는 말인가?'

김기수는 넓은 바다를 보면서 감탄했다. 조선의 배는 노를 젓는 배에 지나지 않았으나 일본의 배는 석탄을 때서 증기를 이용해 살같이 달렸다. 거대한 굴뚝에서 시커먼 연기가 솟아올랐다.

"배에 노 젓는 자들이 없습니다."

"배도 상당히 빠릅니다."

수행원들이 놀라서 김기수에게 보고했다.

김기수 일행은 하루 만에 시모노세키에 도착하고 고베를 경유하여 5월 7일 요코하마에 도착했다. 한양에서 부산까지 오는 데 자그마치 25일이 걸렸는데 부산에서 요코하마에 이르는 데는 열흘도 걸리지 않았다.

김기수의 수신사 일행은 요코하마에서 일본 고위 관리의 정중한 환영을 받았다. 일본인들은 조선과 교역을 하기 위해 수신사 일행을 극진하게 대우했다. 일본은 이 무렵 정한론을 주장하는 사이고 다카모리와 점진적으로 조선을 정벌하자는 신중론자인 이와쿠라 오쿠보가 대립하고 있었다.

"일본의 미래를 위하여 대륙으로 진출해야 한다. 그 첫걸음이 조선을 경영하는 일이다."

대마도의 무사들도 조선 정벌을 주장했다. 그러나 조선과 일본이 수호조규를 체결하면서 정한론의 명분이 없어져 사이고 다카모리는 자신의 영지인 가고시마로 돌아갔다.

"조선의 수신사를 특별열차로 모시겠습니다."

일본의 관리들이 정중하게 김기수에게 말했다.

"특별열차는 무엇입니까?"

김기수는 열차에 대해 들은 적이 없었다.

"기차에 대해서 모르십니까? 쇠로 만든 수레인데 철로를 따라 달립니다. 하루에 천 리를 달릴 수 있습니다."

일본 관리가 빙긋이 웃었다. 그들은 기차에 대해서 전혀 모르는 김기수 일행을 비웃었다.

"말이 끕니까?"

"아닙니다. 불을 때서 달립니다. 그래서 화륜거(火輪車)라고도 합니다. 한 번 타보시면 알게 될 것입니다."

김기수는 일본 관리의 안내를 받고 기차에 올라탔다. 칸마다 의자가 놓여 있고 창문이 있었다. 그러나 말이 보이지 않아 무엇이 수레를 움직이는지 알 수 없었다. 게다가 칸마다 연결되어 통로를 통해 이동할 수 있었다.

"이 긴 수레가 움직인다는 말인가?"

| 근대의 상징이었던 기차 |

"이건 수레가 아니다. 집을 연결한 것이다. 집에 바퀴가 달려 있으니 무슨 조화인가?"

수신사 일행은 기차에 올라타자 불안한 표정으로 수군거렸다. 건너편에 정지되어 있는 기차를 살피자 칸마다 바퀴가 달려 있는 것이 보인 것이다.

'쇠로 만든 길 위에서 구르는 모양인데 어떻게 움직이는 것일까?'

김기수는 많은 생각을 했다. 이내 기적 소리가 길게 울리고 기차가 덜컹거리며 움직이기 시작했다. 김기수와 수행원들은 기차가 점점 속력을 내자 경악했다.

"수레가 뒤로 간다."

"아니다. 앞으로 가고 있다."

수신사 일행은 얼굴이 하얗게 변해 이야기를 주고받았다.

칸마다 모두 바퀴가 있어 앞차의 화륜이 먼저 구르면 여러 차의 바퀴가 일제히 따라 구르는데 소리가 우레 같았다. 번개처럼 달리고 바람과 비처럼 날뛰었다. 한 시간에 3, 4백 리를 달린다고 하는데 차체는 조금도 흔들리지 않고 편안했다. 다만 좌우의 차창으로 산천, 옥택(屋宅, 집), 사람이 보이기는 했으나 앞에서 번쩍 뒤에서 번쩍하여 도저히 종잡을 수가 없었다.

김기수가 《일동기유》라는 자신의 저서에 남긴 기록이다. 김기수는 일본의 관리들로부터 기차가 움직이는 원리를 설명받고 입을 다물지 못했다. 몇 번이나 차창을 내다보면서 감탄해마지 않았다. 기차는 강물 위를 덜컹대며 달리기도 하고 캄캄한 터널 속을 달리기도 했다.

'이 거대한 수레가 참으로 빠르구나. 이것이 기계의 힘인가?'

김기수는 차창을 내다보면서 가슴이 철렁했다. 그는 조선에도 반드시 철도를 건설하여 말 대신 타고 다녀야 한다고 생각했다. 김기수 일행은 하루 만에 도쿄에 도착했다. 일본 외무성 관리들이 준비한 객관은 크고 화려했다. 김기수로서는 처음 보는 서양식 건물이었다.

이튿날 김기수는 일본 국왕을 알현하고 총리대신을 만났다. 일본의 강압에 의해 파견된 수신사였기 때문에 특별하게 논의할 것이 없어서 양국 간 우호를 증진한다는 사실만 늘어놓았다.

김기수는 한가할 때 도쿄 시내를 살폈다. 일본은 놀랄 정도로 발전해 있었다. 보는 것마다 신기하고 경이로웠다.

김기수는 도쿄에 머물다가 일본 대신의 무도회에 초대받았다. 조선에서 외교 사절을 위한 연회라면 남자들은 앉아서 술을 마시고 기생들이 노래를 부르고 춤을 추는 것이 고작이었다.

'여자가 감히 남자와 자리를 함께하다니.'

일본의 대신들은 뜻밖에 여자와 함께 연회장에 입장하고 있었다. 남자들은 서양인처럼 양복을 입고 여자들은 남자의 팔짱을 꼈다. 손님과 고개를 까딱해 인사를 나누는가 하면 남자와 악수를 나누기까지 했다. 옷차림도 일본 전통의 옷차림이 아니라 드레스라고 불리는 서양 여자들의 옷차림이었다.

"외무대신 각하와 부인입니다."

김기수가 입장하자 관리가 소개했다. 김기수가 외무대신과 인사를 나누자 부인이 손을 내밀어 악수를 청했다.

"조선의 예법이 아니오."

김기수는 악수를 거절했다. 그러자 부인의 얼굴이 싸늘하게 변했다.

'일본이 오랑캐 습속에 물들었구나.'

김기수는 일본이 서양 오랑캐와 같아졌다고 생각했다. 그러나 그것으로 끝난 것이 아니었다. 음악이 흐르기 시작하자 남녀가 껴안고 춤을 추어 김기수의 눈을 휘둥그레지게 만들었다. 김기수는 야만스러운 일에 함께할 수 없다고 말하고 다른 방으로 자리를 옮겨 차를 마셨다. 김기수가 일본에 체류한 기간은 짧았다. 그러나 그는 일본의 발전에 큰 충격을 받았다.

김기수는 6월 1일 한양으로 돌아와 고종에게 복명했다.

"잘 갔다 왔는가?"

고종이 직접 김기수를 불러 물었다.

"전하의 은택으로 탈 없이 갔다 왔습니다."

"전선(電線), 화륜선(火輪船), 농기계에 대하여 들은 것이 없는가? 저 나라에서는 이 세 가지를 가장 급선무로 여기고 있다는데 과연 그렇던가?"

고종의 질문은 뜻밖이었다. 그는 전기, 증기기관선에 대해 질문을 하며 개화에 깊은 관심을 기울이고 있었다.

"과연 그렇습니다."

"기계들은 다 어디서 나온 것이던가? 일본에서는 이제 모두 배웠다던가?"

고종은 일본의 기계 문명에 대해서도 물었다.

"여러 나라의 기계들을 이제는 모두 배웠다고 합니다."

김기수의 대답은 미온적이었다. 김기수는 왜 이처럼 미온적인 대답을 했을까. 김기수는 개화주의자도 아니고 일본의 발전을 본 것은 불과 한 달도 되지 않았다. 그러한 상황에서 조선의 개화를 주장할 수 없었던 것이다.

"재주가 이미 정교한 데다가 배우기를 또 부지런히 하니 이와 같이 쉽게 터득할 수 있었을 것이다."

고종은 일본에 대해 비교적 상세하게 알고 있었다.

"그밖에 풍속 가운데서 들을 만한 것을 두루 말하도록 하라."

"풍속이 대개 나라를 부강하게 하는 데 힘쓰고 있습니다."

김기수의 대답은 짧고 간단했다. 일본이 대국이 되었다고 보고하면 완고한 유림의 탄핵을 받는다. 고종의 질문에 대답을 하면서도 조선의 개화를 주장하지 않고 복명을 마쳤다.

김기수는 이후 《일동기유》, 《수신사일기》를 집필하여 왕실과 정권을 장악하고 있던 젊은 관리들에게 많은 영향을 미쳤다. 일본의 발전된 문명과 서양 문물을 처음으로 소개한 인물이 김기수였던 것이다.

고종은 개화파인가?
척화파인가?

 조선이 멸망할 수밖에 없었던 이유 중 하나가 고종이 우유부단했기 때문이다. 그는 중요한 사건이 일어나거나 역사적인 길목에서 자신의 단호한 입장을 내세우지 않고 시류에 따랐다. 임오군란, 갑신정변, 갑오농민전쟁, 명성황후 시해 등 조선의 역사가 소용돌이칠 때마다 앞으로 나가지 못했다.

 개화파들은 그가 진정으로 개화를 하고 싶어 하는지 의심했고, 수구파는 그가 개화파와 손을 잡고 있다고 의심했다.

 대원군이 쇄국정책을 10년이나 폈고, 유림은 일본과의 수교를 반대했다. 조선왕조는 성리학을 국시로 삼고, 성리학을 유일무이한 바른 학문이라고 생각하면서 외국과의 수교를 반대했다. 외국과 수교를 하는 것은 임금이라고 해도 절대 해서는 안 되는 일이었다.

고종은 12세가 될 때까지 사가에서 살았다. 임금이 된 뒤에는 대궐에서 한 발자국도 나가지 않았다. 국가적인 행사로 대궐 밖으로 나가는 것은 몇 년에 한 번 있을까 말까 한 일이었고 아주 짧은 거리라도 가마를 탔다.

1884년 갑신정변이 일어났을 때 30대 초반의 고종은 총탄이 빗발치는 위급한 상황에서도 뛰지 않고 내시의 등에 업혀 피난을 갔다. 임금은 존귀한 존재여서 흙조차 밟지 않았던 것이다.

고종은 우물 안 개구리였다. 대부분의 조선인처럼 그가 외국에 대해 습득한 지식은 책으로 얻은 것뿐이었다. 그리고 그가 읽은 책의 대부분은 사서오경이었다.

그러나 그는 개화주의자였다.

김홍집과 2차 수신사 파견

매천야록의 기록이지만 운요호 사건 이후, 고종은 대원군 계열의 동래부사 정현덕을 파직하고 신사유람단을 암행어사에 임명하는 고육책을 써서 파견하기도 했다. 1880년 2차 수신사가 일본에 파견되었다가 돌아왔을 때 수신사 김홍집과 나눈 이야기에서 고종의 개화적인 입장을 확인할 수 있다.

풍운의 조선 말기 백척간두에 서 있던 조선을 이끈 인물이 김홍집이다. 김홍집은 급진개화주의자인 김옥균이나 박영효와 달리 온건한 개화주의자이며 현실 정치가였다. 그는 경주 김씨로 아버지 김영작은 이조, 예조 등 여러 부서의 참판은 물론 사헌부 대사헌, 한성부 좌윤과 우윤, 홍문관 제학을 역임하는 등 요직을 두루 맡다가 67세에 세상을 떠났다.

김홍집은 학문이 뛰어난 김영작의 영향을 받아 일찍부터 학문에 전념했다. 그는 1867년 개화의 물결이 도도하게 밀려오고 있을 때 과거에 급제하여 본격적인 벼슬에 나섰다.

"국록을 먹는 자는 항상 나라 일에 목숨을 바칠 각오가 되어 있어야 한다."

김영작은 김홍집이 과거에 급제하자 당부의 말을 잊지 않았다.

김홍집은 청직을 전전한 뒤에 양양 현감, 호조참의를 거쳐 예조참의가 되었을 때 제2차 수신사가 되어 일본을 방문했다.

김홍집이 일본으로 출발한 것은 1880년 6월 25일이었다. 수행원으로 군관 윤웅렬, 서기관 이조연, 특별수행원 지석영 등이 동행했다. 윤웅렬은 윤치호의 부친이었고 지석영은 종두법을 배워 와서 오랜 연구 끝에 천연두를 예방한다.

김홍집은 고베를 경유하여 7월 6일 도쿄에 도착했다.

1. 일본이 요구하는 원산 개항과 인천 개항을 철회하도록 교섭하라.
1. 일본 공사를 조선에 상주하게 해달라는 일본 요구를 거절하라.
1. 일본이 요구하는 미곡 수출을 거절하라.
1. 일본이 미국과의 수호 통상을 권하는데 이를 반대하라.

김홍집은 조선 조정의 명령을 이행하기 위해 외교적인 노력을 다했다. 그러나 일본은 수신사 일행을 융숭하게 대접하면서도 김홍집의 요구에 대해서는 일부러 회피하고 언급을 하지 않았다. 김홍집은 시간이 있을 때마다 일본의 정치인들을 만나 국제정세를 이야기하고 서구의 기계문명에 대해서 이야기했다.

일본이 서구문명을 받아들여 나라를 부강하게 만들고 군대를 양성하고 있다는 이야기를 들을 때는 자신도 모르게 무릎을 쳤다.

'일본은 놀랍게 발전하고 있다. 조선이 개화되지 않으면 일본의 침략을 받을 수 있다.'

김홍집은 일본이 발전한 것을 보고 위기를 느꼈다. 도쿄에 세워지고 있는 서양식 건물, 질서정연하게 행군하는 군대 모습, 곳곳에 설립된 학교와 공장을 보았다.

일본에는 신문이 발행되어 조정의 소식이나 나라 안에서 일어나고 있는 크고 작은 사건을 보도하고 조정이 잘못한 일을 비판하기도 했다. 기자들이 김홍집을 찾아와 회견을 할 때도 있었다.

김홍집은 일본에서 많은 사람들을 만났고 그들로부터 뛰어난 학자라는 평가를 받았다.

수신사 김 공은 매우 침착한 인물로서 학문이 유려하고 문장도 단아하다. 또한 정중한 태도를 항상 잊지 않고 조선의 요구를 우리 정부에 요청했다. 그러나 우리 정부는 어떠한 답변도 하지 않았다. 김 공은 안색과 미후가 청수하고 고결하다.

일본의 〈도쿄일일신문〉이 보도한 내용이다. 김홍집은 비록 일본을 방문하여 외교적인 목적을 달성하지는 못했으나 일본의 발전된 문물을 보고 깊은 감명을 받았다. 김홍집이 일본에 오자 여러 나라 공사들이 관심을 기울였다. 김홍집은 공사들의 초대를 받아 환담을 나누면서 더욱 많은 서구 문물을 접할 수 있었다.

청국 공사 하여장은 조선에서 온 김홍집에게 각별한 친절을 베풀었다. 그는 여러 차례 김홍집과 대화를 나누고 국제정세에 대해 이야기했다. 청나라 공사관의 참찬관인 황준헌도 김홍집을 만나자마자 조선의 미래에 관심을 기울이면서 국제정세를 의논했다.

"이 책을 한번 보시겠습니까?"

황준헌은 《사의조선책략(私擬朝鮮策略)》이라는 책자 한 권을 김홍집에게 건네주었다.

"무슨 책입니까?"

"저의 개인적인 생각을 담은 책입니다."

김홍집은 황준헌이 준 책을 주의 깊게 읽었다. 훗날 황준헌의 책은 조선에 커다란 소용돌이를 몰고 왔다. '조선책략'이라고 줄여서도 불리는 이 책은 러시아가 조선을 침략할 우려가 있으므로 조선은 청국, 일본과 동맹을 맺고 미국과 연합하여 러시아를 견제하자는 내용이었다. 사의라는 것은 황준헌 개인의 생각이라는 뜻이다.

김홍집이 일본에 있을 때 청나라 관리들이 환대한 것은 이 무렵 러시아가 영토 문제로 청나라를 위협하고 있었기 때문이다.

김홍집과의 대화와 개화주의자로서 고종

김홍집은 일본에서 귀국하자 대궐에 들어가 고종 앞에 복명했다. 우부승지 홍승목, 가주서 신용선, 기주관 오치항, 별겸춘추 이용식이 동석했다. 고종이 이들을 배석시킨 것은 대신들의 의심을 받지 않기 위해서였다.

"만리 바닷길을 무사히 다녀왔는가?"

김홍집이 절을 올리자 고종이 부드러운 목소리로 물었다.

"전하의 성은에 힘입어 무사히 다녀왔습니다."

김홍집은 머리를 잔뜩 조아려 대답했다. 동석한 관리들은 긴장한 눈빛으로 김홍집을 살폈다. 김홍집이 어떤 이야기를 할지 알 수 없어 긴장하고 있는 것이다.

"일본이 사신을 또 조선에 파견한다고 하던데, 언제쯤 올 것 같은가?"

"신이 도쿄를 출발할 때 외무대신 이노우에 가오루에게 처음으로 들었습니다. 저들의 사정이 있어서 일정이 조금 늦어진다고 하였습니다."

"그대들이 올린 보고서를 보았다. 이 밖에 특별히 나에게 아뢸 일이 있는가?"

"대략은 보고서를 통해 모두 아뢰었기 때문에 특별히 아뢸 것은 없습니다. 아직은 일본이 조선에 악의를 품고 있는 것 같지는 않았습니다."

일본 체류 기간이 짧았고 〈병자수호조규〉로 정한론이 한풀 꺾인

상태에서 일본을 방문했기 때문에 김홍집은 정한론을 모르고 있었다.

"어찌하여 악의가 없다고 보는가?"

"그 사람들은 신을 접대할 때 호의적으로 대하였고 국제정세에 대해 자세히 설명을 해주었습니다."

"그대를 후하게 접대하였는가?"

"음식물 공궤(供饋)나 선물을 주지는 않았으나 관소(館所)에 머물 때에 빌린 집과 왕래할 때에 기차 비용을 모두 일본 외무성에서 부담했습니다."

김홍집의 말에 고종이 빙그레 웃었다.

"일본은 공자를 받들고 있던가?"

"공자묘가 있고 공자와 맹자를 비롯하여 주자의 소상을 걸어놓기는 했습니다만 조선에서처럼 공경하지는 않았습니다."

"청나라 공사를 만나니 어떠하던가?"

"신이 청나라 공사를 만나자 타향에서 벗을 만난 것 같다면서 반갑게 맞이해 주었습니다."

"그대의 마음도 즐거웠는가?"

"신도 반갑고 기뻤습니다."

"일왕이 그대를 만났을 때 절차는 어떠했는가?"

"일왕은 의자 앞에 서 있었고 그 앞에는 무장한 병사들이 칼을 집고 마주 서 있었습니다. 외무성 관리들과 함께 들어가서 만났습니다."

"일왕이 경망스럽지는 않았는가?"

"경망스럽지는 않고 현명해 보였습니다."

김홍집의 말에 동석한 관리들의 얼굴이 굳어졌다. 일왕을 칭송하는 것은 유림을 자극할 수도 있었다.

"일본의 관제가 그 사이에 바뀌었는가?"

"일본의 관제가 바뀌었는지는 자세히 알 수 없었습니다. 외무대신은 이노우에 하오루가 되었습니다. 서양에서 유학을 한 자라고 합니다."

"무슨 이유로 외무대신이 바뀌었다고 하던가?"

"바뀐 이유는 알지 못합니다."

"세금을 정하는 일을 매듭짓지 못하였는가?"

"보고서에서 아뢰었지만 일본이 대답하지 않았습니다."

"개항(開港)에 관한 일을 먼저 말하던가?"

"하나부사 요시모토 공사가 개인적으로 물었기 때문에, 우리 조정의 의논은 변하지 않았다고 대답했습니다."

김홍집의 말에 고종이 미간을 찌푸렸다. 유림의 반대 때문에 개항을 하지 않으려고 한 그의 뜻을 김홍집이 관철하지 못하고 돌아온 것이다.

"아라사(俄羅斯, 러시아)가 청과 전쟁을 할 것 같은가?"

"일본 사람들은 그렇게 말하지만, 청나라 사신에게 물어보니 잘 마무리 될 것 같다고 합니다."

"그렇다면 전쟁이 일어나지 않는가?"

"이리(伊犁, 카자흐) 지방을 끝내 아라사에게 할양하고서야 끝날 듯

하다고 합니다."

"우리나라가 피해를 입을 것이라고 하는 것은 혹시 우리를 꼬이고 놀래키려는 단서가 아닌가?"

"일본 사람이 말하기를, '이것은 조선을 위하여 대신 도모하려고 하는 것이 아니라, 실은 우리나라를 위하여 그러한 것이다'라고 하였습니다."

일본은 청나라와 러시아의 대립에 촉각을 곤두세우고 있었다. 그러면서 그들은 그 까닭을 조선을 위해서라고 했으나 사실은 일본 자신을 위한 것이었다.

"이미 스스로 저희 나라를 위한 것이라고 하였다면 그 말이 맞을 것이다."

"저들의 말을 비록 깊이 신뢰할 수 없으나 청나라 사람들에게 알아보니 거의 같았습니다."

"청나라 공사는 인물이 어떠하던가?"

"하여장은 도량이 넓고 화통하며 재간과 국량이 있었습니다."

고종은 김홍집과 국제정세를 논한 뒤에 화제를 바꾸었다.

"일본에서는 서양 여러 나라의 말을 배우는 학교를 설치하여 가르친다고 하는데 아는 것이 있으면 말해 보라."

고종의 말은 학교에 대한 것이었으나 사실은 개화에 대한 것이었다.

"신이 학교에 가보지는 못하였지만 학교를 설립하여 각 나라 말을 가르친다고 합니다."

"우리나라의 역학(譯學)과 같던가?"

"그렇습니다. 그 나라 관리들의 자식을 모두 학교에 보내고 있었습니다."

"사람을 파견하여 외국 말을 배우는 것을 돌아가서 조정에 보고하라고 하던가?"

"이 일은 대체로 우리나라를 위해서 하는 말이었고, 시행 여부는 오직 우리 조정의 처분에 달려 있으므로 돌아가서 보고하겠다고 대답하지 않을 수 없었습니다."

"이 일은 비록 갑자기 시행할 수는 없으나, 돌아와 보고한 것은 잘한 일이다."

고종은 이때 이미 학교 설립에 대한 생각을 갖고 있었다. 1880년에 고종이 이와 같은 말을 한 것은 개화에 많은 관심을 갖고 있다는 것을 의미한다.

"후지 산은 어떠하며, 여름에도 눈이 쌓여 있는가?"

"요코하마에 가까이 이르렀을 때 멀리서도 그 산이 보였습니다. 아주 높고 가팔랐으며 여름인데도 산봉우리에 눈이 내린 흔적을 볼 수 있었습니다."

"남쪽 섬에서 검은 연기가 난다고 하는데 과연 그러하던가?"

"화산이 있기 때문에 지진이 자주 일어난다고 합니다."

"지진이 얼마나 크게 나던가?"

"몇 달 간격으로 작은 지진이 일어나고, 10년쯤 사이를 두고 큰 지진이 일어나 산과 마을이 무너지고 사람과 재물이 많은 손상을 입는다고 합니다.”

“비는 자주 내리는가?”

“자주 내리기는 하지만 오랫동안 내리지는 않습니다.”

고종은 일본의 후지산과 지진에 대해서 이야기를 하고 다시 화제를 바꾸었다. 그가 관심을 기울인 부분은 일본의 국력이었다.

“남자와 여자의 인물은 과연 어떠하던가?”

“그 인물은 대체로 교활하고 약으며 근실하였습니다.”

“일본은 66개 주(州)를 모두 통합하였는가?”

“66개 주를 폐지하고 지금은 36개 현(縣)을 설치했습니다.”

“번을 모두 폐지하여 세습 받던 사람들이 번주의 지위를 상실했다고 하는데 불평하지는 않던가?”

“그들이 속으로는 불평을 하고 있지만 모두 녹봉을 후하게 받으면서 살고 있기 때문에 겉으로는 말하지 않고 있습니다.”

고종은 김홍집의 조리 있는 말에 고개를 끄덕거렸다.

“일본은 부세(負稅)를 많이 경감했다고 하는데 그래서 백성들이 부유하고 나라가 부강한 것인가?”

고종의 관심은 이제 일본의 부강에 있었다.

“참으로 그렇습니다. 무릇 백성들을 이롭게 하는 정사는 반드시 실행한다고 합니다.”

백성을 이롭게 하는 정사, 그것은 성군이 하는 정치다.

“군사는 보았는가? 그들의 조련은 어떠하던가?”

“대완구가 거대하고 군사는 모두 총과 칼을 갖고 있었습니다. 군율 또한 엄중하여 서양인들도 부러워했습니다."

"일본은 과연 아라사를 몹시 두려워하던가?"

"온 나라가 아라사를 가장 위험하고 무서운 나라라고 여기고 있었습니다."

"일본의 무기가 지금 서양 각국을 대적할 수 있다고 하던가?"

"일본이 배우는 것이 서양의 군대이므로 스스로 서양에 미치지는 못한다고 합니다."

"일본의 병사(兵事, 군사에 관한 일)는 마땅히 아란타(阿蘭陀, 화란)를 따라야 한다고 하였는데, 화란은 어떤 나라인가?"

"화란은 서양에서도 가장 작은 나라에 속하는데 영토가 우리나라의 4분의 1에 불과하다고 합니다."

"나라가 이처럼 작은데 무슨 방법으로 강한 나라가 되었는가?"

"나라가 크고 작은 것에 상관없이 무기가 정예한 것은 스스로 강하게 하면서 실제에 힘썼기 때문입니다."

김홍집은 실용이 중요하다고 아뢰었다.

"거리의 치안은 어떠한가? 순사들이 치안을 잘 유지하고 있는가?"

"순사들이 백성들을 잘 보호하고 있습니다."

"일본은 각기 그 재주에 따라서 사람을 가르치고 있다고 한다. 비록 아녀자와 어린아이일지라도 모두 교육을 시키므로 한 사람도 버릴 만한 사람이 없는 것이다."

"성상의 말씀과 같습니다. 그렇기 때문에 한 사람도 놀고먹는 백성이 없습니다.”

“일왕이 친히 말을 달리고 창을 시험하는 것을 좋아하여 무기를 연마하는 장소로 들어가 사졸들과 더불어 각축을 벌인다고 한다. 이것은 오랑캐의 풍속이 아닌가?”

“참으로 그렇습니다. 일본은 오로지 강한 것만을 숭상하고 있습니다.”

고종의 관심은 서양과의 통상에도 쏠렸다.

“저들이 17개 나라와 통상한다고 하던가?”

“전하는 말에 그렇다고 하였습니다.”

“일본의 저자와 백성들의 거주지가 안락하던가? 그들은 과연 부유하게 살고 있는가?”

“자세하게 살피지는 못했으나 눈에 보이는 것이 자못 번화하고 풍성하였습니다.”

“일본도 농사에 힘써서 올가을에 큰 풍년이 들었다고 한다. 일본은 무슨 곡식을 주식으로 삼고 있던가?”

“일본도 역시 쌀을 주식으로 삼고 있습니다. 반찬은 생선을 좋아하여 한 끼도 빠지는 일이 없습니다.”

“아라사가 청나라를 침략하면 어느 길로 진격할 것이라고 하던가?”

“일본인들에게 들은 바로는 우리나라의 동남쪽 바닷길을 거쳐 산동으로 들어갈 것이라고 하였습니다.”

“일본의 동정을 자세히 살폈는가? 우리나라에 대하여 악의는 없던가?"

"신이 살핀 바로는 가까운 시일에는 걱정하지 않아도 된다고 생각합니다. 신이 이 일에 대해서 청나라 사신과 논의했는데 청나라 사신도 그렇다고 하였습니다."

"언젠가는 일본이 우리를 침략할 것으로 보는가?"

"앞일을 신이 어찌 감히 예측하겠습니까? 딱 부러지게 아뢸 수는 없지만, 향후에 우리가 어떻게 발전하느냐에 달려 있을 것입니다. 이 때문에 청나라 사신도 스스로 힘쓰라고 권하였습니다."

"스스로 힘쓴다는 것은 나라를 부강하게 만드는 것을 말하는 것인가?"

"그러하옵니다. 나라를 부강하게 만드는 것만이 스스로 힘쓰는 것이고 외국과의 관계를 돈독하게 하여 백성을 이롭게 하는 것을 받아들여 스스로 강하여 외국과 어깨를 견주어야 합니다. 강한 나라는 외국의 침략을 두려워할 필요가 없습니다."

김홍집은 고종에게 개화를 역설했다. 고종이 무겁게 한숨을 내쉬었다.

"청나라 사신도 아라사 때문에 근심하고 있는데 우리나라를 도와줄 의향이 있던가?"

"신이 청나라 사신을 몇 차례 만났는데 대체로 조선을 도울 것이라고 하였습니다. 우리나라를 위한 성의가 대단하였습니다."

"그들이 아무리 우리나라와 한마음으로 힘을 합치고자 해도, 어찌 깊이 믿을 수 있겠는가. 요컨대 우리도 부강해질 방도를 실행해야 할 것이다."

"그들의 마음을 참으로 깊이 믿을 수는 없지만, 오직 우리나라가 바깥일을 알지 못하는 것을 안타깝게 여기고 있습니다."

"일왕은 과연 서양 복색을 하였던가?"

"그렇습니다."

"일본의 형세는 겉으로 보기에는 강한 것 같아도 속은 하찮을 것으로 생각된다. 그대가 보기에는 어떠한가?"

"성상의 하교가 참으로 옳습니다."

"일본에 갔다가 오는 데 얼마나 걸렸는가?"

"꼭 90일이 됩니다."

"바닷길은 매우 험하므로 그대를 전송할 때 너무나도 근심했다. 지금 무사히 일을 마치고 돌아와 복명하니 기쁘고 다행스럽다."

"성상의 염려가 보잘것없는 신하에게 미치니, 감격스럽고 황공하여 몸 둘 바를 모르겠습니다."

"일본에서 돌아올 때 동래부에서는 며칠이나 묵었는가?"

"3일 동안 묵다가 바로 출발하였습니다."

"유교국(琉球國, 오키나와)은 그 사이에 나라를 회복했다고 하던가?"

"이 일은 혐의가 있어서 사람들에게 물어보지는 못하였습니다. 그러나 전하는 말로는 이미 그 나라를 폐하고 현으로 만들었다고 합니다."

"만리타향을 다녀왔으니, 우러러봐도 좋다."

고종이 김홍집에게 말했다. 김홍집이 비로소 고개를 들고 고종의 얼굴을 쳐다보았다. 신하는 임금의 영이 내리지 않으면 용안을 우러러볼 수 없다. 고종이 김홍집에게 자신을 쳐다보라고 말한 것은 각별한 애정의 표시다.

김홍집은 이후 고종의 두터운 신임을 받아 벼슬이 계속 올랐고 영의정과 내각 총리대신을 역임하면서 현실 정치에 신명을 바쳤다.

"중국으로 가는 사행은 비록 육로로 가는데도 오히려 어렵게 여기는데, 이곳은 위험을 무릅쓰는 곳이니 연경 행차와 똑같이 말할 수 없다. 게다가 이렇게 빨리 돌아왔으니 참으로 다행스럽다."

"신은 더할 나위 없이 보잘것없는 사람인데 외람되이 중임을 받아서 오직 왕명을 욕되게 할까 두려워하였습니다. 지금 다행히 무사히 절부(節符)를 바쳤으니, 이것은 성상의 염려 덕분이 아닌 것이 없습니다."

김홍집은 온화하고 겸손한 인물이다. 오히려 모든 것이 고종의 은혜라고 사례했다.

"그대는 스스로 사물을 치밀하게 분석하고 겸하여 학문과 식견까지 있으니, 이렇게 일을 잘 마치고 돌아온 것이다."

"황송하여 몸 둘 바를 모르겠습니다."

"어젯밤에 광주산성으로 들어왔는가?"

"그렇습니다."

"먼 곳에서 일하느라 수고스럽고 피곤할 것이며 밤도 또한 깊었으니, 그대는 먼저 물러가라."

고종이 영을 내렸다. 김홍집이 절을 하고 물러갔다. 고종은 일본에 수신사로 다녀온 김홍집에게 서양 각 나라와 일본에 대해 자세한 정보를 수집했다. 김홍집과의 대화에서 그가 얼마나 조선을 개화시키고 부강하게 하고 싶었는지 알 수 있다. 그러므로 그는 철저한 개화주의자라고 할 수 있다.

태극기는
즉석에서 만든 것인가?

태극기는 대한민국의 상징이다. 대다수 국가들이 근대화가 이루어지면서 국기를 사용하기 시작했는데 한국은 1882년 최초로 태극기를 국기로 사용하기 시작했다. 태극기를 국기로 처음 사용한 인물은 개화파의 주역 중 한 사람인 박영효다.

박영효는 판서 박원양의 아들로 명문가 출신이다. 1872년 우의정 박규수와 수원유수 신석희의 천거로 철종의 딸 영혜옹주의 부마로 결정되었다. 그러나 영혜옹주는 4월 13일 길례(吉禮, 왕족의 혼례)를 올린 지 석 달도 되지 않아 세상을 떠났다.

박영효는 형인 박영교와 함께 박규수의 집에 출입하면서 서양문물을 접하게 되고 당시 개화파 인사들인 오경석, 유대치, 이동인 등을 만나면서 개화에 깊은 관심을 갖게 되었다.

오경석은 청어 역관으로 중국에 자주 드나들면서 서구 문물을 조선으로 가지고 왔다. 오경석을 통해 서구 문물을 접한 박영효는 조선을 부국강병하는 길이 개화라는 사실을 알게 되었다. 박영효는 오위도총부 도총관, 혜민서 제조, 의금부 판의금을 역임하면서 김옥균, 홍영식과 함께 개화당을 이끌었다.

1882년 임오군란으로 일본 공사관이 불에 타자 조선은 배상금을 지불하고 일본에 사죄하지 않을 수 없었다. 조선은 왕족이 된 박영효를 특명전권대사로 임명하여 일본에 파견했다.

근대 조선의 사신이 일본으로 간 것은 세 번째였다. 첫 번째는 〈병자수호조약〉으로 인해 수신사로 파견된 김기수였고, 두 번째는 김홍집, 세 번째가 특명전권대사 박영효였던 것이다.

박영효가 정사였고, 부사 김만식, 종사관 서광범 등 14명의 수행원과 비공식 수행원으로 김옥균과 민영익이 동행했다. 김옥균은 열혈 혁명가였고 민영익은 왕비 민씨가 파견한 인물이었다. 고종과 왕비 민씨는 민영익을 신임했다. 그는 척족인 민씨 일문에서 가장 뛰어난 인물이었고 소년 학사로 불릴 정도로 어릴 때부터 명성을 떨쳤다.

김옥균과 민영익이 일본행을 자원한 것은 두 번째 수신사 방문 이후 보낸 사절단 신사유람단의 보고를 보고 관심이 생겨서였다.

신사유람단 파견

조선은 유림의 강력한 반대에도 불구하고 개화가 필연적이라는 사실을 알게 되었다. 조정에서는 병인양요, 신미양요, 운요호 사건으로 굴욕감을 느끼고 있었다.

조선 조정은 근대화를 추진하기 위해 1880년 12월 통리기무아문을 설치하고 서구 문물을 받아들일 준비를 했다. 그러나 서구 열강은 너무나 멀리 떨어져 있었고 일본은 1868년 메이지유신을 단행하여 획기적인 발전을 하고 있었다. 조선은 일본의 발전상을 살피기 위해 신사유람단을 파견하기로 결정했다.

하지만 신사유람단에 대한 유림의 반대가 격렬했기 때문에 1881년 2월 신사유람단 12명을 동래부 암행어사에 임명하여 민정을 살핀다는 구실을 내세워 일본에 파견했다.

《조선왕조실록》에는 이들을 고종이 인견했다는 기록만 있을 뿐 문답을 나눈 것은 기록되지 않았다. 그러나 이헌영이 남긴 별단(別單)에 그 기록이 상세하게 남아 있다.

동래 암행어사 절충장군으로서 용양위 부호군으로 있는 신 이헌영은 삼가 아룁니다. 신이 금년 2월 2일 저녁에 내리신 밀서 한 통을 두 손으로 받아 품안에 넣고 숭례문을 나와 고요하고 깊숙한 곳에 이르러 손을 씻고 봉투를 뜯어보니, 그 안에는 열 줄의 봉서와 한 면에는 마패가 있었으니 신을 동래 암행어사로 임명한다는 것이었습니다. 그래서 그 열 줄의 글을 엎드려 읽사오니, 그 뜻은 곧 일본인의 배를 타고 일본으로 건너가, 세관 사무 및 기타를 보고 듣고 탐색하여 오라고 하신 것이었습니다. 신은 그

명을 받잡고 깜짝 놀랐삽고, 심신이 떨리어 몸 둘 바를 몰랐습니다. 이 어명은 직지(直指, 어사의 별칭)로서 안탐(按探)하는 것도 아니고 또 가서 독단 전대(專對)하라는 사령(辭令)도 아니었습니다. 일본국에 사신으로 가는 것으로 말씀할 것 같으면, 전의 통신사나 수신사의 일과는 아주 다른 점이 있습니다. 지난날을 돌이켜 봄에 이런 일로 가는 것은 처음이니, 비록 사신 일에 수련(修鍊)되고 사물에 숙달한 재주와 지혜를 많이 가진 자라 할지라도 감당할 수가 없다고 두려워할 것인데, 하물며 신같이 노둔하고 몽매한 자로서야 다시 말할 나위가 있겠습니까. 그러나 의리상 감히 사퇴할 수도 없고 늦출 수도 없어, 다만 순경(順境)이나 역경(逆境)이나 불구하고 앞으로만 향한다는 신념으로 바로 여장을 꾸리어 여정에 올랐습니다.

이헌영은 암행어사에 임명된 후 고종의 밀서를 받고 자신이 일본으로 떠난다는 사실을 알게 되었다. 이헌영의 기록에 의하면 일본에 사신을 파견하는 일조차 쉽지 않았다. 고종은 유림의 눈치를 살피며 조선을 근대화시키기 위해 신사유람단을 파견한 것이다.

이헌영은 3월 18일에 동래부에 도착하여 25일에는 두모포에 이르고, 4월 9일에 초량항에 도달하여 일본 주우회사(住友會社)의 상선 안녕호(安寧號)를 타고 일본을 견학하는 여정에 올랐다.

신사유람단에는 조준영, 박정양, 엄세영, 강문형, 조병직, 민종묵, 이헌영, 심상학, 홍영식, 어윤중, 이원회, 김용원 등 중견 관리 12인이 타고 있었다. 이들이 각자 한 반을 책임졌고 한 반에는 정사 1명, 수행원 2명, 하인 1명, 통역 1명으로 구성하여 총 12반 60명이었다.

각 반의 책임자인 조정 관리는 각 분야를 세밀하게 조사했는데 박정양은 내무성 및 농상무성, 민종묵은 외무성, 어윤중은 대장성, 조준영은 문부성, 엄세영은 사법성, 강문형은 공부성, 홍영식은 육군, 이헌영은 세관을 담당했다.

이들은 도쿄에서 74일간 머물면서 일본의 각 분야를 시찰하고 귀국하자마자 방대한 보고서를 작성하여 고종에게 제출했다. 이들의 보고서는 자그마치 100여 권에 이르는데 조선의 개화에 중요한 공헌을 했다. 그러나 이들의 보고서대로 조선은 개혁 정책을 추진할 수 없었다. 이들이 도쿄에 체류한 74일은 너무 짧았다. 훗날 신사유람단 인물들 대부분이 개화파의 중요한 인물이 된다.

국기를 구상하다

신사유람단은 일본에 머물면서 일본의 국기가 관청마다 걸려 있는 것을 보았고 서양 여러 나라들도 국기가 있는 것을 알게 되었다. 박영효, 김옥균 등은 신사유람단이 돌아오자 그들을 직접 만나 일본의 발전상에 대해 들었다. 일본이 메이지유신 이후 비약적으로 발전한 이야기를 들으면서 조선을 개화해야 한다는 꿈에 부풀었다. 그리고 그들로부터 각 나라가 국기를 사용하고 있다는 사실을 들었다.

'조선을 상징하는 국기가 있어야 하겠구나.'

박영효 등은 그렇게 생각했다. 그리하여 1882년 임오군란의 여파로 특명전권대사(3차 수신사)로 일본에 가게 되자 국기에 대한 생각을 했다.

"전하, 조선을 대표하여 일본에 사신으로 가게 되었으나 반드시 필요한 것이 있습니다."

박영효는 일본으로 떠나기 전 고종을 알현했다.

"무엇인가?"

"세계 여러 나라는 그 나라를 상징하는 국기가 있습니다. 일본에 갈 때 신들도 국기를 들고 가고 싶습니다."

"국기는 어떤 것인가?"

"의장기와 같은 것입니다. 나라를 상징하는 것이니 윤허하시면 만들어서 보고를 올리겠습니다."

"그렇다면 사신으로 가면서 만들라."

고종이 박영효에게 영을 내렸다. 박영효는 고종에게 하직하고 사신단과 함께 동래로 가면서 태극기를 만들었다.

박영효는 태극 문양에 주역의 8괘 대신 4괘를 넣는 방법을 고안하여 세 개의 태극기를 만들었다.

박영효가 태극기를 만들기 전 1882년(고종 19년) 5월 22일에 미국과 〈조미수호통상조약〉 조인식 때 처음으로 조선을 상징하는 국기를 제작하여 게양했다는 기록이 있지만 당시 조인식 때 게양된 국기의 형태에 대해서는 현재 정확한 기록이 남아 있지 않다. 2004년에 발굴된 자료인 미국 해군부 항해국이 제작한 〈해상국가들의 깃발(Flags of Maritime Nations)》에 실려 있는 이른바 '문장기(Ensign)' 가 태극기의 원형이라는 주장이 있다. 그러나 이 문장기는 기록만 있을 뿐 사진이나 그림은 남아 있지 않았다.

1882년 박영효가 고종의 명을 받아 특명전권대신 겸 수신사로 일본에 다녀온 과정을 기록한 《사화기략》에 의하면 그해 9월 박영효는 태극 문양과 그 둘레에 8괘 대신 건곤감리 4괘를 그려 넣은 '태극·4괘 도안'의 태극기를 만들어 사용하고, 조정에 이 사실을 보고했다는 내용이 실려 있다.

> 본국의 국기를 새로 만드는 일은, 이미 처분이 있으셨기에 지금 이미 대기(大旗), 중기(中旗), 소기(小旗) 3본(本)을 만들었는데, 그 소기(小旗) 1본(本)을 올려 보내는 연유를 보고합니다.

박영효의 보고에 따르면 그들이 일본으로 떠나기 전 왕명을 받아 태극기를 제작했다는 사실을 알 수 있다. 조선은 외국 여러 나라와 수교를 맺으면서 조선을 상징하는 국기가 필요하다는 사실을 인식하고 있었고, 박영효 등이 일본으로 떠날 때 태극기를 만들어 사용하라는 명을 내린 것이다. 그러므로 태극기는 배에서 즉석으로 만든 것이 아니라 한양에서 동래까지 가는 과정에서 구상한 것이다.

박영효 등은 배에서 만든 태극기를 가지고 일본으로 가서 사용했다.

1883년 1월 27일 조선은 건곤감리 4괘와 태극 문양의 국기를 제정하여 공포했다.

통리교섭통상사무아문(統理交涉通商事務衙門)에서 아뢰기를, "국기를 이미 제정하였으니 팔도와 사도(四都)에 행회(行會)하여 다 알고 사용하도록 하는 것이 어떻겠습니까?" 하니, 윤허하였다.

국기 제작법을 명시하지 않았기 때문에 다양한 형태의 태극기가 국기로 사용되었다. 특히 기미년 3월 1일의 독립 만세 사건은 태극기를 조선 팔도에 널리 알리는 계기가 되었다.

대한제국이 일본에 병탄되면서부터는 태극기 사용이 금지되었으나 독립군들에 의해 더욱 많은 태극기가 만들어졌다. 1942년 6월 29일 대한민국 임시정부는 '국기통일양식'을 제정하여 공표했고 대한민국 정부는 1949년 1월 '국기시정위원회'를 구성하여 그해 10월 15일에 〈국기제작법 고시〉를 발표하여 오늘날 우리가 사용하는 태극기가 되었다.

1918년 독립운동가 남상락이 부인과 함께
독립 만세를 부르기 위해 만든 태극기

임오군란을
배후 조종한 인물은 누구인가?

한국의 개화를 말할 때 가장 먼저 떠오르는 것이 개화파와 수구파다. 개화파는 김옥균, 박영효 등을 일컫는 것이고, 수구파는 대원군 이하응, 김병국 등 전통적인 유림 출신 대신들을 말한다. 개화파는 대부분 친일본파들이고 수구파는 친청파 대신들이다. 고종과 왕비 민씨는 개화파도 아니고 수구파도 아니었다. 그들은 오로지 조선의 왕실을 지키는 것을 목표로 삼았다.

대원군의 개혁

대원군은 섭정이 되자 대대적인 개혁에 나섰다. 그는 정권에서 철저하게 배제되어 있던 남인을 등용하고, 서원을 철폐하고, 경복궁을 중건하는 등 왕실의 위엄을 높이는 데 전력을 다했다.

조선 유림의 정신적 요람인 서원은 많은 폐단이 있었다. 서원에 들어가면 세금을 내지 않아도 되기 때문에 농민들은 스스로 서원에 속하기를 바랐고, 서원은 농민들을 노비로 삼아 부역이나 군역, 조세에 응하지 않았다. 행사를 한다면서 농민들을 함부로 동원하여 일을 시키고 쌀을 강제로 거두었다. 서원이 농민들을 수탈하는 일이 많아 원성이 하늘을 찔렀다.

이러한 서원을 철폐하는 것은 역대 어느 왕도 하지 못한 일이었다. 그러나 대원군은 과감하게 서원을 철폐하여 유림의 공적이 되었다.

조선 조정은 부패해 있었다. 철종 말년에 이르면 매관매직이 성행하여 고을 사또는 2만 냥, 평안감사는 5만 냥이라는 공식 가격이 정해져 있었다. 2만 냥에서 5만 냥을 주고 관직을 산 관리들은 백성들에게 그 돈의 몇 배를 수탈했다.

관직을 사고파는 일이 흔하게 되자 웃지 못할 일도 일어났다. 한 양반이 춘천부사에 임명되어 거드름을 피우고 부임했는데 이미 새로운 부사가 부임해 있었다. 그는 부임조차 못하고 파직당한 것이다.

"세상에서 경하게 여기든 중하게 여기든 나라의 법과 규율은 엄연히 존재하니, 우레나 번개와 같이 엄한 형벌을 가해서 도끼나 작두로써 다스릴 방도가 없는 것은 아니다. 그러나 우선 모두 함께 고쳐 나가자는 뜻에서 이렇게 마음을 털어 놓고 자세히 타이르는 것이니, 벼슬자리에 있는 모든 사람들은 누구나 스스로 노력하여 담당한 일이 있는 자는 담당한 일에 힘을 다할 것이고, 바른말을 할 책임이 있는 자는 그 책임에 힘을 다할 것이며, 지방의 감사와 수령도 모두 자기들의 직책에 힘을 다하여 임금의 은혜와 조상의 기대를 저버리는 죄를 스스로 저지르지 않도록 하라. 끝내 방자하게 굴면서 두려운 줄을 알지 못하는 자는, 훗날 죄를 뉘우쳐야 하는 때를 당하더라도 혹 내가 미리 타일러 주지 않았다고 말하지 마라."

대원군은 대왕대비 조씨를 통해 비리를 저지르거나 매관매직을 하는 관리들을 엄중하게 다스리겠다고 선포했다. 부패를 저지르면 도끼와 작두로 다스리겠다고 선언한 것이다.

병인양요와 신미양요가 일어나면서 조선은 강력한 군대가 필요하게 되었다. 서구 열강과 일본 군대에 맞서기 위해서는 새로운 군대를 양성해야 했다. 병인양요와 신미양요는 조선인들에게 부국강병해야 한다는 사실을 일깨웠다. 대원군은 군제를 대대적으로 개편하여 삼군부를 부활시키면서 자신의 친위군으로 양성했다.

별기군의 창설

대원군이 실각한 이후 1881년(고종 18), 조선의 군제는 훈련도감·어영청·수어청·금위영·총융청 등 5군영제로 이루어져 있었으나 모두 폐지하고 무위영·장용영의 2영으로 개편했다. 무위영 소속으로 별기군을 창설하고 신체가 건강한 장정으로 지원자 80여 명을 특별히 선발했다.

별기군의 총책임자에는 교련소 당상에 민영익, 정령관에 한성근, 좌부령관에 윤웅열, 우부령관에 김노완, 참령관에 우범선을 임명했다.

민영익은 민씨 척족 중에 가장 영민한 인물이었다. 글씨를 잘 쓰고 그림을 잘 그렸는데 그가 그린 난(蘭)을 사람들은 그의 호를 따서 '운미란'이라고 불렀다. 대원군도 난을 잘 쳤는데 그의 난은 '석파란'이라고 불렀다.

민영익의 집에는 당대의 뛰어난 인재들이 출입했는데 장안에서는 그들을 8학사라고 불렀다. 8학사는 김옥균, 어윤중, 심상훈, 홍영식, 이중칠, 김흥균, 홍순형, 조동희 등 쟁쟁한 청년 문사들이었다.

김옥균이 개화파이듯이 민영익도 개화파였다.

"조선에는 군사를 훈련시킬 만한 사람이 없습니다. 일본군 장교에게 훈련을 부탁하는 것이 어떻겠습니까?"

민영익은 별기군에 훈련 장교가 필요하다고 생각했다.

"일본군 장교를 초빙하면 반대가 심하지 않겠습니까?"

한성근이 난처한 표정을 지었다.

"그렇지 않으면 누구에게 부탁한다는 말인가?"

"일본군은 조선군보다 조련이 잘되어 있습니다. 일본군 장교를 초빙하는 것이 여러모로 유리할 것입니다."

우범선은 일본군 장교를 원했다. 민영익은 하나부사 일본 공사에게 청하여 일본 공사관 소속의 공병 소위 호리모토 레이조를 초빙하여 별기군을 대상으로 신식훈련을 실시했다. 조선의 국가 재정이 어려운데도 별기군에게는 많은 혜택을 주었다.

구식 군대의 불만 폭발

조정은 별기군에게 특별대우를 해주고 구식 군대에게는 급료를 제대로 지급하지 않았다. 이에 구식 군대의 불만이 커져 폭동이 일어날 조짐이 보이자 조정은 부랴부랴 선혜청의 창고 도봉소에서 밀린 급료를 쌀로 지불하기 시작했다. 그러나 선혜청에서 지급한 쌀에는 겨와 모래가 반이나 섞여 있었다.

호남에서 올라오는 쌀은 곧잘 중간에서 농간이 일어났다. 호남의 수령들이 세미 운반선이 바다에서 침몰했다고 빼돌리고, 세미를 운반하는 뱃군들 또한 이러저러한 핑계를 대고 빼돌려 실제로 경창에 들어오는 쌀들은 수량도 적었고 내용도 부실했다.

도봉소의 창고지기들은 군인들에게 지급되는 쌀을 빼돌리고 겨와 모래를 섞어 수량을 맞추었다. 급료로 지급되는 쌀이 이 지경이니 불만이 폭발할 수밖에 없었다.

구식 군대는 선혜청에서 쌀을 배급받다가 분노했다.

"녹미가 왜 이래? 겨가 절반이나 되잖아?"

"쌀에 겨가 섞이는 것이 당연하지 웬 투정이야? 배급받기 싫으면 줄에서 물러나, 다른 사람이나 받게."

창고지기가 김춘영을 노려보면서 퉁명스럽게 내뱉었다.

"쌀에서 냄새가 난다. 쌀이 썩었어!"

"내 것은 모래가 절반이야! 이걸 녹미라고 주는 거야?"

1882년 6월 5일 무위소와 장어영의 군사들은 마침내 불만이 폭발했다. 녹미가 여러 달 지연되어 짜증이 났는데 내용도 부실했던 것이다. 구식 군대의 장교 김춘영은 군사들이 배급받은 쌀을 들여다보았다. 군사들이 받은 쌀은 누렇게 변색이 된 데다 모래가 반이나 섞여 있었다. 게다가 정량에서 턱없이 부족했다.

"여보시오! 이것을 쌀이라고 배급하는 거요?"

김춘영은 창고지기들을 향해 눈을 부릅뜨고 삿대질을 했다. 순간적으로 창고지기들이 녹미를 빼돌렸다고 생각했다. 가슴속에서 뜨거운 것이 울컥 치밀고 올라왔다.

"이 사람이 여기가 어디라고 행패야? 뜨거운 맛을 봐야 알겠어?"

창고지기들이 김춘영을 향해 눈알을 부라렸다. 그들은 상전인 선혜청 당상 민겸호의 위세를 믿고 거들먹거리고 있었다.

"뜨거운 맛? 당신 눈에는 이게 쌀로 보여?"

"뭐가 어째? 배급받기 싫으면 돌아가면 될 거 아니야? 배가 부른 모양이네."

"이놈이 죽고 싶어 환장을 했나?"

김춘영은 창고지기에게 달려들었다. 그러자 구식 군대 군사들도 일제히 달려들어 창고지기들을 두들겨 팼다. 도봉소는 아수라장이 되었다. 사직단에서 기우제를 지내고 있던 민겸호가 부랴부랴 달려와 난장판을 벌인 구식 군대의 군사들을 모조리 잡아들여 포도청으로 압송했다. 구식 군대의 군사들은 일시적으로 흩어졌으나 민심은 흉흉했다.

"선혜청 당상은 무엇을 했기에 군사들이 난동을 부리는가?"

조정은 군란의 책임을 물어 민겸호도 구속했다. 그러나 민겸호는 얼마 지나지 않아 석방되었다. 그는 난군들을 모조리 잡아들여 처벌해야 한다고 주장했다. 민겸호가 석방되자 구식 군대의 군사들이 웅성거리기 시작했다.

대원군의 개입

'구식 군대의 불만을 왕비에게 향하게 해야 한다.'

대원군은 절호의 기회가 왔다고 생각했다. 대원군은 심복으로 부리는 '천하장안'에게 지시하여 여론을 조종했다. 이하응은 시중을 드는 시정잡배 천희연, 하정일, 장순규, 안필주를 거느렸는데 천하장안은 그들의 성을 따서 일컫는 호칭이었다.

"선혜청 당상, 민겸호가 우리를 다 죽이려고 한다."

천하장안이 난군들 뒤에서 소리를 질렀다.

"민겸호를 죽여라."

난군은 민겸호의 집과 흥인군 이최응의 집으로 몰려갔다. 이최응은 대원군 이하응의 형이었다. 고종이 친정을 하자 영의정에 오르는 등 고위 관직을 역임했으나 위인이 탐욕스러워 부패만 일삼았다.

난군은 민겸호와 이최응의 집을 지키고 있던 하인들을 때려죽이고 집에 불을 질렀다. 민겸호와 이최응의 집 창고에서는 비단이며 생선, 곡식이 썩어 가고 있었다. 비단이 타는 연기가 10리 밖에서도 보이고 그 냄새가 코를 찔렀다.

난군들은 며칠 동안 한양을 발칵 뒤집어놓았다. 그러나 시간이 흐르자 불안해지기 시작했다. 구식 군대의 군사들은 대원군에게 도움을 요청했다. 대원군은 난군이 찾아와 도움을 청하자 못이기는 체하고 대표자들을 사랑으로 불러들였다. 그는 외세의 침략과 민씨 척족이 나라를 망치고 있다고 비난하고 그들의 행동이 의로운 일이라고 부추겼다.

"대원위합하 분부를 내려주십시오. 저희들이 어떻게 하면 됩니까?"

난군들은 대원군의 말에 용기가 샘솟았다.

"왜국 공사관으로 달려가 불을 지르고 대궐로 쳐들어가서 중전을 죽여라. 중전이 이 나라를 망치고 있다."

난군들이 깜짝 놀라 대원군을 쳐다보았다.

"너희들이 민겸호를 죽였다. 민 중전이 너희들을 살려둘 것 같으냐? 그러니 민 중전을 죽여야 너희들이 살 수 있는 것이다."

"왜적을 몰아내라."

구식 군대는 흥분하여 일본 공사관으로 달려갔다. 일본 공사관은 뜻밖의 봉변을 당했다. 하나부사 일본 공사는 총을 쏘면서 난군을 물리치다가 인천으로 달아났다. 그들은 영국 측량선을 타고 일본으로 돌아갔다. 흥분한 난군에 의해 일본 공사관이 불에 탔다.

"왕비 민씨가 배후의 인물이다. 민씨를 죽여라."

대원군의 지시를 받은 구식 군대는 대궐로 달려갔다. 난군 수천 명이 몰려오자 대궐을 지키던 내금위 갑사들은 뿔뿔이 흩어져 달아났다. 난군들은 궁녀와 내시들을 닥치는 대로 베어 죽인 뒤에 민왕후까지 죽이려고 했다.

"중전마마, 난군이 몰려오니 대궐을 탈출해야 합니다."

홍계훈은 명성황후에게 변복을 하게 한 뒤에 등에 업고 탈출하여 장호원으로 달아났다. 명성황후 민씨는 홍계훈에 의해 구사일생으로 살아났다.

대원군의 재집권과 임오군란의 여파

"이 사태를 수습할 사람은 대원군밖에 없습니다."

대신들이 불안에 떨면서 고종에게 아뢰었다.

고종은 난군이 대궐을 점거하자 대원군을 불러들여 정권을 맡겼다. 대원군은 왕비 민씨가 죽었다고 발표하고 구식 군대를 대궐에서 물러가게 한 뒤에 800명이 넘은 군사들에게 사면령을 내렸다.

대원군은 정권을 잡자 서정(庶政) 개혁을 단행했다. 통리기무아문(統理機務衙門)을 폐지하고 삼군부를 부활시키고 조정대신들을 모조리 교체했다.

임오년에 일어난 난리라고 하여 임오군란이라고 불리는 군대의 폭동은 명성황후의 탈출로 진정되는 듯했다. 그러나 임오군란은 더 큰 사태를 불러왔다.

김윤식과 어윤중이 청나라에 구원을 청하여 정여창과 마건충이 군함 3척을 이끌고 월미도에 상륙했다. 정여창과 마건충은 한양으로 들어와 구식 군대를 상대로 대대적인 토벌전을 벌였다. 구식 군대는 이태원과 왕십리에서 살육당하고 대원군은 임오군란의 배후 인물로 지목되어 청나라로 끌려갔다.

명성황후는 장호원에서 실의의 나날을 보내고 있다가 대궐로 복귀했다.

　임오군란으로 청군의 세력이 더욱 강화되고 일본은 공사관을 보호하기 위해서라는 명목으로 군대를 상륙시켰다.

　대원군은 임오군란을 배후 조종하여 결국 대궐을 피로 물들인 것이다.

김옥균의 3일천하는
왜 실패했는가?

일본에 이어 미국과 수교조약을 맺으면서 조선에 서구문물이 쏟아져 들어오게 되었다. 한양에서는 일본인과 서양인이 오가는 모습이 자주 보였다. 대중의 눈에는 일본 복색도 특이했지만 서양인의 복색은 눈이 휘둥그레질 정도였다. 일본을 방문한 김옥균, 박영효, 민영익 등은 서구문물을 받아들여 조선을 부강하게 만들어야 한다고 생각했다.

세상에 눈을 뜬 개혁주의자

북학파인 박규수의 영향을 받은 김옥균은 일본을 방문한 뒤에 새로운 세상에 눈을 뜬 기분이었다. 조선 왕실은 묄렌도르프를 고문으로 임명하여 개혁하기 시작했다. 김옥균은 묄렌도르프와 자주 충돌했다.

김옥균은 서양인들과 테니스를 치면서 그들의 문화를 배우기 위해 노력했다. 미국인과도 교류를 하고 일본 공사와도 자주 만나 시국에 대해 토론했다. 일본인들은 김옥균을 지사(志士)라고 불렀다.

| 갑신정변을 일으킨 김옥균 |

1879년에 김옥균은 박영효를 따라 일본을 방문한 적이 있는데 일본인들의 정신적 지주인 교육자이자 사상가인 후쿠자와 유기치를 만나 그에게 많은 영향을 받았다.

김옥균은 일본인들이 1868년 메이지유신을 단행하여 학교를 세우고, 신문을 발행하고, 공장을 건설하고, 군사를 양성하는 것을 보고 경이로움을 느꼈다. 그는 후쿠자와 유기치와 많은 토론을 했고, 혁명가가 되기로 결심했다.

김옥균이 일본의 영향을 받고 있을 때 정권의 핵심 인물인 민영익은 조선인 최초로 미국에 외교사절로 가게 되었다.

1882년 〈조미수호통상조약〉 체결로 1883년 주한 공사 푸트가 조선에 부임했다. 이에 고종은 임오군란 이후 비대해진 청나라와 일본을 견제하기 위해 1883년 5월 정사(正使) 민영익, 부사 홍영식, 서기관 서광범, 수행원 변수, 유길준 등 개화파 인사들을 보빙사에 임명하여 미국에 파견하기로 했다.

"미리견(彌利堅, 아메리카의 음차)은 조선에서 수만 리나 떨어져 있다고 하는데 무사히 다녀올 수 있겠느냐?"

명성황후가 민영익에게 물었다.

"배를 타고 가도 한 달이나 걸린다고 합니다. 그러나 반드시 미국을 잘 시찰하고 돌아와 조선을 부강하게 만들겠습니다."

민영익이 머리를 조아렸다. 묄렌도르프와 공사 부인들의 영향으로 명성황후는 서구 열강에 깊은 관심을 갖고 있었다.

"일본과 청나라가 우리나라에 군대를 주둔시키고 있다. 미국은 멀리 떨어져 있으나 군대가 강하다고 하니 그들을 통해 일청 양국을 견제해야 한다."

"명심하겠습니다."

"미국은 기계 문명이 유럽보다 발전해 있다고 한다. 우리나라를 부강하게 할 방법을 배워 오라."

"예."

민영익 일행은 6월 12일 인천항을 출발해 일본으로 갔다. 그들은 일본에서 퍼시벌 로웰의 인도로 통역관 미야오카 츠네지로를 대동하고 미국 상선에 올랐다. 상선은 거대하여 수백 명의 사람들이 탔고 많은 화물을 싣고 있었다.

"세상이 이렇게 넓군요."

민영익은 배가 망망대해로 나아가자 감탄했다.

"며칠 동안 계속 항해를 했는데 바다가 끝이 없습니다."

부사인 홍영식과 수행원인 서광범도 끝이 보이지 않는 수평선을 보면서 놀라움을 금치 못했다. 그들은 긴 항해 끝에 태평양을 건너

8월 2일에야 샌프란시스코에 도착해서 워싱턴행 열차에 올라탔다.

"이게 증기의 힘으로 달리는 수레군요."

사절단은 기차를 타고 더욱 놀랐다.

"미국의 기계 문명이 놀랍기만 합니다. 일본에서 기차를 타보았지만 미국의 기차는 더 훌륭합니다. 우리는 우물 안 개구리에 지나지 않았습니다."

민영익이 홍영식을 보면서 말했다.

"대륙도 끝이 없이 넓습니다. 이렇게 넓은 대륙은 처음 봅니다."

홍영식도 감탄했다. 차창으로 지나가는 평원이 며칠 동안을 달려도 끝이 보이지 않았다.

민영익은 광대한 대륙을 횡단하여 워싱턴에 이르렀다. 그러나 미국 대통령은 뉴욕에 가 있었다. 민영익 일행은 다시 기차를 타고 뉴욕으로 가서 미국 대통령 아서를 만났다. 사절단 일행은 미국 대통령을 만날 때 조선의 전통적 인사인 절을 하여 미국인들을 놀라게 했다. 그러나 미국인들은 동양에서 온 조선인들을 따뜻하게 환대해주었다. 그들은 조선에 대해 묻고 미국의 기계 문명을 설명해주었다.

민영익을 비롯한 사절단은 세계박람회를 관람했다.

민영익 일행은 경이로왔다. 세계박람회는 갖가지 상품과 새로 발명된 상품을 진열하고 있었다. 의약품과 전화기, 방직공장에서 생산되는 옷감, 농기계까지 나와 있었다. 그들은 많은 물건들이 공장에서 대량으로 생산된다는 말을 듣고 조선이 얼마나 낙후되어 있는지 깨달았다.

민영익 일행은 시범농장과 방직공장을 시찰했다. 농장을 시찰했을 때는 트랙터와 밭 가는 기계를 보았고 공장을 방문했을 때는 수백 명의 노동자가 일하는 것을 보았다. 병원에 가서는 현대적으로 수술하는 것을 참관하고 제약회사도 방문했다. 전기회사를 방문하여 전기가 등불뿐 아니라 산업에도 사용되는 것을 보고 신기하게 생각했다. 그들은 철도회사를 방문하고 소방서와 육군사관학교까지 시찰했다. 보는 것마다 경이롭고 가는 곳마다 탄성을 자아내게 했다.

　'조선을 어떻게 해야 미국처럼 발전시킬 수 있을까?'

　민영익은 내무성 교육국 국장 이튼을 방문하여 미국의 교육제도를 소개받았다. 그들은 이튼으로부터 교육국사와 연보를 기증받았다. 민영익은 우편제도, 전기시설, 농업기술, 그리고 학교에 관심을 기울였다.

　"조선은 기계 문명이 없습니다. 조선을 부강하게 하려면 무엇이 가장 시급하겠습니까?"

　민영익은 이튼에게 조선을 부강하게 만드는 법을 물었다.

　"교육입니다. 학교를 세우고 서양 문물을 받아들여 인재를 육성해야 합니다."

　이튼은 오랜 시간 민영익에게 학교의 중요성을 설명했다.

　보빙사들은 귀국할 때 타작하는 기계, 벼 베기 기계, 저울 등 농기구 18가지를 구입하여 왔다. 민영익은 보스턴 등을 순회하고 1884년 5월 대서양을 건너 유럽 각지를 여행한 다음 귀국했다.

보빙사들은 조선으로 돌아오자 고종에게 자세하게 보고했다.

"미리견에서 보고 들은 것을 모두 실천할 수는 없을 것이다. 그러나 가능한 것은 빠짐없이 실천에 옮기라."

고종이 명을 내렸다. 민영익은 우정국 설치, 경복궁의 전기설비, 육영공원(育英公員), 농무목축시험장 등 미국에서 보고 들은 것을 토대로 실천에 옮기기 시작했다.

민영익은 개화적인 인물이었다. 그는 주한미국공사 푸트에게 육영공원 교사 선발을 국장 이튼에게 의뢰해달라고 했고, 그 결과로 뉴욕 유니언 신학교의 신학생 헐버트, 벙커, 길모어 등이 조선에 와서 선교와 교육을 맡게 됐다.

> 육영공원 어학을 이제 시작하여 사람을 수용해야 하겠으니, 학도들을 내외 아문의 당상과 낭청의 아들 · 사위 · 아우 · 조카 · 친척 가운데서 감당할 만한 사람을 선발하여 추천하도록 분부하라.

1886년 고종이 영을 내리자 우리나라 최초의 관립학교인 육영공원이 설립되었다.

육영공원에는 양반가의 학생들 107명이 입학하여 근대 학교 교육을 받았다. 교과의 내용은 영어 외에 수학, 자연과학, 역사, 정치학 등어었고 비용은 호조와 선혜청에서 부담했으나 나중에는 인천 세관에서 거두는 관세로 충당했다.

육영공원을 졸업한 인물들 중에는 이완용, 민영돈, 조중목 등이 포함되어 있다. 육영공원은 재정 압박의 이유로 1894년 폐교되었다.

김옥균과 박영효는 일본을 방문했을 때 조선에 도움이 되는 물건을 따로 구입하지 않았다. 김옥균과 박영효가 열혈 혁명주의자라면 민영익은 훨씬 더 실용적인 인물임이 드러난 사실이라 볼 수 있다.

박영효는 일본에서 돌아오자 한성판윤이 되었다. 그는 후쿠자와 유기치의 지원을 받기로 하고 신문을 창간할 준비를 했다. 인쇄기를 일본에서 들여오고 편집과 인쇄를 맡을 기술자도 데리고 왔다.

박영효는 1983년 1월 고종의 윤허를 받아 한성부에서 신문 창간 준비를 했다. 그러나 박영효가 광주유수로 발령을 받는 바람에 신문 창간은 중지되었다. 후쿠자와 유기치의 제자들도 일본으로 돌아갔다.

1983년 8월 박문국이 설치되고 김윤식과 김만식 등 온건 개화파에 의해 다시 신문 창간이 추진되었다. 이들은 10월 30일 마침내 한국 최초의 신문 〈한성순보(漢城旬報)〉를 창간했다.

일본에 의지해 나라를 바꾸려 하다

김옥균은 국가의 재정난을 타개하기 위해 울릉도의 포경권과 제주도의 어채권을 담보로 일본에서 300만 원의 차관을 얻으려고 했다.

'우리의 근대화는 서서히 추진해야 한다.'

민영익은 묄렌도르프와 함께 김옥균의 급진적인 개혁을 반대했다. 이에 김옥균은 민영익과 등을 돌리고 정변을 일으켜 근대화를 추진하려 했다. 그러나 이들의 계획이 민영익에게 간파되어 박영효는 광주유수직에서 해임되었다. 박영효가 양성한 근대식 군대도 민영익에게 넘어가고 김옥균이 추진하던 일본 차관도 이루어지지 않았다. 김옥균은 일본마저 차관을 거절하자 더욱 분노했다. 김옥균은 자신의 계획이 이루어지지 않는 것이 민씨 척족 탓이라고 생각했다.

"조선을 근대화하기 위해서는 친청당과 민씨 정권을 몰아내야 하오."

김옥균과 박영효, 홍영식, 서광범 등은 맹세를 했다. 그러나 대궐로 쳐들어가기 위해서는 군사가 필요했다. 김옥균은 일본 공사관을 찾아가 타케소에 공사와 밀담을 나누고 후쿠자와 유기치에게도 지원을 요청했다. 그들로부터 적극적으로 협조하겠다는 약속을 받은 김옥균은 1884년 12월 4일 우정국 낙성식을 빌미로 마침내 거사를 일으켜 민영익에게 부상을 입히고 대궐로 달려갔다.

김옥균은 고종과 명성황후를 경우궁으로 옮겨 50여 명의 개화파 군사와 200여 명의 일본군으로 호위하게 하고 친청당을 대대적으로 숙청했다. 개화파는 친청당, 혹은 칠적(七賊)이라고 부르는 민태호, 민영목, 조영하, 윤태준, 이조연, 한규직 등 대신을 모조리 살해했다.

개화파는 왕실의 인척인 이재원을 영의정에 임명하고 홍영식을 우의정, 박영효를 좌포도대장, 서광범을 우포도대장에 임명했다.

김옥균은 호조참판이 되어 개화파들이 병권과 재정권을 장악하고 정령을 발표했다. 그러나 이들의 정변은 청군의 개입으로 불과 3일 만에 실패로 끝나고 김옥균과 박영효는 망명하게 되었다.

김옥균 등이 발표한 정강정령은 획기적인 것이었다. 청나라에 대한 속국 관계의 청산, 노비 해방 및 인민평등권의 제정, 능력에 따르는 인재 등용, 지조법(地租法) 개혁, 부정부패 일소, 백성이 빚진 환곡의 완전한 면제, 모든 국가재정의 호조 관할, 경찰제도의 실시, 혜상공국(惠商工局)의 혁파 등이었다.

개화파는 나름대로 근대국가의 청사진을 제시한 것이다. 그러나 일본군을 끌어들이고 백성들의 호응을 받지 못해 실패로 끝이 났다. 민영익 등 온건 개화파를 청당으로 부르면서 왕권마저 약화시키려고 한 그들의 개혁은 왕실과 백성들로부터 외면당한 것이다.

김옥균이 민영익을 청당이라고 부르듯이 민영익 등은 그들을 왜당이라고 불렀다. 심지어 그들의 졸속 개혁과 급진적인 개혁에 불만을 갖고 있던 조선인들은 그들을 급할 조(操) 자에 앞으로 나아갈 진(進) 자를 써서 조진당이라고 불러 얕은 식견을 비웃기도 했다.

김옥균은 일본으로 망명하여 10년 동안 야인 생활을 하다가 상해에서 홍종우에게 암살당해 비운의 일생을 마쳤다.

동학농민전쟁은
왜 일어났는가?

　조선에 개화의 바람이 불고 있을 때에도 안동 김씨의 세도정치, 삼정의 문란, 광작 실시로 농민들은 유리걸식하다가 찬바람이 불면 낙엽처럼 쓰러져 뒹굴었다. 게다가 전염병까지 창궐하여 해마다 수천 명에서 수만 명이 기아와 질병으로 죽어갔다. 현실의 삶이 고단하자 조선의 민초들은 종교에 의지했다. 조선의 국시나 다름없는 유교에 배치되는 서학이 밀려들어 오고 신흥 종교와 함께 출처를 알 수 없는 도참설도 끊임없이 나돌았다.

　……이씨(李氏)는 망하고 정씨(鄭氏)는 흥하되 그 도읍은 공주 계룡산이 되리라.

민심이 흉흉하기 때문에 일어나는 풍문이었다. 누대에 걸친 탄압에도 불구하고 서학을 믿는 신도 수가 늘어만 가고, 동학이 창시되어 무서운 기세로 삼남지방에 확산되는 이면에는 왕조에 대한 불신과 새로운 세상을 갈구하는 민초의 염원이 담겨 있었다. 서학은 제사를 지내지 않았기 때문에 극심한 탄압을 받았으나 동학은 상대적으로 탄압을 덜 받아 신도들이 요원의 들불처럼 번져갔다.

이는 민중 혁명이 일어날 조짐이었다.

동학 박해와 신원 운동

1880년대에 이르러 서양 각국과 수교를 하면서 천주교는 포교의 자유를 얻었으나 동학은 여전히 탄압을 받았다.

당시 동아시아의 작은 나라 조선은 국제 정치의 소용돌이에 휘말려 갈팡질팡하고 있었다. 외세에 의한 내정간섭이 어느 때보다도 극렬했고 조선의 개화는 방향을 잃고 우왕좌왕했다. 정국이 혼미하자 백성들의 삶은 더욱 피폐했다.

'동학은 반드시 포교의 자유를 얻어야 한다.'

동학 2대 교주 최시형은 비장한 결심을 했다. 이 무렵 동학은 1890년대에 이르러서는 경상, 전라, 충청도에 이어 경기도와 황해도까지 그 세력을 뻗쳤고, 교도가 수만 명에 이르고 있었다.

최시형은 점점 악화되어 가는 지방 관리의 탄압 탓에 교도들이 고통스러워하자 동학인들에게 입의문(立義文)을 보내 1892년 11월 1일 전라도 삼례(參禮)로 모이게 했다.

"교주께서 삼례로 모이라고 하신다."

최시형의 지시를 받은 교도들이 전국에서 삼례로 모여들기 시작했다.

"척양척왜(斥洋斥倭)!"

동학인들은 서양과 일본을 물리치자는 깃발까지 흔들었다.

"삼례로 동학인들이 모여들고 있습니다."

동학인들이 움직이기 시작하자 즉각 전라도 관찰사 이경직에게 보고되었다.

"동학인들을 철저하게 감시하라."

이경직은 조정으로 파발을 띄웠다. 조정에서도 긴장하여 각 감영에 왕명을 내려 군사들을 소집했다. 이때 삼례에 모인 동학인의 수가 수천 명이나 되었다. 최시형은 삼례에서 집회를 열고 전라, 충청 양도 감사에게 호소문을 보냈다.

전라도 관찰사 이경직은 호소문을 받고 당황했다. 동학인의 호소문은 자신이 답변할 수 있는 성질의 것이 아니었다.

동학은 나라에서 금하는 사학인데 어찌 교조의 신원(伸寃)을 바라는가, 너희들은 사학에 미혹되지 말고 정학에 힘쓰라.

동학인의 1차 신원운동에 대한 전라도 감사 이경직의 회신이었다. 동학인들의 신원운동은 교조 최제우의 억울한 죽음을 사면해주고 동학인에 대한 탄압을 중지해 달라는 것이었다. 그러나 전라도 감사 이경직의 회신은 동학인들의 기대를 저버렸다. 그는 동학을 여전히 사학이라고 부르고 정학인 유교를 공부하라고 답신을 보낸 것이다.

"감사의 회신을 받아들일 수 없다. 감영으로 쳐들어가자."

동학인들이 흥분하여 소리를 질렀다.

"진정하라. 우리는 절대 폭력을 행사해서는 안 된다."

최시형은 흥분한 동학인들을 진정시키고 격렬한 토론을 벌인 뒤에 다시 호소문을 보냈다. 음력 11월이라 날씨는 살을 엘 듯이 추웠다. 동학인들은 삼례 벌판에서 노숙을 하면서 〈신원금폭(伸冤禁暴)〉 운동을 전개했다.

> 각하께서 민정을 세세히 살피기를 기다리느라고 저희는 풍찬노숙하기를 닷새가 되었습니다. 이에 굶주림과 추위가 살을 에며 모두가 죽음의 구렁텅이에 들어갈 날만 기다리고 있는 실정입니다. 우리가 바라는 것은 오직 하나 신원금폭에 있습니다. 지금 각 역의 화는 물보다 깊고 불보다 맹렬하여 수령과 재상들로부터 서리와 군교, 지방의 간사한 부호들까지 우리의 가산을 탈취할 뿐 아니라 살상, 구타, 능욕을 거리낌 없이 행하고 있으나 중생들이 호소할 곳이 없습니다.

전라도 관찰사 이경직은 삼례에 모인 동학인의 기세가 흉흉하자 교조 최제우의 복권은 자신의 권한이 아니며 관리들의 폭정은 즉시 시정하겠다고 약속했다.

"관찰사의 말이 맞다. 교조의 신원은 관찰사의 권한이 아니라 조정의 권한이다."

이경직의 약속에 동학인들은 스스로 해산했다. 그러나 불붙은 신원운동은 1893년의 복합상소로 발전했다. 박광호, 손병희 등 동학인 40여 명은 1893년 2월 12일 광화문 앞에서 사흘 동안 엎드려 국왕에게 호소했다.

"주동자를 검거하고 나머지는 설득하여 돌려보내라."

고종이 명을 내렸다. 복합상소도 소용이 없게 되자 동학인의 불만은 더욱 높아졌다. 급기야 동학인은 척왜척양을 선동하는 벽보를 한양 곳곳에 붙여 민심을 흉흉하게 만들었다.

"동학인들이 폭동을 일으킬지 모른다. 조선은 지금 화약고와 같다."

사태가 심상치 않게 돌아가자 각국 공사관들은 본국에 군함 파견을 요구하여 조선에 전운이 감돌기 시작했다.

'조정 관리들이 어찌 우리의 요구를 들어주지 않는다는 말인가?'

최시형은 조정의 태도에 분노했다. 동학은 교조 최제우가 억울하게 죽음을 당했는데도 척왜척양을 부르짖고 충군애국을 하고 있었다. 그런데 조정이 동학의 진정성을 몰라주고 있는 것이다.

"우리는 여기서 멈출 수 없다. 죽음을 각오하고 포교의 자유를 얻어야 한다."

최시형은 동학의 모든 교도들에게 보은으로 집결하라는 영을 내렸다. 최시형의 영이 떨어지자 충청도 보은 땅에 동학인들이 운집하기 시작했다. 보은으로 향하는 길이 흰옷을 입은 동학인들로 메워질 정도였다. 각 지방 수령들로부터 보은에 동학인들이 집결한다는 보고가 속속 조정으로 올라왔다.

조정은 비로소 긴장하기 시작했다. 각 군영과 감영에 영을 내려 만약의 사태에 대비하라고 지시했다.

보은에 집합한 동학의 접주들을 비롯해, 지도부가 모두 모여서 기도를 하고 대책을 논의했다. 동학교주 최시형은 지도부와 회의를 마친 뒤에 조정에 '신원금폭소'를 올렸다.

무릇 도라는 것은 사람이 이름 붙인 것이니, 옳고 그름을 막론하고 각각 마음속에서 우러나오는 바에 따라 옳은 것을 따르는 것이오, 허명으로 따르는 것이 아닙니다. 공맹의 도를 구하는 자는 양묵을 가리켜 이단이라고 하고, 양묵을 따르는 자는 공맹을 이단이라고 하니, 다만 공맹만을 정(正)이라고 하고 양묵을 사(邪)라고 단정할 수 없습니다. 이제 유가(儒家)의 유와 불가(佛家)의 유와 선가(仙家)의 유가 그 옳음을 자처하고 있으나, 쇠폐한 지 오래라 구천(舊天)을 혁신하여 신천(新天)으로 고치는 것이 동학이거늘, 세상에 사람의 아름다움을 이루고자 아니하는 자가 옛 폐습을 고수하고, 허(虛)를 얽으며 무(誣)를 날조하여 못에 빠지게 하고, 돌을 던지는지라.

최시형은 유교와 불교, 선도가 이미 쇠퇴하여 동학이 일어났다고 주장하고는 동학의 교리를 설명했다. 최시형은 조선의 국시인 유교를 정면으로 비판하고 있는 것이다. 이어 교조 최제우의 죽음에 대해서 언급하기에 이른다.

갑자년 3월 10일에 대구에서 동학을 금지하고 교조를 처형하니 지극히 원통하고, 그 고통으로 인령이 처절하고 천지가 참담하였다고 가히 말할 수 있습니다. 모(某) 등이 피를 머금으며 눈물을 마신 지 어언 30여 년이 되었으나, 선사의 지극한 원한을 아직 펴지 못하였습니다. 예전 금영(錦營)에서의 원통함을 외치던 것과 삼례에서의 호소는 오로지 신원금폭에서 나온 것이었습니다. 혼탁한 세상에 엷은 풍속이 아직도 그 진정을 돌아보지 아니하고, 항상 동학을 지목하며 당파로 배척하여 공사를 빙자해 사리를 영위하매, 돈과 재물을 토색질하고 아버지를 매어 자식을 체포하매, 집을 헐어 재산을 탕진하니 동학이라 이름 붙은 자는 거의 구렁텅이에 빠지는 지경에 이르러 부녀의 목숨이 부지할 곳이 없었습니다. 대개 동학이라는 이름은 특별히 다른 뜻이 있는 것이 아니라 선사가 생전에 동방에서 나아서 동학에 거하여 동학의 이름을 불렀고, 서양에서 들어오는 학문을 대칭한 것이거늘, 뜻하지 않게 금일 다시 동학의 탄압이 일어나서 도리어 서학의 왼팔을 도우니, 유유한 푸른 하늘아! 이 어느 사람이 옳단 말입니까.

최시형은 유유한 푸른 하늘아, 하고 절규하듯이 호소했다. 유유한은 멀고 아득하다는 말이니, 멀고 아득한 푸른 하늘에 동학의 곤고한 형편을 호소하고 있는 것이다. 동학의 입장에서 보면 간절하기 짝이 없는 호소였다.

"전하, 동학의 움직임이 심상치 않습니다."

영의정 심순택과 좌의정 조병세가 아뢰었다.

"동학도가 난을 일으키려고 합니까?"

"난을 일으킬 조짐은 보이지 않으나 보은에 수만 명이 모여 있다고 합니다."

"어떻게 대비하는 것이 좋겠소?"

"어윤중을 양호도어사(兩湖都御史)로 삼아 보은으로 내려보내는 한편, 정령관 홍계훈으로 하여금 600명의 군사들을 이끌고 뒤따라가게 하십시오."

"그리하라."

고종이 영을 내리고 만약의 사태에 대비하여 통어영 군사들을 청주영으로 보내고 경기, 전라, 충청 3도에 각별히 경계하라는 영을 내렸다.

어윤중이 보은군 속리면 장내리에 도착하여 동학인들을 살피자 깃발이 천지를 뒤덮고 흰옷을 입은 동학인들이 장내리 들판을 하얗게 메우고 있었다. 그러나 질서가 정연하였고 손에는 무기가 전혀 없었다. 뿐만 아니라 동학인들은 비가 내리는데도 동요하는 빛이 전혀 없이 동학의 주문만 외우고 있었다.

'동학인들이 질서 있게 집회를 열고 있구나.'

어윤중은 동학인들의 집회를 보고 감탄했다.

"나라가 위기에 빠졌는데 여러분까지 이러면 어떻게 합니까? 모두 해산하십시오. 이는 왕명입니다."

어윤중은 최시형을 비롯하여 동학 지도자를 만나 임금의 명으로 해산할 것을 권유했다.

"척양척왜하여 자주독립하고, 교조 최제우 선사의 신원을 풀어주고, 동학에 포교의 자유를 주고, 탐관오리의 폭정을 중지해 주십시오."

동학의 지도자들이 어윤중에게 요구했다.

"내가 임금과 조정에 여러분들의 뜻을 아뢸 테니 해산하시오."

"조정의 답을 듣기 전에는 해산하지 않겠습니다."

동학의 지도자들은 어윤중의 해산 권고를 거부했다. 어윤중은 조정에 그와 같은 사실을 보고했다. 이에 조정에서 동학인들의 뜻을 받아들이겠다고 하여 동학인들은 보은집회를 해산했다. 하지만 조정은 동학인들의 요구를 시행하지 않고 차일피일 미루었다. 동학인들이 분개하고 있을 때 전라도 고부에서 동학인의 시위가 일어났다. 동학은 북접과 남접으로 나뉘어 독자적으로 활동하고 있었는데 남접에서 시위가 일어난 것이다.

고부 군수의 만행과 전봉준의 봉기

1893년 12월 28일 전라도 고부에서는 백성들이 군수 조병갑에게

만석보(萬石洑) 수세(水稅)의 부당함과 백성의 학대를 중지해 달라고
요구하고 있었다. 사태의 주인공은 전봉준, 이듬해인 1894년 갑오
농민전쟁의 주역으로 등장하는 장년의 사내였다. 전봉준은 전라도
고창군 오산면 죽림리 원당촌에 태어나 8세 때에 고부군으로 이사
했다. 그의 아버지 전창혁은 평민이었으나 한학에 조예가 깊어 서
당 훈장을 하는 등 활동적인 사람이었다. 이에 영향을 받아 전봉준
은 일찍부터 사서오경을 읽고 13세에 시를 짓기까지 하였다.

고부는 유서 깊은 고장이었다. 두승산(斗升山)을 중심으로 3면이
산으로 둘러싸여 아늑한 정취를 물씬 풍겼다.

전봉준은 1888년 동학인 가운데서도 가장 혁명적 인물인 서장옥
의 부하 황해일로부터 입교를 권유받고 동학에 몸담았다. 서장옥은
교주 최시형 밑에서 교단의 총무를 본 일도 있었으나 북접과 사상
적인 배경이 맞지 않아 남접으로 활동하고 있었다.

전봉준은 풍채가 작고 과묵했다. 그는 농사를 지으면서 평소에는
마을 아이들에게 천자문과 동몽선습을 가르쳤다.

고부군의 군수 조병갑은 북면에 있는 만석보와 팔왕리보(八旺里
洑)를 백성의 부역으로 쌓게 하고 논 매 두렁에 조(組) 3두(斗)씩 세를
걷어 농민들의 원성을 샀다. 조병갑은 모친이 죽자 군내에서 부의
금으로 2,000냥을 거두어들이라고 하고 그 책임을 향교의 장의(掌議)
를 지낸 전창혁에게 맡겼다. 전창혁은 이를 단호히 거부했다.

"기일 내에 부의금을 걷지 않으면 용서하지 않을 것이오."

아전들이 전창혁을 다그쳤다. 전창혁은 아전들의 등쌀에 견디다

못해 농민들을 모아놓고 회의를 열었다.

"우리는 돈을 낼 수 없소."

"군수에게 민소를 올립시다."

농민들이 흥분하여 소리를 질렀다.

"맞소. 이래도 곤장 80대 저래도 곤장 80대라는 속담이 있소. 이 래도 죽고 저래도 죽을 바에야 할 말이나 하고 죽읍시다."

농민 정일서와 김도삼이 격렬하게 반발했다. 이에 전창혁이 소두가 되어 조병갑에게 민소를 올렸다. 고부 일대의 농민들은 조병갑이 수세를 지나치게 많이 걷고 양여부족미(量餘不足米)를 재차 징수하여 불만이 팽배해 있었다.

"이놈들은 도적이 분명하다. 소두들을 모조리 잡아들이라."

조병갑은 전창혁, 김도삼, 정일서를 잡아들였다.

"우리에게 무슨 죄가 있다고 잡아들이는 거요?"

전창혁은 조병갑에게 격렬하게 항의했다.

"저놈들을 매우 쳐서 전주 감영으로 보내라."

조병갑은 곤장을 때리게 했다. 전창혁, 김도삼, 정일서는 피투성이가 될 때까지 얻어맞고 감영으로 이송되었다.

"동학은 사교다. 백성들을 선동하여 난을 일으키려고 했으니 엄형으로 다스리라."

전라관찰사 김문현도 곤장으로 전창혁 등을 때린 뒤에 고부 본옥(本獄)으로 돌려보내고 엄형 납고(納拷, 벌을 내리고 다짐을 받음)를 받으라고 지시했다. 이에 조병갑은 전창혁, 김도삼, 정일서에게 혹형을 가해 전창혁이 장독으로 죽게 되었다.

'명색이 목민관이라는 자가 죄 없는 백성을 때려죽이니 어찌 이 럴 수가 있는가? 조병갑은 인간이 아니다!'

전봉준은 아버지의 비참한 죽음에 피눈물을 흘렸다.

"아버님, 저세상에서라도 천상의 복록을 누리십시오. 아버님의 한을 제가 풀어드리겠습니다."

전봉준은 아버지의 장례식을 치르고 12월 28일 고부 군민 60명과 함께 만석보 수세의 면세와 폭정의 시정을 요구하는 민소를 올렸 다. 아버지 전창혁이 이루지 못한 민소를 아들이 재차 올린 것이다.

"이놈들이 아직도 정신을 차리지 못했구나. 동학은 나라에서 금 지하는 사교다."

조병갑은 이번에도 백성들의 민소를 아랑곳하지 않았다.

조병갑은 불효죄, 음행죄, 잡기죄 등을 농민들에게 뒤집어씌워 2만 냥의 금전을 수탈하고 송덕비 건립, 모친상 부의금 등을 강제로 거두었다. 뿐만 아니라 멀쩡한 만석보와 팔왕리보를 3년에 걸쳐 부 녀자들과 아이들까지 동원하여 뜯어고친 뒤 수세를 걷고 새로 생긴 토지에서 세금을 징수하여 700여 석을 착취했다. 고부 농민들의 원 성은 하늘을 찌를 것 같았다.

'조병갑은 짐승과 같은 놈이다. 이런 놈이 고을 수령이니 어찌 나 라가 망하지 않겠는가?'

전봉준은 김개남과 손화중을 만나 긴밀하게 상의했다.

"더 이상 참을 수 없소. 봉기합시다."

김개남이 강경하게 주장했다.

"그렇소. 탐관오리를 몰아내고 새 세상을 엽시다."

손화중도 더 이상 참을 수 없다고 동의했다. 전봉준은 손화중, 김개남과 함께 창의문을 지어 전국에 돌렸다.

세상에서 사람을 귀하다 함은 인륜이라는 것이 있기 때문이다. 우리 성상(聖上)은 인효자애하고 총명하여 현량한 신하가 잘 보필할 것 같으면 요순지치를 얻을 수도 있을 것이나 금일에 신하된 자들은 한갓 녹위(祿位)만 도적질하여 총명을 옹훼할 뿐이다. 충간하는 신하의 말을 요언이라 하고 정직한 사람들을 도적이라 하니 안으로는 나라를 돕는 인재가 없고 밖으로는 백성을 학대하는 관리뿐이다. 학정이 날로 자라고 원성이 그치지 아니하여 군신부자 상하의 본분이 무너지고 있다.

우리들은 비록 초야에 있는 유민이나 군토(君土)를 먹고 군의(軍衣)를 입고 사는 자들이라 어찌 차마 국가의 멸망을 앉아서 보겠느냐. 팔역(八域, 조선 8도)이 마음을 같이 하고 억조가 잘 상의하여 의기를 들어 보국안민으로써 사생의 맹세를 하노니 금일의 광경에 놀라지 말고 승평성화(昇平聖化)와 함께 들어가 살아보기를 바란다.

동학 접주 전봉준, 손화중, 김개남의 이름으로 된 창의문이었다. 남접에서 창의문이 나오자 북접과 동학 수뇌부는 깜짝 놀랐다. 그들은 비교적 온건하게 신원금폭운동을 전개하고 있었으나 남접에서 창의문을 돌린 것이다.

동학 수뇌부는 급히 오지영을 파견했다. 그러나 남접의 태도가 완강한 것을 알게 된 동학 수뇌부는 남접의 봉기에 동참하기로 결정했다.

동학의 창의문이 돌자 호남 일대는 떠들썩해졌다. 창의문은 기름에 불을 붙인 격으로 동학교도는 물론 농민들까지 대대적인 호응을 해왔다.

"금번 창의가 동학에서 나왔으니 동학이야말로 참 도가 아닌가. 우리 모두 동학으로 들어가세."

창의문을 받아 본 농민들은 이구동성으로 외쳤다. 그들의 가슴에는 누가 시키지 않았는데도 세상을 갈아엎자는 뜨거운 피가 솟구치고 있었다. 창의문을 세상에 선포한 전봉준, 손화중, 김개남은 그날로 사발통문을 돌리고 혁명의 깃발을 높이 들었다.

"동학으로 가세. 천지를 새로 개벽하세!"

동학인들은 머리에 흰 띠를 두르고 태인 주산리 접주 최경선의 집으로 속속 모여들었다.

"동진강 건너 벌판으로 모입시다."

1월 10일 밤이었다. 날씨는 살을 엘 듯이 추웠으나 개벽을 바라는 농민들의 가슴은 뜨겁게 타올랐다. 그들은 탐관오리 척결과 척양척왜의 깃발을 들고 얼어붙은 동진강을 건너 황량한 벌판으로 모여들었다.

"여러분! 우리들은 고부 군수 조병갑의 가렴주구를 견디다 못해 마침내 사발통문을 돌려 봉기하게 되었습니다! 명색이 목민관이라는 자가 백성들의 고혈만 짜고 있으니 우리 같은 무지렁이 농민들이 어떻게 살아갑니까?"

전봉준은 농민들 앞에서 열변을 토했다.

"옳소!"

농민들이 깃발을 흔들면서 열렬하게 환호했다.

"우리 농민들이 농사를 지으면 무얼 하겠습니까? 농사를 지어 풍년이 드는데도 왜 농민들이 굶어 죽고 얼어 죽어야 합니까?"

전봉준의 열변을 농민들은 숨조차 쉬지 않고 경청했다.

"세미를 걷고 각종 죄를 만들어 옥에 가두고 매질을 하다가 돈을 내면 풀어줍니다! 도대체 불효죄는 무엇이고 음행죄는 무엇입니까? 우리가 언제 부모에게 불효하고 음란한 짓을 저질렀습니까? 불효하고 음란한 자는 조병갑이 아닙니까?"

농민들이 술렁거리기 시작했다.

"여러분! 이렇게 사느니 죽느니만 못합니다! 우리 모두 떨쳐 일어나 후천개벽을 도모합시다!"

"옳소. 창의하여 후천개벽을 도모합시다."

농민들은 전봉준에게 일제히 화답했다.

"여러분! 우리는 이미 창의문을 전국에 돌렸습니다! 창의문이 한 번 세상에 떨어지자 온 백성이 모두 찬동을 하였습니다! 우리가 대의를 앞세우지 않았다면 어찌 억조창생이 우리에게 호응하겠습니까?"

"옳소!"

농민들은 일제히 죽창과 횃불을 들고 소리를 질렀다. 동진강이 떠나갈 듯한 함성이었다.

"이제 우리는 관아로 진군할 것입니다! 이 길로 관아로 진군하여 썩어빠진 탐관오리를 징벌하고 새 세상을 세울 것입니다!"

전봉준의 말에 농민들이 동조했다.

"관아로 진군합시다. 가렴주구를 일삼는 조병갑을 처단합시다!"

북소리가 울리자 300여 농민들은 거대한 함성을 지르며 노도처럼 내달리기 시작했다. 그들은 곧장 고부 북면 마항리까지 30리를 달려가서 그곳에 운집한 농민 수천 명과 합세하여 고부 읍으로 쳐들어갔다.

"뭐, 뭐라고? 농민들이 난을 일으켜?"

조병갑은 농민들이 몰려오자 혼비백산하여 달아났다. 전라감영으로 농민군의 봉기를 알리는 파발이 빗발치듯 날아왔다.

"농민들을 해산시키라."

전라관찰사 김문현은 고부군에서 농민들이 봉기하고 군수 조병갑이 인부(印符)도 챙기지 못하고 달아났다는 급보를 받자 경악했다. 그는 경황 중에도 전라감영의 영병(營兵)을 보내어 농민들을 해산시키려고 했다.

"난을 일으킨 농민들을 헤아릴 수가 없습니다."

고부군 일대에서 봉기한 농민들의 숫자가 시시각각 불어나고 있어서 감영의 영병으로는 토벌할 수가 없었다.

"무리를 지어 관아를 습격하는 것은 도적이나 다를 바 없다. 즉시 해산하지 않으면 국법으로 다스릴 것이다."

김문현은 농민군에게 엄포를 놓았다.

"우리는 오로지 교조의 신원을 허락하고 고부 군수 조병갑의 학정을 낱낱이 밝혀 엄벌에 처하기를 바랄 뿐이다. 이와 같은 일이 이루어지기 전에는 결단코 해산할 수 없다."

농민군은 김문현의 제안을 단호하게 거부하고 농민군의 형세를 살피러 온 전라감영 영병들과 전투를 하여 물리쳤다.

전라감영의 군사들이 농민군에게 패하자 전라도 일대는 발칵 뒤집혔다.

"고부 군사 조병갑의 학정에 항의하여 농민들이 난을 일으켰습니다. 난을 일으킨 자들이 수만 명에 이르니 영병으로는 감당할 수 없습니다. 속히 대책을 세워주십시오."

김문현은 조정에 장계를 올렸다.

"백성들의 원성을 사고 있는 고부 군수 조병갑을 잡아서 의금부로 압송하라."

조정에서는 김문현의 장계를 보고 조병갑을 잡아들이고 장흥 부사 이용태를 안핵사(按覈使, 민란 등을 수습하는 임시 벼슬)로 삼아 고부에 보내 현지 실정을 낱낱이 조사하도록 했다.

2차 봉기 그리고 일본의 개입

"조정에서 안핵사를 파견했으니 기다려 봅시다."

농민군은 일단 해산했다. 안핵사 이용태는 고부군에 부임해서 조병갑의 죄상을 조사하지 않고 오히려 동학의 책임자들을 잡아들이려고 했다.

"들어라! 고부군을 이 잡듯이 뒤져서라도 난군의 주모자를 모조리 잡아들여라!"

이용태는 군사들에게 불같이 영을 내렸다. 군사들이라고 해야 정규 훈련을 받은 것도 아니고 대부분 역졸(驛卒) 수준에 지나지 않아서 대오도 엉성하고 군율도 어수룩하기 짝이 없었다.

"동학비도들이 날뛰지 못하도록 그들의 가족을 잡아들이고 재산을 압류하라."

이용태의 지시에 곳곳에서 동학인들이 체포되고 농민들의 재산이 약탈되기 시작했다.

"저놈은 동학도다. 죽을 때까지 곤장을 때려라! 관의 무서움을 보여줄 것이다."

안핵사 이용태의 지시는 무시무시했다. 이용태가 안핵사가 되어 고부에 나타난 지 열흘도 안 되어 농민들의 원성이 하늘을 찔렀다.

'조병갑보다 더한 놈이 나타나서 농민들을 수탈하는데 도대체 조정에서는 무엇을 하고 있는 거야?'

전봉준은 농민들이 이용태의 학정에 시달리게 되자 가슴이 답답했다.

"이제는 더 이상 참고 있을 수가 없소. 안핵사의 역졸들이 부녀자들을 겁탈하는 실정인데 무엇을 망설인다는 말이오?"

손화중, 김개남도 전봉준을 찾아와 분통을 터뜨렸다.

"조금 기다려 봅시다."

전봉준은 침통한 낯빛으로 대꾸했다.

"기다려서는 안 됩니다. 백성들이 어육이 되고 있는데 언제까지 지켜볼 생각입니까?"

"그렇소. 접주님이 기다리시겠다면 우리만이라도 거병을 하겠소. 이용태는 조병갑보다 더 악독한 놈입니다!"

손화중, 김개남은 망설이는 전봉준에게 거듭 봉기할 것을 촉구했다.

"좋소. 여러분들의 뜻이 그렇다면 다시 한 번 봉기합시다."

전봉준은 김개남과 손화중의 독촉을 견디다 못해 마침내 궐기하기로 결정하고 사발통문을 돌렸다. 사발통문이 돌자 농민들은 기다리고 있었다는 듯이 일제히 호응해 왔다.

재차 운집한 농민군은 다시 고부 관아를 습격했다. 농민들이 벌떼처럼 들이닥치자 이용태는 혼비백산하여 달아났다. 농민군은 고부 관아를 접수하고 백산(白山)에 창의소를 설치했다.

농민군 지도자들은 상의하여 전봉준을 대장으로 선출했다.

"전봉준 대장 만세!"

전봉준은 농민들의 환호성에 답한 뒤 손화중, 김개남을 총관령에, 김덕명, 오시영은 총참모에, 최경선을 영솔장(領率將)에 임명했다. 이것이 남접의 농민군 제2차 봉기였다.

'전설이 이루어지고 있구나.'

오시영은 농민군의 모습을 보고 전설이 실현되고 있다고 생각했다. 고부군에는 오래전부터 출처불명의 '입즉백산좌즉죽산(立則白山座則竹山)'이라는 말이 떠돌고 있었다. 이때 농민군이 훈련을 하기 위해 일어서면 농민군이 입은 옷으로 산이 하얗게 변해 백산이 되고 농민군이 구령에 맞춰 일제히 앉으면 죽창이 빽빽하여 문자 그대로 죽산의 모습이 되었던 것이다.

호남의 곡창지대인 고부군은 농민 혁명의 열기가 뜨겁게 달아오르고 있었다. 전라관찰사 김문현은 급히 한성으로 파발을 보냈다. 조정에서는 전라감사 김문현의 파발을 받자 관찰사가 제대로 대책을 세우지 않았다는 이유로 녹봉 3기분을 건너뛰는 처벌을 내렸다. 그러나 동학농민군의 기세가 점점 커지자 4월 2일 홍계훈을 양호초토사(兩湖招討使)로 임명하여 장위영 병력을 거느리고 호남으로 떠나도록 했다.

홍계훈은 4월 4일 경군 800명을 거느리고 청국 군함으로 인천을 떠나 4월 6일 군산에 도착했고, 4월 7일 전주에 입성했다. 그 사이에 동학농민군은 부안, 금구를 점령하고 전라감영에서 진압군으로 보낸 감영군 250명과 보부상 수천 명을 황토현에서 대파하는 승전고를 울렸다. 4월 6일의 일이었다. 이어서 4월 7일 정읍을 습격하여 군기를 탈취하고 보부상의 숙소에 불을 지른 뒤 삼거리에 집결했다.

농민군은 파죽지세였다. 이기지 않으면 죽는다는 절박한 상황에 있었기 때문에 전투에서 결코 물러서지 않았다. 4월 7일에 정읍을 친 뒤 흥덕, 고창을 점령하고 9일에는 무장을 함락시켰다.

142

전봉준은 무장현 독산봉(獨山峰)에 진을 치고 다시 창의문을 지어 반포했다. 이미 그를 따르는 농민군은 수만 명이 넘고 있었다. 그러나 싸우지 않고 이기는 것이 최선의 목표였다. 전봉준의 창의문은 혁명을 일으킬 수밖에 없는 실정을 도도한 문장으로 설명하는 것이기도 했으나 농민군에 가담할 것을 촉구하는 격문의 성격도 띠고 있었다. 농민군은 질서정연하게 움직이기 시작했다. 무장현에서 노획한 관군의 무기로 무장을 하여 기마병이 100명이나 되었고 대포와 총도 갖췄다. 그들은 수비가 견고한 전주성을 그대로 두고 계속 남진하여 위세를 떨치며 세력을 규합했다.

전라도 일대는 동학의 천지가 되었다. 그들은 집강소를 설치하고 전라도 일대를 다스리면서 동학의 세력을 확대해 갔다.

동학농민군이 전라도 일대를 장악하자 조정에서는 청군에 구원을 청했다. 이에 청군이 조선으로 들어오고 덩달아 일본군까지 상륙하기 시작했다.

"왜놈들 군대까지 상륙하고 있으니 우리가 자중합시다. 조정에 화의를 제안합시다."

전봉준이 김개남과 손화중에게 말했다.

"저들이 우리 말을 듣겠소?"

김개남이 탐탁지 않은 표정을 지었다.

"일단 조정에 화의를 제안합시다."

전봉전은 조정에 화의를 제안했다. 조정에서도 즉각 화의에 응해 왔다. 동학농민군은 조정과 전주화약(全州和約)을 맺고 일단 전투를 중지했다.

3차 봉기 그리고 최후

조정은 동학농민군이 전투를 중지하자 청군과 일본군에 철수할 것을 요청했다.

"청군이 철수하지 않으면 우리는 철수하지 않겠다."

일본군은 계속 군대를 상륙시켰다.

"일본군은 우리 청나라와 전쟁을 하려는 것이다."

청군도 철수하지 않았다. 그러는 동안 일본군이 경복궁을 공격하여 점령하는 사태가 벌어졌다. 그 소문은 즉각 동학농민군에게 알려졌다.

"임금이 왜놈들에게 치욕을 당했다. 왜놈을 몰아내고 임금을 구하자!"

동학농민군은 다시 봉기했다. 농민군의 3차 봉기는 전라도뿐이 아니라 강원도와 경상도에서도 이루어졌다.

"임금을 구하자."

"왜놈을 조선 땅에서 몰아내라!"

농민군의 3차 봉기에는 더욱 많은 농민들이 동참했다. 일본군은 일본 상인을 보호한다는 핑계로 관군과 함께 출동하여 농민군과 전투를 벌이기 시작했다. 농민군은 곳곳에서 일본 상인들을 살해하고 일본군과 맞섰다.

"일본군이 전투에 개입했소."

김개남이 불안한 표정으로 말했다.

"이미 예상하고 있던 일이오."

전봉준은 빙그레 미소를 지었다.

"무슨 대책이라도 있소?"

"일본군을 유인하여 대파할 생각이오."

"어떻게 대파한다는 말이오?"

"목천에서 패하고 이인에서 왜놈들을 몰살시킬 생각이오."

동학농민군은 한양을 향해 진격하다가 충청도 목천에서 일부러 패했다.

"농민군은 오합지졸이다."

일본군은 이인을 향해 맹렬하게 달려왔다. 농민군은 일본군을 이인의 산골짜기로 깊숙이 유인하여 대대적인 공격을 퍼부었다. 일본군은 이인에서 농민군에게 대패했다.

손병희 등이 이끄는 북접의 농민군은 회덕에서 일본군에게 패배했다. 농민군은 전열을 정비하여 공주에서 일본군과 격돌을 벌였다. 그때 전봉준과 의견 충돌이 있던 김개남이 일단의 농민군을 이끌고 청주 방면으로 떠나갔다.

북접은 평창에서 일본군과 맞서 싸웠으나 패배하고 청주로 진격하다가 패배했다.

"군대를 대대적으로 투입하라."

일본군 수뇌부는 조선에 상륙해 있던 일본군을 대대적으로 투입했다. 동학농민군은 남접과 북접이 연합하여 공주 우금치로 진격했다. 우금치 전투는 치열하게 전개되었다. 농민군은 처절한 전투를 벌였으나 총기가 부족했고 훈련을 받지 않은 농민들이라 패퇴할 수밖에 없었다.

전봉준은 눈물을 머금고 호남으로 퇴각했다. 우금치 전투의 패배로 농민군은 급속하게 붕괴되기 시작했다. 일본군은 곳곳에서 농민들을 학살하고 재물을 약탈했다.

12월 2일 전봉준은 순창 피노리에서 체포되어 한양으로 압송되어 참수형을 당했다.

김개남은 12월 9일 태인에서 체포되었고 전라감영으로 압송되어 처형되었다. 전봉준이 참수형을 당하자 그를 기리는 노래가 농민들 사이에서 불렸다.

새야 새야 파랑새야
녹두밭에 앉지 마라
녹두꽃이 떨어지면
청포장수 울고 간다

동학농민전쟁은 누대에 걸린 부패와 광작으로 인한 농민들의 불만 때문에 일어났다. 농민들이 수령의 수탈로 굶주리게 되자 혁명을 일으킨 것이다.

청일전쟁은 동학농민전쟁 때문에
일어났는가?

일본은 대륙으로 진출하기 위해 조선을 교두보로 삼아야 했고, 대륙 진출의 야망은 후쿠자와 유기치의 탈아론을 기반으로 했다. 후쿠자와 유기치는 대동아공영의 모태가 되는 탈아론을 주장하여 일본을 열광케 한 인물이다.

일본은 근대화가 되면서 후쿠자와 유기치뿐만 아니라 많은 지도자들이 줄곧 조선을 침략해야 한다고 생각했다. 사이고 다카모리는 정한론을 실현하기 위해 반란을 일으켰고 일본의 낭인 무리도 조선을 침략해야 한다고 시위를 하며 자신들이 선봉에 서겠다고 주장하기까지 했다.

김옥균, 박영효 등은 일본의 이러한 야망을 간파하지 못하고 일본의 도움으로 조선을 근대화시키려고 했다.

1884년에 일어난 갑신정변으로 일본 공사관이 불에 탔고 일본군도 타격을 받았다. 일본은 조선에 공사관 재건이라는 구실로 10만 원의 배상금을 받아갔고 청나라와는 천진조약을 체결했다.

일본은 갑신정변 이후 조선에서 군사력을 확대하기 위해 2개 대대 병력을 조선에 파견했다. 이어 청나라와 전쟁을 하지 않기 위해서라는 명분으로 이토 히로부미를 전권대사로 천진에 보내 이홍장과 담판을 지었다. 그 결과 조선의 의도와는 상관없이 청나라와 일본이 조약을 체결했다.

1. 청일 양군은 4개월 이내에 조선에서 철병한다.
2. 조선 국왕에게 권해 조선의 자위군을 양성하도록 하되, 훈련교관은 청일 양 당사국 이외의 나라에서 초빙하도록 한다.
3. 조선에서 이후 변란이나 중요 사건이 발생하여 청일 두 나라 또는 어느 한 나라가 파병할 때는 먼저 문서로 연락하고, 사태가 진정되면 다시 철병한다.

동학농민전쟁을 기회로 이용하다

조약 이후, 1894년 동학농민전쟁이 일어났다. 조선은 청나라와 일본군의 간섭으로 군대를 양성할 수 없었기에 동학농민군이 전라도 지역을 휩쓸고 충청도 지역으로 올라오자 청나라에 구원을 청했다. 그러자 일본도 군대를 파견하겠다고 통보해 왔다.

조선은 일본의 파병을 적극적으로 반대했다. 그러나 일본은 청나라가 이미 조선에 군대를 파견했기 때문에 일본도 파견할 권리가 있다고 주장했다.

"청나라가 군대를 파견한 것은 우리가 요청한 것이오."

조선은 일본에 강력하게 항의했다.

"우리의 내각은 이미 파병을 결정했소."

일본은 조선의 반대에도 불구하고 대규모의 일본군을 강제로 상륙시키기 시작했다. 혼성여단을 비롯해 일본군 몇 개 사단이 인천에 상륙했다. 조선은 일본군의 상륙을 단순하게 조선을 위협하기 위한 것이라고 생각했으나 일본은 달랐다. 그들은 대륙 진출을 위해 청나라와 전쟁을 벌일 준비를 하고 있었다. 조선에 파병을 하면서 영국에서 전쟁 비용을 빌리고 일본 청년들에게 동원령을 내렸다.

일본은 청일전쟁이 발발하기 전에 조선이 청나라를 돕지 못하게 해야 한다고 생각했다. 전쟁이 조선에서 벌어지기 때문에 조선 왕실을 장악할 필요가 있었다.

경복궁에는 당시 미국의 퇴역군인인 매킨타이어 다이(William McEntyre Dye) 장군이 훈련시킨 왕궁시위대가 있었다. 그들은 미국식으로 훈련을 받았고 총도 미국에서 구입한 최신식이었다. 그러나 청나라와 일본의 견제를 받고 있던 조선은 국가의 재정마저 빈약하여 군대를 제대로 양성할 수 없었다.

일본군은 그동안에도 용산 부근에 병영을 설치하고 포병중대를 왕궁 부근의 넓은 땅에 배치했다. 이 포병중대의 배치는 왕궁 점령과 한성 제압은 물론 아산에서 올라올지도 모를 청군을 격퇴하기 위한 요새로서의 목적도 있었다. 성안의 조선군을 위압하고 성 밖의 청군을 대비하는 양면작전이었다.

"조선군에 대한 동향은 모두 파악했는가?"

오토리 공사가 혼성여단 오오시마 여단장에게 물었다. 일본의 혼성여단이 경복궁을 점령하도록 계획되어 있었다.

"한양에 있는 조선군은 1개 대대밖에 안 됩니다."

오오시마 여단장이 거수경례를 하고 대답했다.

"왕궁시위대는 어떤가?"

"왕궁시위대는 500명 정도 됩니다. 교대를 하기 때문에 실제로는 200명 수준입니다."

조선에 상륙한 일본군은 조선의 군사력에 대한 분석을 모두 끝냈다.

6월 17일부터 조선의 4대문을 일본군이 지키기 시작했고 6월 18일에는 일본군이 왕궁 앞에서 훈련을 하면서 총을 쏘아대는 바람에 조선인들이 놀라서 뿔뿔이 흩어져 달아나기도 했다.

일본의 경복궁 점령 작전

'일본군이 수상하다.'

한양의 각국 공사관들은 긴장했다. 러시아와 미국은 청과 일본의 전쟁이 임박했다는 사실은 알고 있었으나 일본군이 경복궁 점령계획을 세우고 있다는 사실은 몰랐다. 러시아와 미국이 이러한 사실을 알았다면 일본군은 경복궁 점령 작전을 수행하지 못했을 것이다.

6월 20일, 일본군이 대대적으로 움직이기 시작했다.

러시아 공사는 비로소 인천에 있던 러시아 수병을 상륙시켜 한양
으로 이동하게 해서 러시아 공사관을 보호하게 했다.

6월 21일 새벽 0시 30분 오토리 공사는 마침내 혼성여단에 경복
궁 점령계획을 실행하도록 지시했다. 경복궁 점령의 현장 지휘관은
보병 제21연대장 타케다 히데노부 중좌였다.

"공격 시간은 새벽 4시 정각이다."

일본군은 새벽 4시가 되자 두 방향으로 경복궁을 향해 진격했다.
한양은 깊이 잠들어 있었다. 여름비가 내리고 있었기 때문에 사방
이 칠흑처럼 어두웠다. 일본군 보병 11연대는 서대문으로 진입하여
곧장 경복궁의 외곽을 둘러쌌다.

일본군 제21연대는 서소문으로 진입하여 일대를 백악(북악)에 매
복시키고 다른 일대를 경복궁의 동쪽 고지에 포진시켰다. 일본군
제21연대 1대대의 대대장 모리 소좌는 일본군을 이끌고 영추문(迎
秋門, 경복궁 서쪽문)에 도착했다.

경복궁 영추문은 빗속에서 굳게 닫혀 있었다. 그들은 영추문 앞에
도열하여 공격 준비를 했다.

"포병 발사 준비! 목표는 영추문이다."

모리 소좌가 빗속에서 명령을 내렸다. 포병들이 억수같이 쏟아지
는 빗줄기를 뚫고 신속하게 움직여 발사 준비를 했다.

"발사!"

모리 소좌는 군도를 뽑아들고 명령을 내렸다.

쾅!

거대한 폭음과 함께 영추문에 포탄이 작렬했다. 잇달아 발사되는 포탄에 의해 영추문이 부서져 나가고 성곽이 무너져 내렸다.

"돌격!"

모리 소좌의 명령이 떨어지자 일본군이 와 하는 함성을 지르며 영추문으로 돌진했다.

보병 제21연대도 영추문에 도착하여 제3중대를 경복궁의 서쪽에, 제6중대를 동쪽에 배치했다. 그때 조선의 시위대 병사들이 일제히 사격을 가해 왔다.

조선의 왕궁시위대는 포성에 놀라 영추문으로 달려왔고 일본군이 돌격해 오자 치열하게 맞서 싸우기 시작했다.

21연대장 타케다 중좌는 1개 중대를 더 투입하여 조선의 왕궁시위대 병사들에게 맹렬한 사격을 해댔다.

경복궁을 지키는 왕궁시위대는 최정예 병사들이었다. 그들은 주력은 평양에서 훈련받은 500명으로 편성되어 있었다. 일본군이 광화문과 영추문을 포탄으로 부수는 사이 비상 소집되어 최초의 습격 지점인 창화문에 배치되어 필사적으로 일본군을 격퇴하고 있었다. 이 틈에 일본군 제21연대는 경비가 소홀한 영추문을 돌파하여 건청궁으로 달려갔다.

경복궁 안쪽에 새로 건축된 건청궁 밖에는 약 50명 안팎의 왕궁시위대 병사들이 번을 서고 있었다.

"일본군이다!"

시위대는 일본군이 달려 들어오자 뛰어나가 치열하게 전투를 벌였다.

"이게 무슨 소리냐?"

고종은 포성에 놀라 잠에서 깼다. 대궐 곳곳에서 총소리가 들리고 궁녀와 내시들이 이리저리 뛰어다니면서 비명을 지르고 있었다.

"전하, 일본군이 대궐을 침범하고 있습니다."

당번 내시가 당황한 목소리로 대답했다.

"시위대에 영을 내려 속히 일본군을 몰아내라."

고종이 영을 내렸다. 그러나 이미 일본군이 건청궁으로 쇄도하여 왕궁시위대 병사들과 사격전을 벌이고 있을 때였다. 고종은 명성황후와 함께 밖으로 나왔다. 건청궁을 지키는 시위대 병사들이 일본군에게 순식간에 전멸당하자 궁녀들과 환관들이 고종과 명성황후를 에워쌌다.

"병사들은 무엇을 하고 있는가? 속히 일본군을 격퇴하라."

고종은 당황하여 얼굴이 사색이 되었다. 궁녀들과 환관들이 비명을 지르며 아우성을 쳐댔다. 일본군이 쏘는 탄환이 건청궁 안에 있는 고종의 처소 곤령합까지 빗발치듯 날아오고 있었다.

"사격 중지!"

이내 일본군이 곤령합을 에워싸자 모라 소좌가 명령을 내렸다. 고종과 명성황후는 몸을 부르르 떨었다. 건청궁에는 이미 일본군이 빽빽하게 몰려와 있었다. 총소리가 일시에 그치자 모리 소좌가 앞으로 나왔다.

"궁녀와 내시는 비켜라!"

모리 소좌는 궁녀와 내관들을 밖으로 몰아내고 고종과 명성황후를 인질로 잡았다. 명성황후는 일본군에게 끌려 나와 새침한 표정을 지었다.

"전하!"

모리 소좌가 고종에게 부동자세로 거수경례를 했다. 그러나 일본군들이 고종에게 총과 칼을 겨누어 위협적인 분위기였다.

'왜놈들이 대궐을 침범하다니 우리 군대는 무얼 하고 있는 게야?'

명성황후는 대궐이 아수라장이 되고 있는데도 눈빛 하나 변하지 않았다.

"전하, 조선군에게 사격을 중지하라는 어명을 내리십시오."

"사격 중지?"

"일본군이 이미 경복궁을 점거했습니다. 더 이상의 전투를 하게 되면 왕궁시위대는 모조리 죽게 될 것입니다."

"일본 공사를 부르라."

"사격부터 중지시키십시오."

모리 소좌가 군도를 들고 고종 앞으로 다가왔다. 그의 눈이 살기로 번들거리고 있었다.

"멈춰라!"

그때 명성황후가 서릿발 같은 목소리로 고함을 지르면서 앞으로 나왔다. 모리 소좌는 흠칫하여 걸음을 멈췄다.

"네가 누구인데 감히 대조선의 군주 앞에서 칼을 드느냐?"

명성황후의 호통에 모리 소좌는 우물쭈물했다.

"전하, 사격을 중지하라는 명을 내려주십시오."

모리 소좌가 고개를 숙이고 정중하게 말했다.

"사격을 중지하라는 명을 내려라!"

고종은 사색이 되어 몸을 벌벌 떨면서 어명을 내렸다.

조선군을 무장해제시키다

고종의 사격중지 명령은 즉시 왕궁 시위대에 하달되었다. 창화문 일대에서 치열하게 일본군을 격퇴하고 있던 조선군 병사들에게는 청천벽력 같은 왕명이었다.

"전하! 어찌하여 이런 왕명을 내리십니까?"

조선군 일부 병사들은 통곡을 하며 총통을 부수고 군복을 찢어버린 다음 경복궁을 탈출했다. 조선군의 병사들은 신남영(新南營)에 주둔하고 있다가 건춘문(建春文, 경복궁 동문)으로 들어와 일본군과 싸우고 있었다. 조선군의 무기로는 독일의 연발총도 있었고 전투 의욕도 왕성했다. 이 때문에 일본군은 관문각(觀文閣, 동문 안)에서 시위대의 맹렬한 저항에 밀려 30분 동안이나 고전해야 했다.

"전하가 인질로 잡혀 있다."

고종의 전투 중지 명령은 병사들에게 피눈물을 흘리게 했다. 그러나 왕명을 거역할 수는 없었다. 조선군 병사들은 백악 방향으로 철수하면서 일본군을 만나면 닥치는 대로 사살했다. 산발적인 전투가 계속되었으나 조선군 병사들은 경복궁을 탈출하여 평양으로 돌아갔다. 나중에 이들은 청일전쟁이 발발하자 곧바로 청군에 가담하여 일본군과 맹렬하게 싸우게 된다.

"오토리 공사에게 보고하라."

오오시마 여단장이 모리 소좌에게 명령을 내렸다. 오토리 공사는 공사관에 대기하고 있다가 일본군의 호위를 받으면서 대궐로 달려왔다.

일본군이 경복궁을 완전히 점령한 것은 6월 21일(양력 7월 23일) 오전 7시 30분이었다. 일본군의 경복궁 점령 소식은 한성의 조선군 각 부대에 전달되었다.

"일본군이 경복궁을 침입했다! 일본군이 국왕전하를 볼모로 잡고 있다!"

비통한 소식은 비바람처럼 각 부대로 날아왔다.

"일본군이 조선군을 해산시키려고 한다."

조선군은 크게 술렁였다.

"우리가 비록 보잘것없는 군사에 지나지 않으나 왕궁의 유린 소식을 듣고 어찌 이대로 물러설 수 있는가? 죽기를 맹세하고 싸웁시다!"

6월 21일 오후 1시 일본군 11연대가 친군 통위영을 접수하러 왔으나 조선군은 맹렬하게 저항했다. 일본군은 통위영을 에워싸고 포격하여 점령했다.

6월 21일 오후 3시 30분에는 창경궁 홍화문 앞의 친군 총위영에서도 조선군은 맹렬하게 저항했다. 그러나 일본군은 총위영까지 포탄을 쏟아부어 점령했다. 조선의 모든 군대가 하루도 되지 않아 일본군에게 점령당한 것이다.

일본군은 마침내 조선군 무장해제에 착수했다. 경복궁과 한성에 있던 각종 대포 30문, 기관포 8문, 소총 3,000정, 방대한 수량의 탄약을 비롯해 경복궁에 있던 수많은 보물을 약탈해 갔다.

"이 무기를 무엇 때문에 약탈해 가는가? 그대들은 군인인가 비적들인가?"

고종과 명성황후는 일본군이 보물을 약탈해 간다는 보고를 받자 손수 내장고까지 나와서 일본군 장교를 비난했다.

"우리는 상부의 명령에 따를 뿐입니다."

"닥쳐라! 지금 외무독판이 일본 공사관에 가서 따지고 있으니 약탈하는 것을 멈추어라!"

명성황후는 피눈물을 흘리듯이 절규했다. 그러나 일본군은 아무 대꾸도 하지 않았다. 조선군의 무장해제로 한성과 경복궁에 단 한 명의 조선군도 없는 비참한 상태로 몰렸다.

일본군이 경복궁에서 탈취한 각종 무기와 보물이 워낙 방대한 양이라 일본군 수송병 240명이 동원되었으나 이도 부족해서 병참부(兵站部)에서 50명의 인원과 야전병원의 인원까지 동원해서 운반했다. 6월 21일과 6월 22일 이틀이나 걸렸다.

청일전쟁의 시작

오토리 공사는 조선의 내각을 붕괴시키고 김홍집 내각을 세웠다. 또한 군국기무처를 설치한 뒤에 한일의정서를 체결하라고 고종을 협박하기 시작했다.

오토리 공사는 군국기무처가 설치되자 무쓰 무네미스 외무대신에게 긴급 보고를 했다.

> 외무대신 각하, 조선 정부는 이제야말로 우리 대일본제국의 수중지물(手中之物)이 되었습니다. 조선에서의 일은 안심하고 각하의 일을 추진하십시오.

각하의 일이라는 것은 청일전쟁을 뜻했다. 일본은 경복궁을 점령하자 즉각 청일전쟁에 돌입했다.

청은 일본을 오판하고 있었다. 그들은 일본의 군사력을 한 번도 살핀 일이 없었다. 일본이 근대의 병기를 제작하고 서구 열강보다 더 강력한 군사력을 갖고 있다는 사실을 몰랐다.

이홍장은 북양함대로 일본군을 쉽게 격파할 수 있을 것이라고 생각했다. 그러나 그들이 자랑하는 북양함대는 인천 앞바다에서 일본 함대에 의해 모조리 격침되었다.

아산과 성환에 상륙했던 청군도 일본군을 만나 대패하고 평양으로 군사들을 배치하기 시작했다. 일본은 평양에서 청군을 격파한 뒤에 여순(旅順, 뤼순)으로 진격했다.

여순에서 청일 양국은 대대적인 전투를 벌였으나 오랫동안 전쟁 준비를 해온 일본은 대승을 거두었다.

일본군은 여순을 점령하고 중국인 부녀자까지 마구 학살하는 만행을 저질러 유럽 여러 나라는 '문명의 피부에 야만의 근골(筋骨)을 가진 민족'이라고 비난했다. 이때 일본군에게 학살당한 중국의 비전투원이 6만 명이나 되어 그 피가 강을 이루면서 여순 앞바다로 흘러들었다고 한다.

일본은 여순을 점령했으나 청나라와 계속 전쟁을 할 여력은 없었다. 일본은 이홍장과 강화회담을 했다.

이홍장은 시모노세키에서 일본 측이 제시하는 강화안을 수용하여 4월 17일 조약이 성립되었다.

1. 청국은 일본에 배상금 2억 냥을 지불한다.
1. 청국은 요동반도와 타이완, 펑후를 일본에 할양한다.
1. 소주 등 4개 도시를 개항한다.

일본의 강화회담은 서구 열강을 긴장시켰다. 러시아와 독일, 프랑스는 중국 산동반도에 함대를 집결시키고 일본에게 요동반도 포기를 강력하게 요구했다.

"러시아와 전쟁을 하면 패배한다. 우리는 러시아와 전쟁을 할 국력을 갖추지 못했다."

일본은 결국 요동반도를 포기할 수밖에 없었다.

청일전쟁의 원인은 일본의 대륙 진출 야망에 있었다. 동학농민전쟁은 빌미를 제공한 것에 지나지 않았다.

명성황후를 시해한 자는
누구인가?

조선은 일본과 서구 열강이 밀려오면서 위기에 빠졌다. 개화파가
일으킨 갑신정변으로 개화에 대한 반발이 더욱 심해졌다. 조정이
우물쭈물하는 동안 동학농민전쟁과 청일전쟁이 일어났고, 청일전
쟁의 결과로 조선은 사실상 일본의 수중에 들어갔다.

일본은 청일전쟁에서 승리한 뒤에 고종을 위협하여 친청당을 모
조리 숙청하고 친일 개화파 위주로 정권을 바꾸었다. 새로운 조정
의 책임자로 온건 개화파인 김홍집이 임명되었다. 일본은 남산에
포를 설치하여 조선을 위협하고 이권을 챙기고 조선을 지배하는 데
혈안이 되었다. 철도 부설권, 광산 채굴권 등이 일본에 넘어갔고 낭
인과 같은 일본인들이 일확천금을 노리고 조선으로 몰려오기 시작
했다.

일본의 눈 밖에 난 명성황후

'일본이 조선을 삼키려고 한다.'

명성황후는 일본의 야욕에 치를 떨었다.

명성황후는 러시아를 이용해 일본을 견제하는 인아거일(引俄拒日) 정책을 펼치기 시작했다. 명성황후로 인해 각종 이권이 러시아를 비롯해 미국 등으로 넘어가자 일본인들은 분노했다. 삼국간섭으로 청일전쟁의 전리품인 요동반도를 되돌려주게 되자 일본인들은 더욱 반발했다.

"이토 내각은 할복자살하라."

일본인들은 이토 내각을 비난하고 대대적인 시위를 벌였다. 일본 정치인들은 국민의 분노에 당황했다. 그들은 모든 일의 원인이 조선의 왕비에게 있다고 비난의 화살을 돌렸다.

인천 제물포 일대에는 갑신정변 이후 많은 일본인이 거주하고 있었다. 제물포 지역에는 각국 조차 지역이 있었는데 중국과 미국 등은 실효성이 없어서 사용하지 않았다. 그러나 일확천금을 노리고 일본인들이 몰려오면서 수천 명이 거주하게 된 것이다. 그들은 조선인에게 성냥을 비롯하여 조악한 상품을 팔면서 폭리를 취했다. 그러나 명성황후가 이권을 다른 나라에 넘기자 불만이 팽배해졌다.

"조선의 왕비는 여우다."

"왕비의 음문이 명물이라 조선 국왕이 치마폭에 휘어 감겨 꼼짝도 못한다더라."

일본인들은 자신들의 기준에 맞춰 조선의 왕비를 험담했다. 그러한 소문은 일본 본토에도 전해졌고 요동반도를 다시 내준 삼국간섭이 명성황후로 인해 비롯되었다고 비난했다.

"조선을 우리가 요리하려면 왕비를 제거해야 한다."

"조선을 길들이려면 특단의 조치가 필요하다."

일본을 장악하고 있는 이토 히로부미와 이노우에 가오루 등 조슈 바쓰(長州閥) 출신 정치인들은 명성황후를 시해하려는 공작에 들어 갔다. 그들은 육군 중장 출신의 미우라 고로를 공사에 임명하여 조선에 파견했다.

미우라 고로는 조선에 부임하자마자 치밀한 작전계획을 세웠다. 그들의 작전계획서인 방략서의 제목은 '여우사냥'이었다.

미우라 고로는 한양에 거주하는 일본인과 일본군 장교가 교관으로 있는 조선군 훈련대 병사를 동원하기로 했다. 경복궁을 돌파하는 것은 일본군 수비대가 맡고 뒤를 훈련대가 맡기로 한 것이다. 훈련대의 장교인 우범선, 이두황, 남만리, 이범래가 훈련대의 지휘를 맡았다. 일본군 밀정인 오카모토 유노스케는 대원군을 끌고 대궐로 들어가는 역할을 하기로 했다.

모든 계획이 수립되자 일본군은 10월 8일(음력 8월20일) 마침내 작전에 들어갔다. 추석이 지난 지 닷새밖에 되지 않아 달빛이 푸르렀다.

작전명 여우 사냥

명성황후는 잠이 오지 않아 자정쯤에 산책을 하다가 농상공부협판 정병하를 만났다.

162

"일본군의 동향은 어떻소? 일본이 또다시 대궐을 침범한다는 소문이 있소."

명성황후가 정병하에게 물었다. 명성황후도 일본이 자신을 죽이려고 한다는 소문을 듣고 있었다. 그리하여 일본군이 지휘하는 조선군 훈련대 책임자에 홍계훈을 10월 10일자로 임명해 놓고 있었다.

"중전마마, 신이 어제 낮에도 일본 공사관에 가서 미우라 공사를 만났습니다. 일본 공사관에는 수상한 움직임이 전혀 없었습니다."

정병하가 머리를 조아리고 대답했다. 배정자와의 인연으로 협판까지 승차한 정병하였다. 정병하는 미우라 공사를 만났으나 명성황후 시해에 대한 어떤 말도 듣지 못했다.

"그렇다면 다행이다."

명성황후는 고종과 함께 산책을 한 뒤 자정이 넘어서 곤령합으로 들어갔다. 그러나 그 시간 일본군 수비대와 조선군 훈련대는 긴박하게 움직이고 있었다.

조선군 훈련대는 광화문에 집결하라는 명령을 받았다. 일본군 수비대 800명도 광화문 일대에 매복하고 있었다.

군부대신 안경수와 홍계훈은 집에서 잠을 자다가 조선군 훈련대가 이동을 하고 있다는 보고를 받고 뛰어나왔다. 그러나 그때는 이미 조선군 훈련대가 광화문을 공격하고 있을 때였다.

"이놈들이 미쳤구나!"

군부대신 안경수는 눈이 뒤집히는 것 같았다.

"멈춰라! 조선군 훈련대가 왕궁을 공격하는 것이냐? 나는 군부대신이다!"

안경수는 조선군 훈련대를 제지했다.

"조선군 훈련대는 물러가라! 나는 시위대 연대장 홍계훈이다."

홍계훈도 조선군 훈련대의 앞을 막고 광화문 공격을 저지했다. 일본군 수비대는 광화문에서 왕궁시위대와 치열한 접전을 벌였다. 광화문 일대가 포성과 총성으로 진동했다. 왕궁시위대도 맹렬하게 반격하고 있었다. 그때 홍계훈이 조선군 훈련대를 가로막는 것이 보였다.

"저자를 쏴라!"

쿠스노세 중좌의 명령에 일본군이 일제히 총을 쏘았다. 홍계훈은 광화문 앞에서 일본군의 총에 맞아 죽었다.

그 시간 일본의 낭인이며 밀정인 오카모토 유노스케는 운현궁으로 달려가 명성황후를 제거하겠다는 사실을 통고하고, 사건이 마무리 된 뒤에 사태를 수습할 것을 대원군에게 요구했다. 그러나 대원군은 이에 응하지 않았다.

오카모토 유노스케는 대원군의 거부에 당황했다. 그는 대원군이 명성황후와 대립하고 있었기 때문에 요구를 순순히 받아들일 것이라고 생각했다. 그런데 몇 시간을 설득하고 회유해도 대원군은 완강하게 거절하고 있었다.

"우리의 뜻을 따르지 않으면 국왕 전하의 안전을 보장할 수 없습니다."

오카모토 유노스케는 대원군이 거절하자 마지막으로 여차하면 고종까지 죽이겠다고 위협했다.

'이자들은 참으로 악독하구나.'

대원군은 오카모토 유노스케의 위협에 굴복하지 않을 수 없었다. 일본군은 이미 경복궁을 돌파하여 건청궁에 난입하고 있었다. 대원군은 고종의 안전을 보장받고 일본군에 이끌려 경복궁으로 달려갔다.

'일본군이 또다시 대궐을 침범하다니……'

경복궁을 바라보는 대원군은 비참함을 느꼈다. 그러나 경복궁에서는 아직도 전투가 계속되고 있었다. 대원군은 모든 상황이 끝날 때까지 기다려야 했다.

일본군 수비대는 광화문을 돌파하여 고종과 왕세자 척을 인질로 잡고 경복궁 안에 있는 건청궁에서 궁녀와 내시들을 난도질했다. 그들은 궁녀와 내시들을 닥치는 대로 베어 죽이고 명성황후가 잠들어 있는 건청궁의 곤령합에 난입했다.

"조선의 왕비를 찾아라."

일본 낭인들과 병사들은 칼을 들고 대궐을 누비고 다녔다.

조선군 훈련대는 일본 낭인들이 곤령합으로 쳐들어가자 그 앞에서 타인이 접근하지 못하게 정렬해 있었다. 그들은 조선의 왕비가 일본인들에게 시해당하는 것을 남의 일처럼 지켜보았다.

"왕비는 어디 있느냐?"

낭인들과 일본인들은 명성황후가 누구인지 몰랐다. 그들은 명성황후의 방에 있던 여인들을 모두 베어 죽였다.

"왕비를 놓쳐서는 안 된다."

| 명성황후가 시해된 경복궁의 옥호루 |

　낭인 120여 명과 일본군 800여 명이 이리 뛰고 저리 뛰면서 명성황후를 찾아다녔다. 그들은 궁녀들의 목에 칼을 들이대고 "왕비는 어디 있느냐?"고 살기등등한 목소리로 소리를 질렀다. 그러나 일본어를 모르는 궁녀들은 공포에 떨면서 울부짖기만 했다.

　명성황후는 혼란 속에서 살해되었다. 일본인의 기록에 의하면 명성황후를 벤 것은 잡화상을 하는 낭인 나카무라 타테오였다. 그러나 일본 육군성 법무부 이사인 이노우에 요시오키는 '테라자키'가 왕비를 살해했다고 기록하고 있다.

　테라자키는 약장수 출신 낭인으로 친구인 스즈키 시게모토에게 보낸 편지에 '미인을 베었다'고 기록했다.

명성황후는 일본인들에게 시해되었으나 온갖 억측과 소문이 나돌았다. 그중에 조선인들을 분노하게 한 것은 능욕 사건이었다. 그들은 많은 기록을 남겼는데 명성황후를 능욕했다고 기록한 자도 있었다. 그러나 시간을 했거나 겁간을 했다는 기록은 어디에도 없었다.

일본인들이 건청궁에서 명성황후를 시해했을 때는 이미 날이 완전히 밝아서 경복궁에서 철수해야 할 시기였다. 미우라 일본 공사는 고종을 알현하고 친일 내각을 구성할 것을 요구하고 있었다. 그때 일본인들이 미우라 공사를 급히 찾아 왕비의 시신을 확인해 달라고 청했다. 미우라 공사는 건청궁으로 달려가 명성황후의 시신을 확인해야 했다. 미우라 공사도 명성황후의 얼굴을 확실하게 알지 못했기 때문에 왕세자 척을 불러 명성황후의 시신을 확인하게 했다.

왕세자 척은 일본군에게 끌려와 시신을 확인했다.

"이 여인이 조선의 왕비인가?"

미우라 공사가 척에게 물었다.

"맞습니다."

척은 비통한 목소리로 대답했다.

"빨리 처리하라."

미우라 공사는 일본인들에게 서두르라고 지시했다. 이러한 사실로 미루어 명성황후가 일본인들에게 시해된 것은 분명하다. 일본인들은 미우라 공사의 명령에 따라 명성황후의 시신을 옥호루 옆의 숲에서 불태웠다.

일본 군대는 모두 왕과 왕비의 처소로 돌진하여 포위하였는데 일본인 몇몇은 양복 차림이고 몇몇은 일본 옷에 칼을 들고 있었으며 일본 정규군은 어깨에 총을 메고 있었다. 그들이 나를 잡아 손을 등 뒤로 묶고 계속 폭행하면서 왕비의 소재를 추궁했다. 내가 모른다고 대답하자 나의 이름을 물었다. 내가 시위대 연대장 현홍택이라고 대답하자 내실로 끌고 가면서 왕비가 어디에 있는지 말하라고 협박했다. 너희들이 죽인다고 해도 왕비가 어디 있는지 말할 수 없다고 하자 나를 폐하께서 계신 방으로 끌고 가 폐하의 앞에서까지 왕비가 여기에 있으면 말하라고 강요했다. 여전히 모른다고 말하자 각감청으로 끌고 가 계속 폭행하면서 왕비의 소재를 심문했다. 나는 이를 악물고 거부했는데 처음부터 끝까지 나를 폭행한 자들은 일본인이었다. 그런데 갑자기 대군주의 처소에 있던 많은 일본인들이 함성을 질렀고 그제야 일본인들은 나를 놓아두고 옥호루로 달려갔다. 그 후에는 일본인은 아무도 나에게 왕비의 소재를 묻지 않았다. 나는 의심이 들어 내실로 달려가 무슨 일이 있었는지를 살펴보았다. 나는 대군주 폐하가 그곳의 바깥 건물인 장안당으로 옮겨진 것을 보았다. 나는 또 그곳의 안쪽 건물인 곤령각 옥호루 뜰에 왕비로 보이는 여인이 죽은 채로 누워 있는 것을 보았다. 그때 나는 일본인들에 의해 거기서 내쫓겼다. 조금 후에 일본인들은 근처의 동쪽 숲에서 피살된 왕비의 시신을 불태우고 있다는 얘기를 듣고 현장에 달려가 보았는데, 타고 있는 시신의 옷자락은 분명히 부인의 것이었음을 내 눈으로 똑똑히 보았다.

일본 수비대의 감시를 피해 미국 공사관으로 탈출한 현흥택이 미국 대리공사 알렌에게 알린 내용이다.

사라진 시신, 더럽혀진 역사

미우라 공사는 고종을 협박해 친일 내각을 세우게 하고 물러갔다. 새벽에 포성과 총성을 들은 각국 공사들이 경복궁으로 달려와 고종을 알현했다.

> 낮에는 외국 사절들이 국왕을 알현하였는데 이때에도 왕은 심적으로 몹시 동요되고 있었고, 간간이 울먹이며 그래도 아름다운 왕비가 도피했으리라고 믿고 있었다. 왕은 관습을 어기면서까지 외국사절들의 손을 잡고는 그들의 직권을 통해서라도 이 이상 불법과 폭력이 자행되지 않도록 막아달라고 부탁했다.

영국 여행가 비숍이 남긴 기록이다. 그런데 명성황후의 유골은 어디로 갔는가? 기름을 붓고 불을 질렀다고 해도 유골은 그대로 남는다. 명성황후의 시신에 불을 질렀다고 했으나 짧은 시간에 유골도 남지 않을 정도로 소각할 수는 없다.

박선, 이주회, 윤석우 등의 모반 사건에 대하여 검사의 공소(公

訴)로 심리하였다. 피고 박선은 본래 상투를 자른 머리에 양복 차림을 하고 일본 사람으로 가칭하여 행색이 수상쩍었는데, 개국 504년 8월 20일 꼭두새벽에 발생한 사변 때 일본인과 함께 난도(亂徒) 속에 끼어 광화문에 돌입하였다. 이때 홍계훈이 문을 막으며 역적이라고 일컫자 칼로 그의 팔을 치고, 곧바로 전각의 방옥(房屋)에 이르러서 곤전(坤殿)의 처소에 달려 들어가 손으로 머리를 휘어잡고 마루 끝까지 끌어내어 칼로 가슴을 찌른 뒤에 검은 옷으로 말아서 석유를 부어 불태워버리기까지 하였다. 김조이가 이와 같이 시역(弑逆)한 과정을 손짓으로 역력하게 형용하였다. 고발한 김조이로 인해 피고를 잡아다 심문했더니, 피고는 한결같이 부인하였다. 그러나 궁궐 하인들이 다 본 일이어서 증인들의 분명한 단언(斷言)이 있다.

조선인 박선은 연못에서 뼛조각 몇 개를 주워 신고했다가 범인으로 몰려 교수형을 당했다. 명성황후를 불태운 뒤에 연못에 던졌다는 기록과 박선이 연못에서 뼛조각 몇 개를 주웠다는 것은 어딘지 의문이 남는다. 일본군은 명성황후를 시해한 뒤에 대궐에서 죽은 시체들을 들것에 싣고 나갔다. 이때에 명성황후 시신도 들것에 싣고 나가서 암매장한 것이 아닐까. 그러나 기록이 없으므로 확인할 수 없다.

"왕비로 보이는 여자를 죽였다."

"왕비로 보이는 여자를 죽이고 치마를 벗기고 국부 검사를 했다."

명성황후 시해에 참여한 일본 낭인들은 여러 가지 기록을 남겼다. 그러나 어떤 기록도 명성황후를 자신이 죽였다고 기록하지 않고 있다. 명성황후 시해의 범인은 아직까지 정확히 밝혀지지 않고 있다.

일본은 명성황후 시해 사실을 철저히 은폐했으나 당시 사건에 개입했던 일본인들을 조사한 우치다 영사는 '왕비 시해의 범인은 미야모토 타케타로오 소위가 유력해 보인다'고 보고한 일이 있으므로 역시 그가 범인일 것이라는 지적이 가장 타당하다. 그러나 그는 하수인에 지나지 않고, 실질적인 시해자는 일본 조슈바쓰(長州閥)*를 대표하는 이노우에 가오루와 이토 히로부미 내각이다.

명성황후가 시해된 후 능욕을 당했다는 기록은 일본인의 〈에이조보고서〉에 기록되어 있다. 명성황후의 '국부를 검사했다'는 기록은 일본인들의 기록에 수없이 등장한다. 그러나 왕비가 누구인지도 몰라 미우라 공사를 불러 확인을 요구했던 일본 낭인이 남긴 기록은 신뢰하기가 어렵다. 오히려 우리가 강간을 당했다느니, 시간을 당했다느니 하고 주장하는 것은 우리 스스로를 비하하는 것이고 명성황후의 죽음을 모독하는 것이다.

민비는 고종이 황제가 되기 전 호칭으로 1897년 대한제국이 되면서 명성황후로 추증되었고, 홍릉이 만들어졌으나 시신은 없고 의상만 묻혔다. 죽은 뒤에 유골조차 찾을 수 없었던 것이다.

---

* 에도 시대 4, 5위에 안에 드는 경제력과 군사력을 갖춘 큰 번(藩)인 조슈번(長州藩)을 토대로 형성된 정치세력으로, 메이지유신 이후 이토 히로부미 등 정국을 주도한 인물들을 길러냈다.

배정자는 왜
민족 반역자가 되었나?

역사를 읽는 것은 잘못된 과거를 되풀이하지 않기 위해서다. 한국 근대사를 살펴보면 수많은 인물들이 명멸했다는 것을 알 수 있다. 풍운이 몰아치는 구한말에 누군가는 혁명가가 되고 누군가는 수구파가 되었다. 누군가는 애국자가 되고 누군가는 매국노가 되어 호의호식을 하면서 지냈다. 그런가 하면 국권 박탈이 비통하여 자결한 사람도 있다.

한때, 나라를 팔아먹고 일본으로부터 작위를 받고 땅을 하사받은 매국노의 후손들이 땅을 되찾기 위해 재판을 청구하여 국민들의 분노를 사기도 했다. 그러나 진실한 애국자는 오랜 시일이 지나서 역사가들에게 칭송을 받고 일신의 영달을 위해 나라를 팔아먹은 자들은 매국노로 지탄을 받는다.

1948년 반민특위가 설치되었을 때 가장 먼저 체포된 여성이 배정자다. 배정자는 조선시대에 한낱 상민에 지나지 않았으나 민족 반역자로 이름을 올리고 각종 친일인명사전에 오른 대표적인 친일파다. 아니 그녀는 친일파가 아니라 민족 반역자인 매국노다.

그렇다면 배정자는 어떻게 하여 민족 반역자가 된 것일까.

가난을 피해 떠돌아 다니다

배정자는 1870년 경상남도 김해에서 아전을 하던 배지홍의 딸로 태어났다. 그녀의 어릴 때 이름은 배분남이고 집에서는 개똥이라고 불렸다. 그녀가 불과 네 살밖에 되지 않았을 때 대원군이 권좌에서 물러나며 김해 군수가 대원군의 당파라고 하여 사형을 당했는데, 그때 아버지 배지홍도 대구 감영으로 끌려가 사형을 당했다.

어머니는 관비로 전락했고 아버지의 죽음에 충격을 받아 얼마 지나지 않아 실명하여 장님까지 되었다.

배지홍의 어린 3남매는 장님인 어머니를 따라다니면서 모진 고생을 해야 했다.

1870년대는 장님 여인이 어린 3남매를 거느리고 살아가기에는 어려운 시대였다. 그들은 먹는 날보다 굶는 날이 더 많았다.

"국태야, 아무래도 네 여동생을 기생집에 팔아야 하겠구나."

어머니가 장남인 배국태에게 말했다.

"어머니, 어떻게 동생을 팔아요?"

"동생을 팔지 않으면 우리 모두 굶어 죽는다."

"그래도 동생을 팔 수 없어요."

"동생이 기생집에 팔려 가면 우리만 좋은 것이 아니라 네 동생이 굶주리지 않는다."

어머니가 배국태와 배분남을 설득했다. 배분남은 울면서 경상도 밀양에서 기생집으로 팔려 갔다.

"어머니, 저를 버리지 마세요."

어린 배분남은 기생집 앞에서 헤어지지 않으려고 울부짖었다.

"아가, 너를 버리려는 것이 아니라 살리려는 것이다."

장님 어머니는 어린 딸을 끌어안고 몸부림을 쳤다. 그러나 굶주림을 해결하기 위해서는 어쩔 수 없었다. 배분남은 밀양의 기생집에서 허드렛일을 했다. 기생들의 온갖 심부름을 하고, 어린 나이에 빨래와 설거지를 도맡아 했다. 그런데도 기생들은 걸핏하면 그녀에게 매질을 하고 밥을 굶겼다.

'밥을 굶지 않으려고 팔려 왔는데 이게 무슨 꼴인가?'

배분남은 구박을 견디지 못하고 기생집에서 도망쳤다. 집으로 가면 다시 기생집으로 끌려갈 것 같아 하염없이 걷다가 어느 산길에서 쓰러졌다. 한겨울이었다. 눈이 쉬지 않고 내리고 있었다. 그녀는 몸을 잔뜩 웅크리고 눈을 감았다. 눈꺼풀이 무겁게 감겨왔다.

'아가, 살아야 한다. 어떤 일이 있어도 살아야 한다.'

꿈속에서 어머니의 목소리가 아련하게 들려오는 듯했다. 배분남은 그 목소리를 듣고 간신히 눈을 떴는데, 한 스님이 자애로운 눈으로 내려다보고 있었다.

"이제 정신이 드느냐?"

스님이 부드러운 목소리로 물었다. 방도 따뜻하여 아늑했다.

"예."

"배가 몹시 고플 텐데 요기부터 하거라. 어린 것이 고생이 많구나."

스님은 배분남을 일으켜 앉히고 밥을 먹게 했다. 그녀가 누워 있던 곳은 양산 통도사였고, 그곳에 적을 두고 있는 스님이 출타했다 돌아오다가 산길에 쓰러져 있는 배분남을 발견하고 업고 왔다고 했다.

배분남은 그때부터 통도사에서 살게 되었다. 기생집에서 살던 것에 비하니 통도사에서 사는 것은 천국과 같았다. 그녀는 통도사에서 허드렛일을 하면서 불도에 대해서 배우기 시작했다. 배분남은 12세가 되었을 때 출가하여 우담이라는 법명을 받았다. 그러나 얼마 지나지 않아 통도사에 출입하는 신자들에게 기생집 노비라는 사실이 들통 나서 그곳을 도망쳤다.

"어려운 일이 있으면 정병하 나리를 찾아가라."

어머니는 어릴 때 그와 같은 말을 했다. 배분남은 물어물어 동래 부사로 있는 정병하를 찾아갔다.

"네가 배지홍의 딸이라고?"

정병하는 배분남을 보고 안타까워했다. 12세의 어린 소녀가 남루한 모습으로 찾아온 것을 보고 가슴이 아팠다. 정병하는 배지홍과 오랜 친분 관계를 갖고 있었다. 배지홍이 대원군 일파로 몰려 사형을 당했을 때 비통했으나 형편도 넉넉하지 못했고 같은 당파로 몰릴까 봐 가족에게도 도움을 주지 못했다.

"어머님께서 어려운 일이 있으면 사또를 찾아뵈라고 하셨습니다."

배분남이 조심스러운 목소리로 대답했다.

"잘 왔다. 모진 세상을 만나 참으로 고생이 많구나."

정병하는 배분남을 동래부 관아에 머물게 하면서 보호해 주었다. 어머니의 신분이 관비였기 때문에 배분남도 관비 신분이었다. 동래부에는 일본을 견제하기 위해 군대가 주둔하고 있었다. 배분남은 중군 전도후의 아들 전재식을 만나 사랑에 빠졌다. 그러나 그들의 사랑은 오래 가지 못했다.

"나는 일본에 유학하러 가겠소."

전재식은 왜관으로 들어온 일본인들을 통해 일본이 눈부시게 발전하고 있다는 사실을 알게 되었고, 이에 유학을 가기로 한 것이다.

"일본에 유학을 간다고요? 이는 나라에서 허락을 받아야 하는 일이 아닙니까?"

"나라에서 금한다고 어찌 장부의 뜻을 굽히겠소. 이제 개항을 하고 있으니 일본을 잘 아는 사람이 출세하게 될 거요."

"그럼 저는 어떻게 해야 돼요?"

"일본에서 돌아온 뒤에 그대와 혼례를 올리겠소."

전재식은 배분남과 헤어져 일본으로 떠났다.

'아아 나는 어찌해야 하는가?'

배분남은 바다를 보면서 탄식했다. 일본으로 떠난 전재식이 한없이 그리웠고 관비로 허드렛일을 하는 자신의 처지도 쓸쓸했다. 배분남은 시간이 있을 때마다 바닷가로 가서 일본 쪽을 바라보았다. 그러나 일본으로 떠난 전재식에게서는 소식이 없었다.

남편을 잃고 일본에서 밀정이 되다

1884년에는 갑신정변이 일어났다. 김옥균, 박영효, 안경수 등이 일본으로 망명하고 정병하는 밀양 부사가 되었다.

"부사님, 저를 일본으로 보내주십시오."

배분남은 밀양으로 정병하를 찾아가 부탁했다.

"여자의 몸으로 어찌 일본으로 간다는 말이냐?"

"일본에 저의 정인이 있습니다. 어떤 일이 있어도 일본으로 가고 싶습니다."

"네 뜻이 그렇다면 어쩔 수가 없구나."

정병하는 무겁게 한숨을 내쉰 뒤 일본 상인 마츠오를 소개해 주고 노자까지 준비해 주었다.

배분남은 일본으로 가는 상선에 올라탔다.

'일본이 이렇게 멀구나.'

배에서 끝없이 넓은 바다를 내다보면서 배분남은 가슴이 설레었다. 여자의 몸으로 미지의 나라 일본으로 가는 길이었다. 설렘과 두려움이 두서없이 밀려왔다. 그러나 그녀는 담대했다. 시모노세키에 도착해서 일본 상인 마츠오의 도움을 받아 요코하마까지 가서 기차를 탔다.

'일본은 조선과 모든 것이 다르구나.'

배분남은 기차의 차창으로 지나가는 일본의 산과 들, 마을을 보고 경이로움을 느꼈다.

'어떻게 서방님을 찾지?'

전재식은 게이오 의숙에서 공부를 하고 있었다. 도쿄 역에 내려 우두커니 서 있는데 상인 마츠오의 전보를 받은 전재식이 달려왔다.

"도련님······."

배분남은 전재식에게 달려가 품에 안겼다. 머나먼 타향에서 전재식을 만나자 뜨거운 눈물이 흘러내렸다. 배분남은 도쿄에서 전재식과 혼례를 올리고 일본 말을 공부하기 시작했다. 망명객인 김옥균, 박영효, 안경수 등은 일본에서 불우한 날을 보내고 있었다. 그들은 게이오 의숙 설립자인 후쿠자와 유기치를 자주 찾아왔고 전재식과도 교분을 나누었다. 전재식과 배분남은 그들을 선생님으로 부르면서 따랐다.

배분남은 전재식과의 사이에서 아들을 낳았다.

'아아 어떻게 이럴 수가 있단 말인가?'

아들을 낳은 지 얼마 되지 않아 전재식이 시름시름 앓더니 죽었다. 배분남은 전재식의 차가운 시신을 끌어안고 통곡했다. 일가친척 하나 없는 산 설고 물 선 일본 땅이었다. 전재식이 죽자 배분남은 살아갈 길이 막막했다. 다행히 조선에서 온 망명객들이 그녀를 도와주었다. 전재식이 병으로 죽자 배분남을 가련하게 여긴 것이다.

"선생님, 저는 학교에 다니고 싶습니다."

배분남이 안경수에게 청했다. 배분남은 평범한 과부로 일생을 보내고 싶지 않았다.

"학교에 다닌다고?"

안경수가 놀라서 물었다.

"일본의 많은 여자들이 학교에 다니고 있습니다. 저도 그들처럼 공부하고 싶습니다."

"그렇다면 내가 일본인들에게 이야기해 보겠다."

일본은 갑신정변으로 망명한 조선 정치인들을 돕고 있었다. 그들은 김옥균 등이 자신들의 식민지 정책에 도움이 된다고 생각했다.

배분남은 안경수의 도움으로 도쿄에 있는 상강(尙綱) 여학교에 다니게 되었다. 조선 여인으로서 가장 먼저 근대식 학교 교육을 받은 여자가 배분남이다. 그러나 여학교를 졸업하지는 못했다. 배분남은 이후 김옥균을 다시 만났다.

배분남은 이때부터 요화가 되었다. 그녀는 아들 하나를 낳았으나 아직 20세도 되지 않은 묘령의 여인이었다. 타고난 미모가 있는데다 아들을 낳은 뒤에 몸도 육감적으로 변했다. 남자들의 눈이 그녀에게 쏠린 것은 당연했다.

배분남과 김옥균의 관계가 어느 정도였는지는 알려지지 않고 있다. 그러나 김옥균을 통해 배분남은 이토 히로부미를 만났다. 이토 히로부미는 배분남을 보고 한눈에 반했다.

'계집이 참으로 미인이구나.'

일본 정계의 거물인 이토 히로부미는 배분남을 자신의 침실로 끌어들였다.

"네가 나의 수양딸이 되어라. 너에게 부귀영화를 누리게 해주겠다."

이토 히로부미는 배분남을 자신의 수양딸로 삼았다. 이름도 자신의 죽은 딸 이름을 사용하여 사다코(貞子)라 불렀다. 이때부터 배분남은 배정자로 불리게 되었다.

'이 계집을 밀정으로 키워야 하겠다.'

이토 히로부미는 가슴속에 조선을 집어삼키려는 야망을 키우고 있었다. 그는 배정자를 밀정으로 교육시켰다. 배정자는 낮에는 밀정 교육을 받고 밤에는 이토 히로부미의 침실에서 뒹굴었다. 배정자는 밀봉교육을 받으면서 일본에서 여러 해를 보냈다.

배정자는 1894년 조선으로 돌아왔다. 1894년은 조선이 동학농민전쟁, 청일전쟁으로 소용돌이치고 있을 때였다.

'아아 내가 마침내 조선으로 돌아왔구나.'

| 배정자 |

배정자는 조선으로 돌아오자 눈물을 흘렸다. 그녀는 공사관에서 통역으로 활동하면서 대궐을 출입하며 고종과 명성황후의 신임을 받았다. 자신의 정체를 숨기기 위해서 일본 공사관에서 일본인에게 조선어를 가르치던 현영윤과 위장결혼을 하여 딸 현송자를 낳기도 했다. 어머니는 이미 죽었으나 오빠 배국태와 동

생을 만나 부둥켜안고 울기도 했다.

"오빠와 동생을 출세시킬 거야."

배정자는 검은 치마를 입고 대궐을 출입하고 조정 대신들을 만났다. 집에 대신들을 초대하여 술을 대접하면서 그녀의 치마폭에 휘어 감았다. 그녀에게 가장 먼저 포섭된 인물이 이완용이다. 배정자는 포섭한 대신들을 이용해 배국태를 한성판윤(서울 시장), 동생을 경무감독관(경찰청장)에 임명하여 거들먹거리고 살게 했다.

"우리 이혼합시다."

현영윤이 배정자에게 요구했다.

"왜 이혼을 하는 거예요?"

배정자가 현영윤에게 물었다.

"당신은 일본 남자들과 염문을 뿌리고 있소. 부인으로서 외간 남자들과 염문을 뿌리는데 어찌 용납할 수 있겠소?"

그녀에 대한 음란한 소문이 한양 장안에 파다하게 퍼져 있었던 것이다.

"나하고 같이 살면 출세를 할 수 있어요. 그래도 싫어요?"

"그렇게 해서 출세하고 싶은 생각은 없소."

현영윤은 배정자와 결혼한 지 1년 만에 끝내 이혼했다. 배정자는 서양 여인처럼 드레스를 입고 모자를 쓰고 대궐을 출입하여 호사가들의 입에 오르내리기도 했다.

배정자는 이후 박영철과 혼인했으나 계속 염문을 뿌렸다. 배정자와 하룻밤을 자지 않으면 한량이 아니라는 소문까지 나돌았다.

조선을 괴롭힌 여인

"왕비의 침실이 대궐 어디에 있는지 알아내라."

1895년 9월 일본 공사 미우라가 지시했다.

"왕비의 처소는 왜요?"

"나중에 알게 될 것이다."

배정자는 미우라 공사의 지시를 받고 명성황후의 처소를 알아내 보고했다.

"왕비의 사진을 찍어 오라."

미우라 공사가 다시 지시했다. 배정자는 궁녀들에게 많은 선물을 주고 명성황후의 사진을 찍었다.

'결국 왕비를 죽이기 위한 음모였구나.'

배정자는 10월 8일 명성황후가 일본인들에게 잔인하게 시해되자 자신이 무엇을 했는지 알 수 있었다.

이때 배정자를 일본에 보내 주었던 정병하는 농상공부 협판이 되어 있었는데 명성황후가 시해를 당할 때 당직으로 대궐에 있었다는 이유로 고종의 노여움을 사서 김홍집 등과 함께 비참하게 죽음을 당한다. 아이러니한 운명이다.

1905년 배정자는 이토 히로부미의 밀서를 고종에게 전달한 혐의로 체포되어 절영도로 유배되었다.

"흥! 나를 유배 보낸 놈들을 용서하지 않을 거야. 너희들은 일본

을 이기지 못해." ·

배정자는 바닷가를 걸으면서 절치부심했다. 한양으로 편지를 보내 구명운동을 하기도 했다.

이토 히로부미가 조선으로 와서 강제로 을사조약을 체결했을 때, 배정자는 석방되어 한양으로 돌아왔다.

"사다코, 고생 많이 했다. 일본을 위해 많은 일을 했다고 들었다."

이토 히로부미가 배정자를 무릎에 앉히고 반가워했다.

"모두가 통감 각하의 지도 덕분입니다."

"조정대신들을 잘 포섭해라."

이토 히로부미는 배정자에게 많은 돈을 주었다. 배정자는 일본군 촉탁, 일본군 외무 공무원으로 활약했다.

배정자는 1910년이 되자 더욱 활발하게 밀정 노릇을 했다. 이완용과 송병준 사이를 오가면서 그들을 합병공작에 끌어들였다.

조선이 일본에 합병된 뒤에는 만주로 옮겨 국제 스파이로 활동했다. 일제강점기 내내 독립군을 잡고 마적들을 소탕하는 일본군의 앞잡이 노릇을 했다. 이 무렵 배정자의 별명이 흑치마였다.

해방 후 배정자는 반민특위에 체포되었으나 반민특위가 해체되자 석방되었다. 풍운의 구한말을 치마폭에 휘어감고 밀정으로 한 세상을 풍미했던 그녀도 어느 사이에 늙고 병들었다.

그녀는 한국전쟁 때 성북동에서 쓸쓸하게 죽음을 맞이했다.

배정자는 왜 이와 같이 밀정이 되었을까. 그것은 일본에서 김옥균을 만나고 이토 히로부미의 양녀가 되었기 때문이다. 그녀는 조국

애가 무엇인지도 몰랐고 오로지 쾌락과 탐욕만 추구했는데, 교활한 이토 히로부미로부터 일본인이 되라는 세뇌를 받았기 때문이다. 그녀는 조선에서 태어나기만 했을 뿐 의식은 완전히 일본인이 된 것이다.

일본군의 삼광작전은
무엇인가?

경복궁 점령 사건과 명성황후 시해 이후 조선의 군사는 무장이 해제되었다. 조선에는 사실상 군사가 없는 것이나 마찬가지였다. 지방에 있는 군사들은 한양에서 중대한 사건이 발생해도 빨라야 열흘, 늦으면 여러 달이 지나야 소식을 들을 수 있었다. 경복궁이 일본군에 점령당해도 상황이 모두 끝난 뒤에 알게 되어 통곡하는 일밖에 할 것이 없었다. 지방의 군사들은 무기도 미약했다.

'중전의 죽음에 관련된 놈들을 용서하지 않겠다.'

명성황후 시해는 고종에게 피눈물을 흘리게 했다. 그는 외국 공사들 앞에서 눈물을 흘리면서 일본을 비난했다.

일본인들은 김홍집 등을 압박하여 명성황후를 폐위한다는 조칙을 내리게 했다.

'김홍집은 친일파다.'

고종은 이제 김홍집조차 믿지 않았다. 김홍집 내각에는 어윤중, 안경수, 이경직, 정병하 등이 있었다. 안경수는 김옥균, 박영효 등과 가까운 친일 대신이었으나 일본이 조선을 보호국화하려는 움직임을 보이자 친러파로 돌아섰다.

단발령이 촉발한 의병

일본은 고종을 협박하여 단발령까지 내리게 했다.

단발령으로 조선의 민심은 흉흉해졌다. 신체는 부모가 준 것이니 머리카락을 자르면 불효가 되고, 불효는 예를 숭상하는 조선인으로서는 목숨과도 바꿀 수 없는 것이었다. 그러나 일본의 강압에 견디다 못해 고종과 왕세자 척이 머리카락을 자르고 대신들도 잘랐다. 이어 조선 팔도에 머리카락을 자르라는 영을 내렸다.

명성황후가 조선인들의 원성을 사고 있다고 하더라도 국모였다. 국모의 비참한 죽음으로 전국이 들끓고 있는데 단발령까지 내린 것이다. 명성황후 시해로 울분을 삼키고 있던 조선인들은 단발령이 실시되자 마침내 의병을 일으켰다.

고종은 명성황후가 죽은 경복궁에서 침울한 날을 보내고 있다가 이완용, 이윤용 등 친러파의 음모에 따라 러시아 공관으로 탈출했다.

고종은 러시아 공관으로 피신한 뒤에 친일파 대신들에게 치를 떨었다.

"김홍집 등을 죽이셔야 합니다."

친러파가 고종을 부추겼다. 그러나 그들을 죽이는 것만으로는 일본군이 물러가지 않았다. 고종은 전국에서 일어난 의병들에게 통한의 조서를 내렸다.

왕은 이와 같이 말한다. 오호라, 짐은 슬프다! 짐은 죄악이 가득 차서 황천이 보우하지 않아 오랑캐로 인해 나라 형세가 기울고 백성은 도탄에 빠졌으며, 이로 말미암아 강성한 이웃 나라가 틈을 엿보고 역신들이 권병을 농락하였다. 하물며 짐은 머리를 깎고 면류관을 벗어 던졌으니, 4천 년 예의의 나라가 짐에게 이르러 하루아침에 견양의 나라가 되고 말았도다. 불쌍한 우리 억조 창생이 함께 그 화의 그물에 걸려들었으니, 짐이 무슨 낯으로 하늘에 계신 열성의 영령을 뵙는다는 말인가. 지금 형세가 이미 이 지경에 이르렀으니 오직 죄인인 짐의 한 오라기 실낱같은 목숨은 만 번 아까울 것이 없으나, 종묘사직과 생령을 생각하여 혹시 만에 하나라도 보전될까 하고 너희 충의의 인사를 격려하기 위하여 이 애통한 조서를 내린다.
호서는 충의군, 관동은 용의군, 영남은 장의군, 해서는 효의군, 호남은 분의군, 관서는 강의군, 관북은 감의군이라고 한다. 아울러 의병을 일으킨 선비에게는 초토사를 제수하고 비밀 병부도 당연하게 내려줄 것이다. 각 군의 인신은 모두 자수로 새겨서 사용하고, 의병에 종사하면서 관찰사, 군수 이하는 네가 임명할 것이며, 발호의 용사나 양가의 재능 있는 관리들도 아울러 소집하여 신상필벌을 엄정하게 하고, 겸황이 극심한 고을은 금년 조세의 절반만 받도록 하라. 단발령은 우선 중지하여 백성들을 안정시켜 기쁘게 하라. 관청에서 일하는 자는 인원을 감축하여 모두 옛날 제도에 따라 복구하고, 수령으로서 명령에 복구하지 않는 자는 우선 가려내어 처분을 기다리도록 하라. 잡범과 죽을죄를 지은 자들까지 다 용서하고 그동안 어지럽게 내린 신 법령은 물시(勿施)하라.

이제부터 대궐 밖의 일은 너희가 스스로 알아서 처리하라. 오직 경기 한 도는 순의군(殉義軍)으로 둘 것이며, 나는 당연이 사직에 죽을 것이니 내외 의사(義士)들은 내 뜻을 잘 체득하여 마음을 한결같이 가다듬어 종묘사직과 백성을 생각하라. 이 글을 선포하여 알려주는 것이다.

을미년 12월 15일 자정 조서를 비밀히 내린다.

고종은 제천 의병장 유인석에게 조서를 내렸다. 이 조서는 피가 끓는다고 하여 '애통한 조서'로 불렸다. 을미년, 1895년 12월 15일의 일이었다.

조선에서는 친일파와 친러파가 극심한 대립을 벌이고 있었다. 이완용은 고종이 설립한 최초의 관립학교인 육영공원을 졸업했으나 친러파가 되었다. 고종의 애통한 조서는 친러파에 의해 만들어진 것이었다.

'임금이 치욕을 당하면 신하는 죽어야 한다.'

제천 의병장 유인석은 고종의 조서를 읽고 울고 또 울었다. 국모가 시해당하고 단발령이 내리더니 애통한 조서까지 접하게 되자 비통했다. 그는 조서를 앞에 놓고 절을 한 뒤에 〈격고팔도열읍(檄告八道列邑)〉이라는 피 끓는 격문을 써서 의병들에게 돌렸다.

아! 우리 팔도의 동포들이여, 캄캄한 사지(死地)에 빠진 이 나라를 그냥 내버려 두시렵니까. 제 할아비와 아비가 500년 유민이 아닐진대, 내 나라 내 집안을 위해 한두 사람의 의로운 인사가 없단 말입니까? 참혹하고도 비통한 일입니다. 이것을 운(運)이라고 할 것인가 명(命)이라고 할까.

아! 원통합니다. 누군들 알았겠습니까? 외국과 통상한다는 꾀가 실로 망국의 근본이 되었을 줄을. 문을 열고 도적을 받아들인 소위 나라의 대신이란 자들이 왜적의 앞잡이 노릇을 하는데, 살신성인을 하려는 선비들은 오로지 남의 노예가 되는 것을 면하려고 상소를 올렸습니다. 그러나 송나라를 어리석게 만드는 금나라의 꾀는 너무나도 망측하고 노나라에 남아 있는 주나라의 예는 보전하기 어려우니, 이 때문에 초야의 미약한 필부들은 부녀자들처럼 방에 앉아서 한갓 나라를 근심하는 한탄만 간절할 따름입니다.

마침내 갑오년 6월 20일 밤에 우리 조선 삼천리 강토가 일본에 짓밟혔습니다. 종묘사직은 한 오라기 머리카락처럼 위기에 처했는데 송나라 이약수가 흠종을 껴안는 일을 실행한 자가 누구입니까? 주현(州縣)의 관리들은 모두 기름진 음식만 좋아하는 자들에 지나지 않습니다. 당나라 안진경처럼 의병 모집하는 것을 보지 못했으니 옛날 고구려(高句麗)가 하구려(下句麗)로 된 것도 오히려 수치라 하는데, 하물며 지금 당당한 한 나라로서 소일본(小日本)이 된다면 얼마나 비통하고 통분한 노릇이겠습니까.

아! 저 섬나라 왜놈들은 신의나 법도는 애초부터 말할 것조차 없거니와 오직 저 국적(國賊) 놈들이 누구 덕분에 살아왔습니까. 이 원통함을 어찌하겠습니까? 국모의 원수를 생각하며 이를 갈았는데 참혹한 일이 더욱 심하여 존엄하신 임금님께서 또 머리를 깎는 지경에 이르렀습니다. 의관을 찢긴 나머지 또 이런 망극한 화를 만났으니, 천지가 번복되어 우리 고유의 이성을 보전할 길이 없습니다. 우리 부모에게 받은 몸을 금수로 만드니 무슨 일이며, 우리 부모에게 받은 머리털을 풀 베듯이 베어버리니 이 무슨 변고입니까.

무릇 각도 충의지사들은 성스러운 임금의 배양을 받은 몸이나 환난을 회피하기란 죽음보다 더 괴로우며 멸망을 앉아서 기다리느니 한 번 떨쳐 일어나 싸우는 것만 못합니다. 땅은 비록 만분의 일에 불과하지만 사람은 백배의 기운을 더할 수 있습니다. 역적과 왜적과 한 하늘 아래 함께 살 수 없으니 더욱 와신상담의 생각이 간절하고 때는 자못 위태하여 어육의 화를 면하기 어렵습니다. 나는 들어보지 못했습니다. 오랑캐로 변한 놈이 어떻게 세상을 살 수 있겠습니까? 공으로 보나 사로 보나 살아날 가망이 전무하니, 화가 되든지 복이 되든지 오로지 죽을 사(死) 자 하나로 목적을 삼을 따름입니다.

말을 베어 피를 내 입에 바르고 함께 맹서하여 성공하거나 패하는 것의 이익은 예측할 바 아닙니다, 의리를 판단해서 의병을 일으킬 것이매 경중과 대소가 여기서 나뉘는 것이니, 사람들의 마음이 다 쏠리는데 어찌 온갖 신령의 보호가 없겠습니까. 국운이 다시 열리어 장차 온 누리가 길이 청명해지는 것을 보게 될 것입니다. 어진 이는 적이 없다는 말을 의심하지 마십시오. 군사의 행동을 무엇 때문에 머뭇거립니까?

이에 감히 먼저 의병을 일으키고서 마침내 이 뜻을 세상에 포고하노니, 위로 공경대부에서 아래로 낮은 관리와 서민에 이르기까지 어느 누가 애통하고 절박한 뜻이 없겠습니까. 이야말로 국가의 존망이 위태로우니 각기 거적에서 잠을 자되, 창을 베개로 삼고 또한 끓는 물 속이나 불 속이라도 뛰어들어 온 누리가 안정되게 하여, 일월이 다시 밝아지면 어찌 한 나라에 대한 공로뿐이겠습니까. 실로 만세에 이름이 있을 것입니다.

이와 같이 글을 보내 효유했는데도 혹시 영을 어기는 사람이 있다면 바로 곧 역적의 도당으로 여겨 단연코 군사를 불러 먼저 토벌할 것이니 각기 가슴에 새기고 배꼽 씹는 뉘우침이 없도록 부디 성의를 다하여 함께 대의를 펴기 바랍니다.

을미 12월 아무 날 충청도 제천 의병장 유인석은 삼가 격서를 보냅니다.

비통하고 처절한 격문이었다. 유인석의 격문이 유림에 당도하자 전국 곳곳의 유림이 북향하여 절을 하면서 통곡했다. 유림은 군사 훈련을 받은 일도 없고 무기도 없었다. 그러나 그들은 오로지 충성심 하나로 격문을 돌리고 궐기했다.

을미의병을 이끈 유인석

유인석은 1842년에 강원도 춘성군 남면에서 출생하였다. 철종 때의 대학자 화서 이항로를 스승으로 모시고 글을 배운 정통 유학자였다.

"비록 체구는 작아도 차돌같이 강한 의지를 갖고 대쪽 같은 성품을 지녔으니, 장차 대유(大儒)가 될 인물이다."

이항로는 한눈에 유인석을 알아보고 칭찬을 아끼지 않았다. 이항로의 문인 중에는 당대의 명유라는 김평묵과 최익현도 있었다. 그들과 성리학을 공부하면서 충군애국할 것을 결심했다. 조정이 부패하자 그는 벼슬에 나서지 않고 고향에서 후학을 양성하면서 울분을 달래고 있었다.

유인석의 격문은 수많은 선비들이 의병을 일으키는 계기가 되었다. 그의 격문에 따라 '을미의병'이 전국에서 들불처럼 일어났다. 해가 바뀌자 김하락, 구연영, 조성학 등 젊은 유생들은 경기도 이천으로 내려가 포군(砲軍) 100여 명을 주축으로 의병을 조직했다.

"왜놈을 몰아내라."

"국모를 시해한 왜놈을 죽여라."

의병들은 척왜척양의 깃발을 들고 몰려왔다. 날씨는 살을 엘 듯이 추웠다. 그러나 갓 쓰고 도포 입은 선비에서부터 무지렁이 농민까지 죽창을 들고 봉기했다.

의병은 1월 중순 이천, 여주, 안산, 남양, 죽산, 수원 등지에서 궐기한 의병과 연합하여 박준영을 대장으로 선출했다. 박준영은 2,000명의 대부대로 이천과 광주에서 일본군을 격파하고 이천과 여주에 창의소를 설치했다.

"조선인들은 창의소로 모이라."

이천과 여주의 창의소에는 수만 명의 군중들이 운집했다. 의병은 서울 진격을 목표로 2월 25일 눈보라 속에서 남한산성을 공격했다. 남한산성 전투는 치열했다. 모든 것이 열세인 의병들은 무수한 사상자를 내면서 남한산성을 맹렬하게 공격하여 점령했다.

3월 중순 일부 의병이 관군에 매수되어 배신을 하자, 진눈깨비 속에서 처절한 투쟁을 전개했다. 의병의 총은 대부분 화승총이었기 때문에 한치 앞도 내다볼 수 없는 진눈깨비가 몰아치자 도화선이 물에 젖어 탄환이 발사되지 않았다. 의병은 눈물을 머금고 각 방면으로 퇴각했고 서울 진격은 수포로 돌아갔다.

이항로의 문인 이소응과 이진응은 춘천에서 유생들에게 격문을 보내 400여 명의 유생들과 포수들을 포섭하여 강원관찰부를 기습 점령하고 봉의산에 의병진을 설치했다.

강릉에서는 1월 30일 유생 민용호가 평창·영월·정선 지방의 포수를 동원하여 의병을 일으킨 뒤에 강릉부 소속 9군을 총괄한 영동

9군창의소를 설치했다. 이윽고 강릉부 경무관 고준석을 처단하고 일본군과 일전을 벌일 준비를 시작했다.

충청도 홍주에서는 김복한 등이 의병을 일으켰다.

경상도 진주에서는 유생 노응규가 의병을 일으켜 진주성을 점령하고 부산을 향해 진격하다가 일본군에게 패했다. 김천과 성주에서는 허위 등이 의병을 일으켜 대구를 향해 진격하다가 관군의 공격을 받고 패했다.

전라도에서는 나주의 기우만 등이 의병을 일으켜 광주에 호남창의진을 편성했다. 이처럼 고종의 '애통한 조서'는 유림의 의분을 불러일으키며 전국을 들끓게 했다.

잔인한 진압 작전

고종이 아관파천을 한 후에 친일 내각이 붕괴되고 이범진과 이완용 등의 친러 내각이 구성되자 의병들에게 해산하라는 영을 내렸다. 그러나 의병들은 왜적을 몰아내야 한다면서 제천, 충주 일대에서 거세게 저항했다.

"우리는 기필코 대군주 폐하를 구출하고 국모의 원수를 갚아야 한다."

유인석은 제천, 충주 의병을 이끌고 남한산성까지 진격했다. 관군이 의병에 밀리자 일본군이 토벌에 나섰다. 유인석의 의병은 남한산성에서 패했다. 유인석은 의병을 이끌고 제천과 충주로 퇴각하기 시작했다.

"조선 의병을 뿌리째 뽑아라. 조선은 일본의 수중에 있다."

일본 내각은 일본군에 삼광작전을 전개하라고 비밀 훈령을 내렸다. 삼광작전은 모조리 죽이고, 모조리 약탈하고, 모조리 불태우되 빛처럼 빠르게 해치우라는 뜻이었다.

"내각의 훈령이다. 충주로 가는 연도에 있는 조선인을 모조리 죽여라."

일본군에 잔인한 학살 명령이 떨어졌다. 일본군은 충주로 향하면서 의병들을 대대적으로 토벌했다. 일본군은 우수한 무기를 갖고 있었고 근대 군사훈련을 받았다. 이에 비해 얼마 안 되는 조선의 포군(砲軍, 포수 출신 의병)들이 갖고 있는 것은 화승총이었고 대부분의 의병들은 활과 죽창을 들고 있었다.

"우리에게 총만 있으면 일본군에게 패하지 않는다."

의병들은 일본군과 마주치면 총이 없어서 순식간에 전멸했다. 그것은 전투라고 할 수도 없었다. 의병들이 전멸하고 패퇴하면 일본군이 마을을 습격했다. 함부로 부녀자를 겁탈하고, 농민을 학살하고, 재물을 약탈한 뒤에 불을 질렀다.

일본군에 의해 얼마나 많은 조선인이 죽었는지는 집계조차 되지 않았다.

일본군은 한양에서 충주 제천으로 이동하면서 초토화 작전을 전개하여 주민을 모조리 학살하고 민가에 불을 질러 잿더미로 만들었다.

한양에서 충주까지 이르는 연도에는 일본군의 학살로 집이 한 채도 남아 있지 않았다. 모든 것이 불에 타고 잿더미가 되었다.

《대한제국의 비극》을 쓴 F. A. 매켄지의 기록이다. 매켄지는 일본 군이 의병을 토벌하고 있을 때 그들의 만행을 확인하기 위해 종자 하나를 데리고 충주로 가면서 비참한 현장을 목격했다.

'일본군은 너무나 잔인하구나.'

매켄지는 연도의 마을이 잿더미가 된 것을 보고 탄식했다.

일본군이 의병 부상자들에게 접근해 왔을 때 그들은 상처의 고 통이 심해 말도 못하고 다만 짐승처럼 '만세, 만세, 만세!' 만 부 르고 있었다. 그들은 무기도 없었고 피가 땅 위에 자욱하게 흘러 내리고 있었다. 일본군은 그들의 비명을 듣고 달려와 그들이 죽 을 때까지 칼로 찌르고, 찌르고, 또 찔렀다. 조선인들은 일본군 의 칼 아래 갈가리 찢기었다. 우리는 그들의 시신을 거두어 묻어 주었다.

《대한제국의 비극》에 있는 기록이다. 유인석의 의병은 총도 군량 도 없었다. 옷차림이 남루하고 굶주린 모습이 역력했다. 매켄지는 이천 어느 마을에서 강가에 숨어 있는 의병들을 만났다.

"당신은 미국인입니까? 그렇다면 우리에게 총을 구해 주십시오."

조선 의병들은 매켄지에게 간곡하게 말했다. 매켄지는 총을 구할 수 없다고 말하고 식량을 나누어 주었다. 그들은 총만 있으면 목숨을 걸고 싸우겠다고 말했다. 매켄지는 그 모습을 보고 눈물을 흘렸다.

매켄지가 충주에 이르는 동안 연도에 있는 마을은 모조리 폐허가 되어 있었다. 곳곳에 시체가 널브러져 있고 집들이 불에 탔다.

유인석의 제천 의병은 일본군에 패했고 유인석은 의병을 해산했다.

고종이 의병을 해산하라는 왕명을 내린 상태에서 일본군의 우수한 화력을 총도 없는 의병이 당할 수 없었다.

끝나지 않은 싸움

'서북지방에 가서 재기를 모색하자.'

유인석은 몇몇 제자를 거느리고 평양으로 갔다. 그러나 평양에서도 의병을 모을 수 없었다. 일본군이 평양에도 배치되어 감시의 눈을 번뜩이고 있었다. 유인석은 일본의 영향력이 미치지 않는 서북간도로 가기 위해 혜산에 이르렀다. 그때 고종으로부터 돌아오라는 밀지가 내렸다. 유인석은 고종의 부름에 응하지 않고 간도로 갔다.

"조선인은 모두 간도로 오라."

유인석은 간도지방에서 의병을 모집하여 훈련을 하기 시작했다. 서북지역과 함경도, 그리고 간도 일대에서 의병들이 속속 몰려왔다. 그러나 밀정을 통해 이 사실을 알게 된 일본은 청나라를 압박하여 의병을 해산하게 만들었다.

유인석은 망명객이 되어 만주를 표랑하다가 1900년 의화단의 난을 피하여 일시 귀국했다.

'조선이 왜놈들의 세상이 되었구나.'

유인석은 변화된 한양의 모습을 보고 쓸쓸했다. 조선은 국호를 대한제국으로 바꾸었다. 한양에 일본인들이 득실대고 서양인들도 많았다. 조선인 중에 머리를 깎고 양복을 입은 자들도 적지 않았다. 한양에 전차가 다니고 경부선이 개통되었다. 사람들은 달리는 화륜거에 대해 논쟁이 분분했다.

1904년 러일 전쟁이 발발하고 1905년 을사보호조약이 강제로 체결되자 유인석은 평안도 일대를 돌아다니면서 서북인들에게 항일의식을 고취시키다가 1908년 다시 망명길에 올라 블라디보스토크에서 이상설, 이범윤 등과 함께 항일 투쟁준비를 해나갔다.

1910년 마침내 연해주 일대의 의병 세력을 규합하여 13도의군(十三道義軍)을 결성하고 도총재로 추대되어 〈통고13도대소동포(通告十三道大小同胞)〉라는 포고문을 반포, 항일구국투쟁을 전개했다. 그러나 그는 병들고 늙었다.

평생을 의병활동에 주력해 온 유인석은 1915년 1월 29일 이역 땅에서 쓸쓸한 죽음을 맞이했다.

을미의병이 일어났을 때 일본은 삼광작전을 전개하여 의병들을 초토화시켰다. 모조리 죽이고, 모조리 약탈하고, 모조리 불태우는 일본의 만행은 청일전쟁 때는 여순에서 일어났고 중일전쟁 때는 난징에서 되풀이되었다.

오카모토 유노스케는
누구인가?

일본은 밀정을 활용하는 뛰어난 능력이 있었다. 본토 내에서 잦은 전쟁이 벌어졌기 때문에 전쟁에 이기기 위해 밀정을 활용하는 일이 잦았다. 메이지유신 이후 일본이 군국주의를 향해 달리면서 쿠데타가 끝없이 일어났다. 쿠데타 세력이나 쿠데타를 막으려는 세력이나 밀정을 활용했다.

배정자가 조선인 출신의 밀정이라면 오카모토 유노스케는 일본인으로 조선에서 활약한 밀정이었다. 그는 밀정이면서도 지사(志士), 낭인(浪人) 등으로 불렸다.

전란의 시대에 태어나다

오카모토는 1852년 일본 기주(紀州) 지방의 전형적인 사무라이 집안에서 태어났다. 일본은 그가 태어나던 시기를 전후해서 커다란 소용돌이에 휘말려 있었다. 일본에도 개화의 물결이 밀려왔고 도쿠가와 이에야스에 의해 만들어진 막부를 폐지하고 왕정을 복고시키려는 움직임이 일어났다.

오카모토 유노스케가 아직 소년이었던 14세 때 마침내 메이지유신이 일어나고 일본에 대대적인 개혁이 시작되었다. 그는 15세 때인 1869년 같은 고향 출신인 무쓰 무네미쓰(일본의 저명한 정치가)의 눈에 들어 근위포병 연습소에 들어갔다.

오카모토 유노스케는 곧이어 포병장이 되고 무쓰의 번정개혁(藩政改革) 때 반대파인 데라우치 도지로의 저택을 습격하여 참살하는 일을 맡았다. 그 일로 오카모토 유노스케는 일본 전역에 명성을 떨쳤다.

"무사는 주인을 위하여 죽어야 한다. 나는 무쓰를 위하여 죽을 각오가 되어 있다."

오카모토 유노스케는 언제나 호언을 했다. 그는 스스로 무사라는 사실을 자랑스러워했다.

번정개혁을 요구하고 번의 지사들이 일어나 쿠데타를 일으킨 일은 일본 정치와 사회에 오랫동안 영향을 미쳐 메이지유신 이후에 일본에서 쿠데타가 빈번하게 일어났다.

오카모토 유노스케가 19세가 되던 1871년 드디어 왕정복고가 이루어진 일본은 번을 폐지하고 현으로 지방조직을 개편하고 강력한 중앙집권 정치를 실현해 가기 시작했다. 메이지유신이 완성되자 오카모토 유노스케가 몸담고 있는 포병을 비롯한 군대에도 일대 혁신이 있었다.

오카모토 유노스케는 포병 편성회의에 참가했다가 자신의 뜻이 관철되지 않자 실망하여 고향으로 돌아갔다.

"오카모토 군, 육군에 입대하게."

무쓰 무네미쓰가 오카모토 유노스케에게 권했다.

"육군이오?"

"그렇다. 일본은 앞으로 육군을 대대적으로 육성할 것이다."

"지시대로 따르겠습니다."

오카모토는 무쓰 무네미쓰의 충고를 받아들여 육군에 들어가 대위로 임관했다.

반란을 일으키다

일본은 왕정복고를 이룬 뒤에 조선에 사신을 보내 국서를 전달했는데 이 국서에는 조선 입장에서 보면 '봉(奉)'과 '칙(勅)' 등 청나라 황제 외에는 쓸 수 없는 단어가 들어 있었다. 이에 조선은 국서를 돌려보냈는데, 일본에서는 조선이 무시했다면서 격렬하게 반발하며 조선을 정벌해야 한다는 정한론이 일어났다.

"조선을 정벌하라. 조선은 무례하다."

일본인들은 흥분하여 들끓었다.

"조선을 정벌하면 일본이 승리할 수 있는가? 조선에 출병하면 청나라도 전쟁에 참여한다."

이오쿠라 토모미, 오쿠보 도시미치가 반대했다.

정한론을 가장 강경히 주장한 인물이 사이고 다카모리였고 이와쿠라와 오쿠보는 신중론자였다.

1876년 운요호 사건으로 일본과 조선은 수호조규를 체결하여 정한론은 가라앉게 되었다. 그들이 주장하는 국서를 조선이 받아들여 전쟁의 명분이 없어진 것이다.

1877년, 사이고 다카모리는 실망하여 자신의 번으로 돌아갔으나 그를 추종하는 자들이 반란을 일으켜 그도 반란에 참여하지 않을 수 없었다. 이를 세이난(西南) 전쟁이라고 하는데 오카모토 유노스케는 토벌군인 제4여단의 참모로 참전하여 시로야마(城山)까지 쳐들어가서 사이고 다카모리를 자결하게 만들었다. 세이난 전쟁이 끝나고 오카모토 유노스케는 소좌로 진급하여 도쿄로 돌아왔다.

"우리는 전쟁의 최고 공로자다."

일본군 포병대의 영관장교들은 포상을 기대했다. 그러나 정부는 재정이 빈약해 이들을 포상할 여력이 없었고 오히려 감봉 처분을 했다.

"포상을 받아도 부족한데 감봉을 하다니 이런 경우가 어디 있는가?"

포병대 장교들이 분개하여 소리를 질렀다. 그들은 8월이 되자 대대장과 주번 사병을 살해하고 폭동을 일으키기로 결의했다.

"오카모토 소좌, 그대도 거사에 참여할 것인가?"

"참여한다."

"맹세하라."

"맹세한다."

오카모토 유노스케도 거사에 참여하기로 맹세했다.

"이번 거사에 배신하는 자는 죽음이 있을 뿐이다."

장교들은 굳게 맹세했다. 마침내 거사를 하는 날이 다가왔다. 육군 포병대대 수백 명이 대대장을 살해하고 일왕에게 호소하기 위해 아카사카고쇼(步坂御所, 일왕 처소)로 달려갔다. 그러나 비밀이 누설되어 근위대가 포병 반란군을 포위했다. 7명이 사살되고 1명은 자살했다.

오카모토 유노스케는 이 반역사건에서 동지들을 배신하고 거사에 참여하지 않았다. 그러나 사전에 반역 사실을 알고 있었기에 배후로 지목받아 체포되어 조사를 받았다. 이 반란 사건은 불과 2시간 만에 진압되어 유죄 263명 중 55명이 사형선고를 받고 처형됨으로써 막을 내렸다.

포병대대의 반란은 일본을 들끓게 했다.

조선으로

오카모토 유노스케는 조사를 받던 중에 손목의 동맥을 잘라 자살 소동을 빚고 정신병자 흉내를 내어 석방되었다. 그러나 재판은 냉정하게 진행되어 '관직 박탈, 종신 동안 문무의 관직에 임용될 수 없음'이라는 치명적인 판결을 받았다.

오카모토 유노스케는 종신 동안 문무의 관원이 될 수 없었기 때문에 겐요사(玄羊社)에 가담했다. 겐요사는 일본의 우익단체로 실제는 밀정 조직이었다.

"오카모토 군, 군은 일본을 위하여 무엇을 할 것인가?"

무쓰 무네미쓰가 오카모토 유노스케를 불러 물었다.

"제가 일본을 위하여 무엇을 할 수 있겠습니까?"

"일본의 밀정이 되지 않겠나?"

"밀정이요?"

"일본을 위하여 목숨을 바치게. 관직도 얻을 수 없고 이름도 얻을 수 없네. 그러다 조선을 정벌하면 일등공로자가 되는 것이네."

"하겠습니다. 보람 있는 일을 하겠습니다. 떠돌이 낭인으로 일생을 마치고 싶지는 않습니다."

오카모토 유노스케는 무쓰 무네미쓰에게 무릎을 꿇었다.

오카모토 유노스케가 조선에 들어온 것은 1879년 이후였다. 그는 조선에 들어오자 김옥균과 같은 소위 개화당에게 접근하여 교우를 나누었다.

"공들은 조선을 개혁해야 하오."

오카모토 유노스케는 김옥균에게 후쿠자와 유기치를 소개해 주었다. 김옥균은 후쿠자와 유기치에게 영향을 받아 혈맹을 맺었다. 그는 탈아론을 내세운 후쿠자와 유기치를 '각하'로 부르면서 정신적인 스승으로 삼았다.

그는 조선을 개화시킨다는 명분으로 김옥균 일파를 지원하는 체했으나 사실상 일본의 조선 진출을 돕는 밀정에 지나지 않았다.

1884년 갑신정변이 일어났다. 오카모토는 갑신정변 계획에도 깊숙이 개입하여 일본이 청국을 막아줄 테니 정변을 일으킬 것을 요구했다. 김옥균은 그들의 말을 듣고 정변을 일으켰다가 끝내 실패하여 일본으로 망명을 가게 된 것이다.

'우리가 조선에서 활약하는 것은 오로지 조선을 정벌하기 위해서다. 내가 비록 일본에서 관리로 출세할 수는 없지만 일본을 위해 조선을 빼앗는 것은 지사다운 일이 아닌가?'

오카모토 유노스케는 그렇게 생각했다. 그는 겐요사에 가입한 뒤에 군부와 밀접한 관련을 맺고 일본 내각이 공식적으로 할 수 없는 첩보 활동을 맹렬하게 전개했다.

갑신정변 이후 일본은 청나라와의 전쟁을 획책했다. 오카모토 유노스케는 청일전쟁이 벌어졌을 경우 일본군의 효과적인 진격로를 다른 밀정들과 함께 조사하여 공사관에 보고했다. 공사관은 이들이 수집한 정보를 일본군에 제공했다.

"이 군사지도는 누가 만든 것입니까?"

일본의 참모부가 놀라서 물었다.

"김정호의 대동여지도를 바탕으로 우리 밀정들이 만든 것입니다."

일본군은 이들의 정보를 바탕으로 아산과 성환에서 청군을 격파하고 평양으로 진격했다. 일본은 놀라운 속도로 군대를 빠르게 이동시켰다. 오카모토 유노스케를 비롯하여 겐요사의 밀정들이 이들에게 군사지도를 제공했기 때문이었다. 이들의 활약으로 평양에서의 대회전 역시 일본군의 승리로 끝났다.

조선 왕비 시해 사건에 개입하다

청국을 무력으로 제압함으로써 조선을 수중에 넣은 일본은 경부선 철도부설권, 탄광채굴권 등 막대한 이권이 걸려 있는 사업을 조선에서 강제로 빼앗았다. 그러나 조선의 왕비는 인아거일(引俄拒日) 정책을 실시하여 일본의 이권을 미국을 비롯한 다른 나라들에게 넘겨주었다.

"조선의 왕비가 일본의 원수다."

"조선의 왕비를 죽여야 한다."

일본인들은 흥분하여 소리를 질렀다.

미우라 공사는 조선에 부임하자마자 조선 왕비 시해 책략을 세우기 시작했다. 시해 작전 명령은 '여우 사냥 방략서'였다. 이 작전에는 일본 공사관의 스기무라 서기관을 비롯하여 오카모토 유노스케와 같은 밀정과 낭인들, 영사 경찰, 쿠스노세 중좌와 같은 군인들까지 가담했다. 이들의 총지휘를 맡은 것은 일본 공사 미우라 고로였다.

운명의 날은 10월 8일(음력 8월 20일)로 결정되었다. 인천에서 육전대가 상륙하여 정동의 일본 공사관으로 집결하고 낭인들은 칼을 들고 한성관으로 모였다.

오카모토 유노스케는 대원군을 설득해서 사태를 진정시키는 역할을 맡았다.

작전은 음력 8월 19일 밤에 시작되었다. 일본군은 완전무장한 채 한성 장안의 요소요소에 배치되었다. 공덕리에서 대원군의 행렬이 도착하면 그대로 경복궁으로 쳐들어갈 예정이었다. 8월 19일이 지나고 8월 20일 새벽이 되었다. 그러나 대원군의 행렬은 행동개시 시간이 되었는데도 좀처럼 나타나지 않고 있었다. 그것은 대원군을 추대하는 일에 뜻밖에도 많은 시간이 걸렸기 때문이다. 일본인들은 온갖 방법을 동원하여 대원군을 설득하려고 했으나 끝내 실패하고 말았다.

"국태공 저하, 저희들의 뜻을 따라야 합니다."

오카모토 유노스케가 대원군을 협박했다.

"그대와 나는 10년 동안이나 교분을 나누었소. 그런데 이런 짓을 하다니…… 그대는 밀정에 지나지 않는 것 같소."

대원군은 오카모토 유노스케를 비웃었다.

오카모토 유노스케와 아다치, 호리구치 등이 대원군을 설득하는 사이에 날이 밝으려고 하자 그들은 대원군을 강제로 가마에 태웠다.

아다치가 이끄는 낭인 패거리들이 행렬의 앞에 서서 대원군의 가마를 인도했다. 방략서에는 남대문에서 가까운 고개에서 일본군 수비대와 합류하기로 하였으나 예정된 시간이 상당히 흐른 뒤여서 서대문으로 곧장 달려 들어갔다.

대원군 일행이 서대문 바깥의 대로에 이르자 우범선이 이끄는 훈련대 2대대가 도로 좌측에 정렬하여 일행을 맞이하였다. 일본 수비대의 사관 여러 명도 훈련대 병사들을 지휘하고 있었다. 그러나 일본군 수비대의 본진은 약속 장소가 달라지는 바람에 미처 도착하지 못했다.

경복궁으로 진입한 일본군은 미쳐 날뛰었다. 그들은 조선의 국왕과 왕비의 침전인 곤령각을 점거한 채 닥치는 대로 칼을 휘둘렀다. 고종과 왕세자 척은 공포 때문에 얼굴이 하얗게 질렸다. 일본인들은 곤령각 안팎을 누비고 다니며 궁녀들의 머리채를 잡아끌고 나와 발길로 내지르고 마루 아래로 내던졌다. 궁녀들은 비명을 지르며 울부짖었다. 이 사실은 궁궐의 전기기사인 러시아인 사바틴에 의해 목격되었다.

1895년 음력 8월 20일 새벽 6시, 조선의 왕비는 일본인들에게 비참하게 시해되었다.

조선은 경악했다.

이 사실은 즉각 러시아를 비롯하여 여러 나라에 알려져 일본은 격렬한 비난을 받았다. 일본은 열강들의 비난에 전전긍긍하다가 시해 사건에 관련된 일본인들을 모두 소환하여 히로시마에서 재판을 열었다. 그러나 그들은 증거가 없다는 이유로 모두 석방되었다.

오카모토 유노스케는 다시 조선으로 돌아왔다.

'이제는 만주다.'

오카모토 유노스케는 만주로 갔다. 그는 그 후로도 일본 침략의 밀정 노릇을 하다가 만주 벌판에서 병으로 쓸쓸하게 죽었다.

김홍집은 왜 성난 군중의
돌에 맞아 죽었나?

김홍집은 고종시대 내내 외교가와 정치가로 활약했다. 그러나 그의 일생은 누란의 위기에 있는 조선의 운명처럼 파란만장했다. 그가 수신사로 일본에 갔다가 돌아오고 얼마 되지 않았을 때 《조선책략》이 널리 퍼지면서 전 유림에 위정척사운동이 불붙었다. 김홍집은 《조선책략》을 가져왔다고 하여 유림으로부터 격렬한 비난을 받았다. 조선이 그토록 반대하는 서양과 손을 잡는 것을 유림은 개화의 시작으로 본 것이다.

고종이 감싼 개화파

방금 수신사 김홍집이 가지고 온 황준헌의 《사의조선책략》이라는 한 권의 책이 유포된 것을 보니, 저도 모르게 머리털이 곤두서고 가슴이 떨렸으며 이어서 통곡하면서 눈물을 흘렸습니다. 이단으로 사람들을 미혹시킨 자에 대한 처벌은 왕법에 나타나 있고 그 무리에 가담한 자를 먼저 다스려야 한다는 가르침은 《춘추》에 실려 있으니, 이것을 따르면 다스려지고 이와 반대로 하면 혼란해진다는 사실은 영원히 어길 수 없는 것입니다. 생각건대 우리 왕조는 역대 임금들이 계승하면서 유도(儒道)를 높이고 중시하여 오늘날에 이르렀으니 3대(三代) 이후로 유도가 이처럼 융성한 적은 없었습니다. 그러나 불행히도 사악한 예수교라는 것이 해외의 오랑캐 종족들에게 나와서 예의나 염치는 물론 말할 것도 없고 윤리와 강상(綱常)이 일체 없어져버리니 다만 하나의 짐승이나 하나의 개, 돼지가 되어버렸습니다.

경상도 유생 이만손을 비롯하여 1만 명의 선비들이 연명으로 상소를 올리자 조정은 물 끓듯 했다. 《조선책략》에 대한 비난은 김홍집에 대한 비난이었고, 김홍집에 대한 비난은 사실상 고종을 비판하는 것이었다. 1만 명의 선비들이 연명으로 상소를 올린 것은 엄청난 반발이었다.

'유림은 우물 안 개구리다. 세상이 변하고 있는 것을 몰라.'

김홍집은 유림이 벌 떼처럼 들고 일어나자 당황했다. 그가 평생을 공부한 것도 유학이었으나 일본에서 본 기계문명은 충격적이었다.

서양인들은 대부분 예수교를 믿고 있었다. 유림이 《조선책략》을 격렬하게 비난하는 것은 조선이 청국을 비롯하여 예수교를 믿는 서양과 손을 잡아야 한다는 주장을 펼쳤기 때문이다.

병조정랑 유원식도 상소를 올려 김홍집을 꾸짖었다.

"김홍집은 황준헌을 꾸짖고 책을 받지 말아야 했으나 태연히 책을 받아 가지고 와서 전파하여 조선을 개돼지의 나라로 만들었습니다."

김홍집은 유원식의 상소를 보고 조선이 외국의 기계문명을 받아들이는 것은 어려운 일이라고 생각했다. 그러나 고종은 김홍집에게 이조참의를 제수했다.

신은 외람되게 변변치 못한 사람으로서 사신의 임명을 잘못 받았으니, 먼 외국에서 겪는 풍파는 어렵고 쉬운 것을 가리지 않는다 하더라도 전하의 총령(寵靈)이 미치는 것만 믿고 회답 사신의 임무를 수행하고 돌아온 것만을 다행으로 여길 뿐입니다. 다만 객관에 머물러 있을 때 중국 공사와 자주 만나 천하대세를 논하고 다른 나라 사람들이 능멸하고 핍박하는 것을 개탄하였는데, 손발은 서로 구원하기에 급급하였고 말은 기탄없이 털어놓게 되었습니다. 그래서 안으로는 정사를 닦고 밖으로는 외적을 물리치는 방도에 마음을 쓰며 요사스러운 것을 배척하는 의리를 한결같이 주장하였습니다. 토론하는 것으로 부족하여 대책을 강구하기까지 하였는데, 무릇 그 수천 마디나 되는 글은 일조일석(一朝一夕)에 마련할 수 있는 것이 아니어서 떠나기 전날에야 만나서 신에게 직접 전하여 주었습니다. 그 마음 쓰는 것이 몹시 절실하였고 계책한 것이 상세하고 주밀하였으니, 어찌 과장되고 허황된 자가 할 수 있는 것이겠습니까? 일은 영토에 관계되는 것이었고 말은 조정에서 취할 만하기에 신이 감히 사적으로 물리치지 않고 받아왔던 것입니다. 지금 병조 정랑 유원식의 상소를 보니, 황준헌의 책 가운데 '예수와 천주의 학문은 우리 유교에 주희와 육구연이 있는 것과 같다'는 문구를 가지고 비유한 것이 맞지 않다고 극력 변론하였고, 또 신이 그것을 성토하거나 면대해서 꾸짖지 않고 태연히 받은 것을 규탄하였는데, 그 말이 엄격하고 그 뜻이 준열하여 신은 이 때문에 수치스러워 죽고 싶습니다. 비방과 배척이 여기까지 이르고 죄상이 비로소 드러나 마음 가득 황송할 뿐인데, 무슨 겨를에 많은 말을 하여 변명하는 것처럼 하겠습니까? 이러한 때에 뜻밖에도 이조참의의 벼슬에 특별히 제수하셨으니, 신은 더욱 송구스럽고 떨려서 몸 둘 바를 모르겠습니다.

　김홍집은 유림에 실망하여 사직상소를 올렸다. 그러나 고종은 그를 사직하게 놔두고 싶지 않았다. 여러 차례 그에게 승지를 보내고 왕명을 내려 벼슬에 나올 것을 요구했다.
　김홍집은 결국 통리기무아문의 통상사당상(通商司堂上)으로 복직했다.

외교에 의한 개화 노력

1882년 3월 조선은 미국과 수호조약을 맺었다. 전권대신에 신헌이 임명되었고 부사로 김홍집이 활약했다. 역사학자들은 〈조미수호통상조약〉이 불평등조약이라고 주장하고 있으나 김홍집으로서는 최선을 다해 체결한 조약이었다.

김홍집은 미국에 이어 영국, 독일과도 수호통상조약을 체결했다. 김홍집은 이들 국가들과 조약을 체결할 때 실무자로 참여하여 국제적인 안목을 더욱 높게 되었고 명성도 높아졌다. 그러나 유림으로부터는 왜당이라고 비난을 받았다.

'나라가 부강해져야 하는데 어찌 외국과의 수교를 반대하겠는가?'

김홍집은 개화에 적극적으로 나섰다. 그러나 조선은 500년을 면면하게 이어온 유교의 나라였다. 유림은 서구 열강의 기독교를 받아들이지 못하고 조정은 부패했다. 별기군을 창설하여 강력한 군대를 양성하려고 했으나 구식 군대의 반발이 심했다. 결국 임오군란이 일어나고 정권을 잡고 있던 척족 세력과 부패한 대신들에게 불만이 폭발한 군사들이 대궐을 침범했다. 청나라군이 개입하여 난군은 진압되었으나 일본 공사관을 불태웠기 때문에 외교적인 마찰이 일어났다.

'일본 공사관을 불태웠으니 추궁을 당하게 될 것이다.'

김홍집은 임오군란을 대원군이 잘못 조종했다고 생각했다.

6월 27일 일본 외무성의 서기관 곤도 신스케가 금강호 편으로 인천에 도착하고 이틀 후인 6월 29일에는 하나부사 일본 공사가 군함

4척, 수송선 3척, 육군 1개 대대를 이끌고 도착했다. 대대장은 후에 조선총독이 되는 데라우치 마사타케였다.

"공사관에 대한 배상을 하고 책임자를 처벌하라."

일본이 강력하게 요구했다.

일본과의 협상을 위해 이유원이 전권대신, 김홍집이 부사에 임명되었다. 청나라의 마건충은 하나부사를 방문하고 요담(要談)했다. 청나라도 일본의 군대를 두려워하고 있었고 일본도 청나라와 전쟁을 하는 것은 시기상조라는 인식하에 출발한 그들은 마건충이 조선과 일본을 중재하기로 합의했다. 또 하나의 밀약은 개화를 반대하는 대원군을 청나라가 천진으로 납치한다는 것이었다.

김홍집과 김윤식, 어윤중 등은 일본과 청나라의 군영을 오가면서 살얼음 외교를 전개했다. 그러나 힘을 바탕으로 하는 국제 외교에서 그들이 설 자리는 없었다.

"대청제국의 황제가 책봉한 조선 국왕은 대청제국 황제의 신하며 조선을 다스릴 위임을 받고 있다. 그런데 국태공은 난군을 동원하여 정변을 일으켜 조선 국왕을 유명무실하게 만들고 대신들을 살해했다. 조선 국왕이 대청제국 황제의 신하이듯 조선의 대신들 역시 대청제국 황제의 신하인데 함부로 대신들을 주살했으니 이는 대청제국 황제를 능멸한 일이 된다. 국태공의 죄를 용서할 수 없지만 국왕과 부자지간이니 적절한 조치를 취할 것이다! 국태공은 천진에 가서 황제 폐하의 관대한 조치를 애원하라!"

청나라와 일본의 협상에 따라 대원군 이하응은 청나라 보정부에

납치되었다.

　김홍집은 일본과의 협상을 효과적으로 마무리하고 일본과 제물
포조약을 체결한 외교적 공로를 인정받아 경기도 관찰사로 승진
했다.

　임오군란 때문에 장호원으로 피난을 갔던 명성황후가 돌아오고
조선은 친청당이 득세하게 되었다. 그러나 대원군이 청나라로 납치
되자 유림에서 대원군을 돌아오게 하라고 고종을 압박했다.

　'임금의 아버지가 청나라에 인질로 잡혀 있는 것은 옳지 않다.'

　고종은 진주사(陳奏使) 조영하, 부사에 김홍집을 임명하여 천진에
파견했다. 김홍집은 천진에 가서 대원군의 석방을 교섭하고, 북양
대신 이홍장의 막료인 마건충과 주복을 상대로 〈조청상민수륙무역
장정(朝淸商民水陸貿易章程)〉을 체결했다. 청나라와도 공식적인 무역
협정을 맺은 것이다.

급진적 개화에 주저하다

　김홍집은 이때 외교 분야에서 맹렬하게 활약했다. 그러나 외교만
으로는 개화가 이루어지지 않았다. 그는 강대한 나라라는 소문이
있는 미국에 가보고 싶었다. 미국 공사와 이야기를 하면서 미국이
일본보다 훨씬 우월한 나라라는 것을 알 수 있었다.

　"조선에서 미국을 예방할 생각은 없소?"

　미국 푸트 공사가 김홍집에게 물었다.

　"미국은 조선에서 얼마나 떨어져 있습니까?"

"일본은 배를 타고 하루가 걸리지만 미국은 한 달이 걸릴 거요."

"배를 타고 그렇게 오래 갑니까?"

"그렇소. 미국은 그만치 멀리 떨어져 있소."

"저는 어떠한 고난을 겪더라도 미국에 가고 싶습니다. 조정에 상신하겠습니다."

김홍집은 사신을 미국에 보내야 한다고 고종에게 아뢰었다.

"미국에 누구를 사신으로 보내는 것이 좋겠는가?"

고종이 김홍집에게 물었다.

"신이 가고자 합니다."

김홍집이 머리를 조아리고 아뢰었다.

"그대는 조정을 떠나서는 안 된다. 민영익을 보내는 것이 어떤가?"

고종은 김홍집을 조정에 남게 하고 민영익을 보빙사에 임명했다.

김옥균과 박영효는 급진적으로 개화를 추진하면서 민영익과 등을 돌리게 되었다. 민영익은 온건 개화파였고 명성황후의 인척이었기 때문에 친청당이나 수구파들과 가까이 지내고 있었다. 무엇보다 고종과 명성황후의 신임을 받고 있었다. 급진 개화파는 민영익이 개화에 걸림돌이 된다고 생각했다.

김옥균은 한때 민영익의 집을 출입하면서 8학사로 불렸고 그를 추종했다. 그러나 민영익이 독일인 묄렌도르프를 가까이 하여 재정 고문으로 영입하면서 사이가 벌어졌다.

"묄렌도르프는 친청당이다."

김옥균은 묄렌도르프를 맹렬하게 비난했다.

"김옥균은 일본의 앞잡이다."

묄렌도르프도 김옥균을 비난했다. 김옥균과 묄렌도르프의 대립이 민영익과의 관계마저 악화시킨 것이다.

1884년 보빙사로 미국에 갔던 민영익과 홍영식이 돌아와 우정국을 창설했다. 김옥균과 박영효 등은 우정국 낙성식을 빌미로 정변을 일으켜 민씨 척족과 친청당을 제거하고 급진개혁 정권을 수립했다. 그러나 그들은 일본군을 끌어들이면서 비난을 받았다.

갑신정변은 피바람을 몰고 와 친청당과 척족 대신들 7명이 죽임을 당했다. 그러나 그들이 일으킨 급진개혁정권은 3일천하로 끝이 났다.

김윤식과 어윤중이 청나라에 구원을 청하여 청나라군이 일본군을 몰아내고 볼모로 잡혀 있던 고종과 명성황후를 구출한 것이다.

'김옥균이 나라를 더욱 혼란에 빠트렸다.'

김홍집은 갑신정변에 참여하지 않았다.

갑신정변의 여파로 조선은 어수선해졌다. 급진개화파들은 일본으로 망명하고 그들의 가족은 역적이 되거나 사형을 당하거나 옥살이를 해야 했다.

홍영식의 아버지 홍순목은 영의정을 지냈으나 갑신정변이 실패하자 스스로 목숨을 끊었다. 홍영식과 박영효의 형 박영교는 청군이 일본군과 전투를 벌일 때 고종을 호위하다가 청군에게 살해되었다.

김옥균의 부인과 딸은 관비로 전락하여 10년 동안 모진 고난을 겪었다. 그의 아버지는 장님이 되었으며 감옥에서 겨를 먹고 목숨을 연명했다.

서재필의 부모와 형과 아내는 음독자살했고 두 살짜리 아들은 굶어 죽었다.

개혁을 위해 일본을 받아들이다

김홍집은 갑신정변 후의 조정을 안정시키기 위해 좌의정 겸 외무독판이 되었다.

'개화는 서두르면 역풍을 맞는다.'

김홍집은 갑신정변 이후의 혼란한 국정을 안정시키면서 서서히 개화를 추진해 나갔다. 그러나 갑신정변으로 일본은 또다시 막대한 배상을 요구했고 청나라는 거세게 조선은 압박했다. 유림은 개화정책을 추진하는 김홍집까지 비난했다.

'조선의 앞날이 어찌 될지 알 수 없구나.'

김홍집은 조선의 미래가 캄캄하게 어둡다는 사실을 절감했다. 그러나 뚜렷한 대책이 떠오르지 않았다. 일본과 청나라는 조선을 수중에 넣기 위해 혈안이 되어 있고 조선의 지식인이라는 자들은 자신의 이익을 얻는 일에만 관심을 기울이고 있었다.

김홍집은 개혁을 주도하다가 다시 밀려났다. 그는 실의의 나날을 보냈다. 1889년에는 수원 유수로 좌천되기도 했다. 1894년에는 일본군이 경복궁을 점령하고 조선의 내정개혁을 요구했다.

'일본에 의해 개혁을 해야 하다니…….'

김홍집은 일본의 내정간섭이 극심해지자 씁쓸했다. 그러나 조선은 일본의 강압적인 내정간섭을 받아들일 수밖에 없었다. 김홍집은 영의정 겸 새로 신설된 군국기무처 총재에 임명되었다.

'일본의 강압에 의해 실시하지만 개혁을 늦출 수 없다.'

김홍집은 제1차 갑오개혁을 주도했다. 그는 과거제 폐지, 신식화폐제도 도입, 의정부와 궁내부제로의 관제 개혁, 도량형 제도를 실시하는 등 적극적으로 개혁에 나섰다.

"김홍집은 친일파다."

유림과 친청당은 김홍집을 격렬하게 비난했다. 일본 공사 이노우에 가오루는 조선의 내정을 마음대로 농단했다. 그는 김홍집과 박영효의 연립내각을 수립했다. 의정부를 내각으로 바꾸고 영의정을 총리대신으로 육조를 부(部)로 바꾸어 내각으로 불렀다. 국왕은 대군주가 되고 호칭은 전하에서 폐하로 바뀌었다.

일본은 김홍집 정권에 각종 이권을 요구했다.

김홍집은 일본의 모든 요구를 들어주지는 않았다. 고종과 명성황후도 일본의 내정간섭에 반발했다. 그러자 일본은 김홍집 내각을 붕괴시키고 박영효와 박정양 연립내각을 구성했다. 김홍집은 내각에서 제외되었다.

'국왕을 바꾸지 않으면 조선은 개혁할 수 없다.'

박영효는 고종과 명성황후에게 불만을 품고 국왕을 바꾸는 정변을 일으키려고 했다.

"박영효가 감히 역모를 일으켜?"

고종과 명성황후는 박영효를 체포하라는 영을 내렸다. 박영효는 일본 공사관의 도움으로 인천을 거쳐 일본으로 달아났다. 박영효 내각은 박영효 역모사건으로 붕괴되었다. 김홍집은 박영효가 일본으로 망명하자 친미파와 친러파 등과 함께 내각을 구성하고 다시 총리대신이 되어 제3차 내정개혁을 주도했다. 그는 현실 정치가였기 때문에 주어진 상황에서 최선을 다했다.

아관파천과 포살령

1895년은 조선인들에게 불행한 해였다. 명성황후가 시해되자 전국이 들끓기 시작했다.

일본인들은 명성황후를 시해하고 고종을 협박하여 머리를 깎게 했다. 머리를 깎고 의복을 서양인들처럼 바꾸는 것은 개혁의 상징이었다.

"내 어찌 금수처럼 머리를 깎겠는가?"

고종은 단발을 격렬하게 반대했다.

"폐하, 세계의 모든 나라가 머리를 깎고 의복을 바꾸고 있습니다. 대세에 따르셔야 합니다."

김홍집은 대신들과 함께 고종에게 강권했다. 일본의 협박이 거칠어져 대신들도 어쩔 수가 없었다. 고종은 마침내 왕세자 척과 함께 머리를 깎았다.

"짐이 머리를 짧게 하여 모든 신민에게 모범을 보이니 너희들 대중은 짐의 뜻을 헤아려 만국(萬國)과 병립(竝立)하는 대업을 이룩하게

220

하라."

고종은 단발령을 실시하여 전국적인 반발을 불러왔다. 제천을 비롯하여 전국 각지에서 의병이 일어났다. 1896년 고종은 친러파의 도움으로 러시아 공관으로 피신하는 아관파천을 단행했다.

'왕이 끝내 우리를 버리는구나.'

김홍집은 고종이 러시아공관으로 달아나자 암울한 생각이 들었다.

"역도의 괴수 조희연, 우범선, 이두황, 이진호, 이범래, 권형진은 보는 즉시 참수하여 목을 가져오고, 김홍집, 유길준, 정병하, 장박 등을 즉각 포살하라."

고종은 러시아 공사관에 도착하자 즉시 김홍집 등에 대한 포살령을 내렸다. 이로 인해 김홍집, 정병하는 경무관 안환에게 체포되어 오다가 광화문 앞에서 성난 군중들에게 맞아 죽게 된다. 군중들은 김홍집이 일본군과 결탁하여 명성황후를 시해하고 단발령을 내리게 했다고 믿고 있었다.

어윤중은 용인군 장서리에서 한 주막에 들렀다가 그곳 백성들에게 타살되어 비참한 죽음을 맞이한다. 일설에는 어윤중이 죽은 곳이 속칭 어사리라는 말이 있다. 후일 사람들은 어사리라는 지명이 어 씨가 죽었다는 뜻을 내포하고 있는데 어윤중이 하필이면 그곳에 피신 와서 죽었다고 기이하게 여겼다.

김홍집은 풍운의 시대를 맞이하여 군중들에게 억울하게 죽임을 당했다. 그는 과거에 급제하여 벼슬에 나아간 뒤에 오로지 나라와 임금에게 충성했다. 그러나 명성황후 시해와 단발령이 일어났을 때

총리대신이었기 때문에 친일파로 몰려 살해당한 것이다.

김홍집, 어윤중, 유길준, 정병하 등은 친일파가 아니라 온건 개화파였다. 이들에 대한 참수령은 정권을 잡기 위한 친러파의 음모라고 볼 수 있다.

풍운의 한말 정치가이자 외교로 한 시대를 풍미했던 김홍집은 비극적인 죽음을 맞이했다.

김홍집의 저서로는《이정학재일록》과《수신사일기》,《김총리유고(金總理遺稿)》가 있다.

태양인 이제마는 어떻게
사상의학을 완성했나?

조선의 3대 의성으로는 《동의보감》을 남긴 허준, 침술의 대가 사암도인, 사상의학을 완성한 이제마를 꼽는다. 허준은 불후의 명저인 《동의보감》을 남겨 의성으로 불렸고, 사암도인은 사암침법을 남겼다. 그러나 사암도인이 누구인지 전혀 기록이 남아 있지 않다.

이제마는 태양인, 태음인, 소양인, 소음인의 사상의학을 완성하여 한의학에 혁명을 불러왔다고 해도 과언이 아니다. 이제마는 어떻게 이러한 업적을 남긴 것일까.

치인에게서 태어난 신동

이제마는 1837년 4월 23일 함경도 함흥에서 서자로 출생했다.

이제마의 할아버지 이충원은 관직에 오른 적은 없으나 효행이 뛰어나 교관에 증직되었고 정문(旌門)을 하사받았다. 아버지 이반오는 이충원의 둘째 부인 의령 남씨의 3남 2녀 가운데 셋째 아들이다.

이제마의 백부인 이반린은 직장(直長)을 지내고, 중부인 이반구는 현감을 지냈다. 이반오는 사마양시(司馬兩試)에 급제하고도 관직에 나가지 못했다. 그는 드물게 문무 양과에 모두 급제하고도 벼슬을 하지 못해 사람들이 의아하게 생각했다.

이반오가 벼슬길에 나가지 못한 것은 여러 가지 이유가 있을 수 있었으나 함경도 출신을 좀처럼 발탁하지 않는 당시 조정 탓이었다.

이제마의 어머니는 경주 김씨로 주막집 딸이었다. 전해지는 이야기에 의하면 김씨는 지능이 낮은 여인이라 시집을 가지 못하고 있었다. 이에 어머니인 주막집 여인이 이반오가 술을 마시러 오자 취하게 만들고 딸을 들여보내 동침하게 했다. 주모는 이반오와 동침한 딸이 아들을 낳자 이반오의 집으로 보냈다.

이제마의 할아버지 이충원은 낮잠 중에 용마가 내를 건너서 집 안으로 들어오는 꿈을 꾸다가 깨어났는데 이제마가 김 씨의 품에 안겨서 왔다.

'꿈속에 용마가 들어온 것이 이 아이를 말하는 것이구나.'

이충원은 크게 기뻐하고 '큰 시내를 건너온(濟) 용마(龍馬)'라는 뜻으로 손자의 이름을 이제마라고 지었다.

이제마의 어머니는 지능이 떨어지는 여인이었으나 그는 총명했다. 그는 일곱 살 때 큰아버지인 이반린에게 글을 배우고, 열 살 때부터는 문리를 깨우쳐 스스로 독서를 하기 시작했다. 그리고 병을 앓고 있는 어머니를 치료하기 위해 의학에 깊은 관심을 기울였다.

'어미는 치인이지만 이 녀석은 너무나 총명하다. 장차 이름을 크게 떨칠 것이다.'

이반린은 이제마를 가르치면서 감탄했다. 그런데 이제마가 사서오경만 공부하는 것이 아니라 의학까지 공부하는 것을 보았다.

"네 어찌 의학을 공부하느냐?"

하루는 이반린이 이제마에게 물었다.

"사람들이 의학을 잡학이라고 하지만 의학은 사람들에게 가장 중요한 학문이기 때문입니다."

이제마가 또렷한 목소리로 대답했다.

"어째서 의학을 중요하다고 생각하느냐?"

"사람은 태어나서 병들고 죽습니다. 그런데 천명을 누리지 못하고 병으로 죽는 사람이 많습니다. 의학은 사람의 생명을 살리는 학문이니 어찌 소중하지 않겠습니까?"

"사람을 살리는 학문이라고?"

"세상을 구하는 일은 여러 가지가 있습니다. 저는 치병제중(治病濟衆), 병을 다스려 세상을 구하고 싶습니다."

이반린은 이제마의 말에 감탄하여 그가 의학을 공부하는 것을 나무라지 않았다. 당시의 풍속으로는 유학을 공부하여 과거에 급제하는 것이 당연한 일이었으나 이제마는 잡학으로 불리는 의학을 공부하고 있었던 것이다.

이제마가 12세가 되었을 때 이반린이 친지와 제자들을 모아놓고 백일장을 개최했다.

"시제는 가빈호독서(家貧好讀書)다. 누구든지 이 시제로 시를 지어라."

이반린이 사람들에게 말을 하자 밖에서 뛰어놀던 이제마가 들어와 일필휘지로 몇자 써놓고 나갔다.

山河日暮始皇局
宇宙燈深梁武盧

천하를 다스리던 진시황에게도 죽음이 있고
우주를 다스리던 양무제의 등불 밑에는 수심만 가득하네.

이제마는 풍전등화와 같은 조선의 운명을 진시황과 양무제에 비유한 것이다. 이반린은 이제마의 시를 장원으로 뽑았다.

"함흥에 소년 학사가 있다."

이제마에 대한 소문이 함흥 일대에 널리 퍼지게 되었다. 그러나 그해는 이제마에게 불행한 해였다. 아버지 이반오가 반위(反胃, 위암)에 걸려 38세의 젊은 나이로 세상을 떠나고, 12월에는 그를 유난히 사랑하는 조부 이충원마저 세상을 떠났다. 이반오는 오랫동안 병을 앓다가 죽어 이제마의 가슴을 아프게 했다. 아버지와 할아버지뿐이 아니라 그가 살고 있는 마을에서도 많은 사람들이 병으로 죽었다.

스스로 깨우친 의술

이제마가 소년 시절을 보낸 1840년대는 여러 가지 전염병이 창궐하여 수많은 목숨을 앗아가던 때였다. 천연두는 해마다 창궐하여 수백 명에서 수천 명의 목숨을 앗아갔고 호열자(虎列刺, 콜레라)는 수만 명의 목숨을 앗아갔다.

'아아 사람은 어찌하여 병에 걸려 죽는 것일까?'

이제마는 사람들이 병에 걸려 죽는 것을 보고 실망했다. 게다가 그 자신에게도 열격반위 증세가 나타나기 시작했다. 열격반위는 소화가 잘 안 되는 병이다. 이제마는 식사를 할 때마다 음식을 토하게 되어 몸이 말라갔다.

'이는 몸이 허약한 탓이다.'

이제마는 집을 떠나 심산을 찾아다니면서 무예를 연마했다. 그는 무예를 익히면서 의학 공부에 전념했다. 의원에게서 배우지 않고 의서를 통해 의술을 공부하고 환자들에게 약을 지어주면서 진맥했다. 자신의 열격반위도 스스로 연구하고 치료했다.

이제마의 집에는 하인들이 많았다. 그는 처음에 하인들을 치료하고 다음에는 마을 사람들을 치료했다. 이제마는 함흥 일대에 소의원(小醫院)으로 명성이 높아졌다.

'이상하다. 똑같은 병인데 누구는 낫고 누구는 낫지 않는 것일까?'

이제마는 같은 병을 앓고 있는 사람에게 같은 약을 써도 낫지 않는 것을 보고 의아하게 생각했다. 이제마는 자신의 의술에 깊은 회의를 품고 돌연 가출했다. 그는 함경도 일대의 밀림을 돌아다니면서 사냥으로 소일하며 무예를 연마했다.

이제마가 스스로 의학공부를 하지 않았다면 열격반위로 오래 살지 못했을 것이다. 그러나 그는 스스로 섭생을 하고 무예를 연마하여 심신을 안정시키려고 노력하여 타고난 지병이 있는데도 60세가 넘을 때까지 살았다.

주역에서 인간의 체질을 발견하다

이제마는 20세가 지났을 때 의주 부호 홍씨의 집에 머물면서 주역을 공부했다. 20세를 갓 넘긴 청년이 주역을 공부하는 게 쉬운 일은 아니었다. 그것은 이제마의 학문이 이미 일정한 경지에 이르렀다는 사실을 의미한다.

한의학은 중의학에서 많은 영향을 받았고 중의학은 주역의 역리에 근거를 두고 있다. 태극이 양성과 음성으로 나뉘고 다시 사상으로 음중양, 음중음, 양중양, 양중음으로 나뉨을 인체에 결부시킬 묘리를 터득했다. 그는 한의학 사상 처음으로 인체에 음양사상을 적용한 것이다.

한의학의 원천이라고 할 수 있는 《황제내경》과 음양오행설을 결부해서 사람의 체질을 태양인, 태음인, 소양인, 소음인, 음양화평지인으로 분류했다. 따라서 체질에 따라 병증과 병리가 다르고 치료도 달라야 한다는 사실을 알 수 있었다. 이제마는 본격적으로 체질에 따른 임상을 연구하기 시작했다.

"어째서 벼슬을 할 생각을 하지 않고 의술에만 몰두하는가?"

사람들이 이제마에게 물었다.

"의학은 사람을 살리는 학문입니다."

이제마는 의학에 더욱 깊이 몰두했다. 그는 러시아와 만주 일대를 여행하면서 다른 나라의 의술을 접했다. 각 나라와 지역마다 독특한 민간요법과 약초가 있었다.

이제마가 의학 공부에 열중하고 있을 때 조선은 개화의 물결이 도도하게 밀려오고 있었다. 북쪽 지방인 함경도는 일본인들과 서양인들이 오지 않았으나 남쪽에서 벌어지는 일에 대한 소식은 바람처럼 함흥까지 들려왔다.

사람마다 자신의 몫이 있다

병인양요와 신미양요가 일어나자 이제마는 무과에 응시했다. 그의 나이 어느덧 36세가 되어 있었다. 그는 1872년에 무과에 급제했으나 낮은 벼슬을 전전하다가 남산에서 의학 공부를 하면서 지냈다. 남산에는 이능화의 아버지 이원긍의 집이 있었다.

이원긍은 음성현감, 춘천판관을 역임하고, 1891년 증광문과에 급제하여 홍문관교리, 이조참의, 북청부사 등을 역임했다. 북청부사가 되었을 때 그는 함흥 일대의 명사인 이제마와 교분을 나누었다.

이원긍은 1894년 내무아문참의가 되고, 갑오개혁 때는 신설된 군국기무처에서 일을 하고 법부협판까지 지냈으나 일본의 침략이 노골화되자 독립협회 회원이 되어 국권회복을 위하여 노력했다.

1898년 여규형, 지석영, 안기중 등 독립협회 회원들과 함께 억울하게 모함을 당해 10년 유배형을 받았으나 독립협회의 격렬한 반발 덕에 석 달 만에 석방되었다. 이원긍은 평생을 조선의 독립을 위해 투쟁하다가 죽었는데 그는 이제마와 절친한 사이였다.

"세상이 변하고 있습니다. 선생은 어떻게 세상을 구하려고 하십니까?"

이원긍이 이제마에게 정색을 하고 물었다.

"사람마다 자신의 몫이 있습니다. 나는 의술에 뜻을 두어야 할 것 같습니다."

이제마는 소용돌이치는 국운을 걱정했으나 의술에 더 깊은 관심을 두고 있었다.

"조선에도 많은 의원이 있지 않습니까?"

"내가 중점을 두고 있는 것은 사상의학입니다."

"사상의학이요?"

"지금은 사상의학을 중요하게 생각하지 않지만 100년 후면 한의학이 사상의학으로 귀일(歸一)될 것입니다."

이제마는 이원긍에게 예언과 같은 말을 했다. 이원긍은 활발하게 독립협회 일을 했고 이제마는 의술에 몰두했다.

이제마는 50세 때인 1886년에 진해현감이 되었다. 그는 진해현감으로 있으면서 선정을 베풀었다. 그러나 나라 일을 하면서도 의술을 게을리하지 않았다. 관내의 가난한 환자들을 치료했으나 부자들은 치료하지 않았다.

"사또께서는 어찌하여 부자를 치료하지 않습니까?"

"내가 부자를 치료하면 관내에 있는 의원은 무엇을 먹고 사는가?"

하루는 이제마가 마을을 순찰할 때 어느 집에서 요란하게 싸우는 소리가 들렸다. 농사꾼의 초가 앞에 사람들이 구름처럼 모여서 구경을 하고 있었다.

"무슨 일인가?"

이제마가 마을 사람들에게 물었다.

"농사꾼 부부가 싸움을 하고 있습니다."

허리가 구부정한 촌노가 대답했다.

"무슨 싸움을 하기에 마을이 온통 시끄러운 것인가?"

"저 집은 하루도 싸움이 그치지를 않고 있습니다. 아낙이 원체 포악하여 서방을 개돼지처럼 다루고 있다고 합니다."

"아낙이 포악하다니 그 무슨 해괴한 소리인가?"

"아낙에게 광증이 있어서 남정네에게 매질까지 한다고 합니다."

마을 사람이 코를 벌름거리며 말했다. 그의 뒤에 있던 사졸들도 피식거리며 웃고 있었다. 이제마는 이방을 거느리고 농사꾼의 집으로 들어갔다.

"이리 오너라!"

이방이 마당에 서서 안을 향해 소리를 질렀다. 그러자 문이 벌컥 열리면서 아낙네가 사나운 눈빛으로 이방을 쏘아보았다.

"너희들은 뭐하는 작자들이야? 구경난 줄 알아?"

아낙은 이방을 알아보지 못하고 사람들에게 삿대질을 하고 있었다. 이제마가 힐끗 쳐다보자 여자의 눈이 홱 돌아가며 광기를 보였다.

"본관 사또께서 오셨느니라! 냉큼 나와서 영접을 하지 못하겠느냐?"

이방이 안을 향해 소리를 질렀다. 그러자 비로소 아낙이 마당으로 내려와 허리를 숙이고 안에서 방가가 엉거주춤 아낙의 눈치를 살피며 나와 머리를 조아렸다.

'이 여인은 소양인이다. 색(色)을 주의해야 하는데 색을 주의하지 않아 광증이 생겼구나.'

이제마는 한눈에 방가의 아낙이 광증을 앓고 있다는 것을 알 수 있었다. 방가의 얼굴에는 아낙이 할퀸 듯 손톱자국이 어지럽게 나 있었다.

"아낙에게 묻겠노라? 네가 잠은 잘 자느냐?"

이제마의 질문은 엉뚱한 것이었다. 방가의 집 앞에서 싸움 구경을 하던 사람들이 일제히 웅성거렸다.

"쇤네는 오래 전부터 병이 있어서 잠을 자지 못하옵니다."

방가의 아낙이 퀭한 눈으로 대답했다. 몸은 바짝 말라 신경질적이고 말을 할 때도 눈에서 광기가 뿜어졌다.

"헛것이 보이느냐?"

"때때로 그러하옵니다."

아낙이 갑자기 무릎을 꿇고 앉아 서럽게 울기 시작했다. 이제마는 동네 사람들을 돌아가게 했다. 방가의 아낙을 치료하려면 자세한 내막을 알아야 했다.

"네가 앓기 시작한 것이 언제부터냐?"

"두어 달이 족히 되었사옵니다."

"두어 달 전에 무슨 일이 있었느냐? 네가 말하도록 하라."

이제마가 방가에게 말했다. 그러자 방가가 더듬거리며 이야기를 했는데 그 내용은 다음과 같았다. 두 달 전 어느 날, 방가의 아낙이 방가의 어머니와 싸운 일이 있었다. 방가는 며느리가 감히 시어머니에게 대든다고 가볍게 손찌검을 했다. 방가의 아낙은 맞은 것이 억울하다면서 땅을 치면서 울었다. 그날 밤, 방가의 아낙은 잠자리에서 방가에게 슬그머니 상합(相合)을 요구했다. 그러나 방가는 낮에 싸운 일이 있어서 아낙의 요구를 들어주지 않았다. 그러자 갑자기 방가의 아낙은 방가에게 악다구니를 퍼붓고 손으로 할퀴기 시작했다. 광증이 발작한 것이었다.

방가는 아낙이 달려든다고 발로 차고 주먹질을 했다. 그러자 아낙이 잠시 뜸해지는가 싶더니 이튿날 다시 악다구니를 퍼붓고 패악질을 했다. 방가의 아낙은 사람을 알아보지 못할 때도 종종 있었다.

"방가는 들으라."

이제마가 방가에게 말했다.

"네 아낙에게 광증이 생긴 것은 너희 부부의 상합이 원만하지 못하기 때문이다. 먼저 네 아낙의 심화를 다스린 뒤에야 약을 써도 쓸 수 있을 것이다."

"하오면 광증을 치료할 수 있는 것이옵니까?"

"광증이라고 하여 치료할 수 없겠느냐? 다만 광증은 재발하는 경우가 많으므로 각별히 주의해야 할 것이다."

"어찌해야 광증을 치료할 수 있사옵니까?"

"네 아낙을 항상 따뜻한 곳에 있게 하고 네 아낙의 마음에 한기(寒氣)가 침범하지 못하도록 편안하게 해주어라. 그리고 나서 약을 쓸 것이니라."

이제마는 일단 방가의 아낙을 안정시킬 수 있도록 소환단을 주었다.

"명심하겠습니다."

이제마는 방가의 아낙을 치료한 뒤에 동헌으로 돌아왔다.

100년 후에도 빛날 의학

이제마는 진해현감에서 물러나 함흥으로 돌아왔다가 한양으로 올라갔다. 이제마는 이능화의 집에서 '동무유고'와 '동의수세보원' 집필에 몰두했다. 이능화는 학문이 뛰어났으나 이제마의 도움을 받을 때가 많았다.

'병자는 체질을 살펴 치료해야 한다.'

"사상의학이 무엇인가? 그것은 자신의 명성을 높이려는 것이 아닌가?"

조선의 의원들은 이제마의 사상의학을 비웃었지만 이제마는 자신의 의술을 세상에 내보였다.

이능화는 젊어서부터 안질을 앓고 있었다.

그대의 눈병은 간경(肝經)에서 온 것이 아니라 소양인이기 때문에 위경(胃經)에서 열이 간장으로 파급된 것일세. 약성이 한랭한 석고나 활석 등의 광물성 약으로 치료해야 하네.

이제마는 이능화를 진맥하고 안질약을 처방했다. 이능화가 이제마의 처방약을 복용하자 몇 년 동안 고질로 앓던 눈병이 열흘 만에 씻은 듯이 나았다.

'이제마 어른이 참으로 명의로구나.'

이능화는 이제마의 의술에 감탄했다. 이제마의 의술은 전국적으로 알려졌고 의술을 배우려는 사람들이 찾아와 제자가 되었다. 이제마는 찾아오는 사람들을 뿌리치지 않고 의술을 가르쳤다.

1894년 갑오농민전쟁과 청일전쟁이 일어났다. 그는 전쟁터를 찾아다니면서 많은 부상자들을 치료했다.

1895년에는 명성황후가 시해되었다.

1896년 전국에서 의병이 일어났고 1897년에 최문환의 반란을 평정하여 고원 군수에 임명되었으나 이듬해인 1898년에 사직했다.

이제마는 1900년에 64세로 죽을 때까지 고향에서 보원국(保元局)이라는 한의국을 개설하여 환자들을 보살피고 후학을 양성했다.

이제마는 《동의수세보원》 외에도 《천유초》, 《제중신편》, 《광제설》, 《격치고》 등을 저술했다.

이제마의 사상의학은 그가 예언을 한 것처럼 100년 후에 한의학의 기본이 되어 모든 한의사들이 체질을 바탕으로 치료하게 되었다.

《백범일지》는
왜곡되었는가?

근대화의 상징인 철도보다 먼저 들어온 것이 전화다. 철도를 놓으려면 막대한 토지와 비용, 역부들을 동원해야 한다. 그러나 전화는 비교적 설치비용이 적게 들었기 때문에 빠르게 전파되었다. 중국에는 1882년에 이미 전화가 설치되었고, 조선에서 가장 처음으로 전화를 한 사람은 김윤식이다.

조선은 선진 문물을 배우기 위해 중국에 유학생을 파견했는데 이때 김윤식이 인솔자가 되었다. 김윤식은 1882년 유학생들을 이끌고 천진(天津)에 갔을 때 전기국을 시찰하고 실제로 통화를 한 것이다.

전화는 1876년 벨이 발명하여 보스턴과 뉴욕에서 개통했고 2년 후 에디슨이 송화기를 새로 만든 덕분에 여러 나라에서 실용화되었다.

천진 유학생 상운(尚雲)이 귀국하면서 전화기를 가져왔다. 그는 전화에 대한 자세한 기록을 남겼다. 이때는 전화를 다리풍(爹釐風), 어화통(語話筒), 전어통(傳語筒) 등으로 불렀다.

1893년 11월 조선 조정은 일본에서 전화를 수입했다.

"일본 동경에서 구입하여 들어오는 전화기와 전료(電料) 등을 면세하라."

조정에서 세관에 명령을 내렸다. 당시 궁내부(宮內府)에 전화를 가설하기 위한 것이었다. 갑오개혁 이후인 1896년 궁내부에 전화가 가설되어 한양과 인천 간이 개통되었다.

이 전화의 개통으로 김구가 생명을 건지게 되었다는 것이 우리나라 전화에 얽혀 많이 알려진 이야기다. 이 내용은 김구의 《백범일지》에 실려 있다. 그러나 《백범일지》에 기록된 전화의 개통일이 실제의 개통일과 달라서 《백범일지》의 왜곡론, 혹은 오류론이 일어났다.

일본인을 살해하다

김구는 황해도 해주 출신으로 젊은 시절 김창수라는 이름으로 불렸다. 그는 청일전쟁이 일어나고 명성황후가 시해되자 무엇인가 나라를 위한 일을 하기 위해 황해도에서 한양을 향해 출발했다.

1896년 2월 그는 치하포에서 15~16명의 선객들과 함께 나룻배에 올랐다. 2월 하순이라 날씨는 아직도 살을 엘 듯이 추웠고 대동강 하류인 이 물길에는 얼음덩어리들이 흘러내리고 있었다. 김구가 탄 배는 얼음덩어리 때문에 진남포 아래까지 밀려갔다가 조수를 따라서 다시 상류로 오르는 등 오르락내리락했다.

다행히 얼음덩어리를 밀어내고 치하포에서 5리쯤 떨어진 강 언덕에 내리자 새벽녘이었다. 김구는 이곳에서 잠시 머물게 되었다. 강 건너 서쪽 산에 지는 달이 아직 빛을 남기고 있었다. 찬바람 속에 밤길을 걸어서 배 주인 집에 들어가자 풍랑으로 뱃길이 막히는 바람에 떠나지 못한 손님이 삼간방(三間房)에 가득히 누워서 코를 골고 있었다. 김구는 이곳에서 조선인으로 변장하고 있는 일본인을 만났다. 비밀스럽게 살펴보니 그는 칼을 지니고 있었다.

'우리 국모를 시해한 왜놈이다.'

김구는 일본인을 죽여야겠다고 생각했다.

나는 때가 왔다 하고 서서히 일어나 '이놈!' 소리를 치면서 발길로 그 왜놈의 복장을 차니 그는 한 길이나 거진 되는 계하에 나가떨어졌다. 나는 듯이 쫓아 내려가 그놈의 모가지를 밟았다. 삼간방문 네 짝이 일제히 열리며 그리로 사람들의 모가지가 쑥쑥 내밀어졌다. 나는 몰려나오는 무리를 향하여, "누구나 이 왜놈을 위하여 감히 내게 범접하는 놈은 모조리 죽일 테니 그리 알아라!" 하고 선언하였다.

이 말이 끝나기도 전에 내 발에 차이고 눌렸던 왜놈이 몸을 빼쳐서 칼을 빼어 번쩍거리며 내게로 덤비었다. 나는 내 면상에 떨어지는 그의 칼날을 피하면서 발길을 들어 그의 옆구리를 차서 거꾸러뜨리고 칼을 잡은 손목을 힘껏 밟은즉 칼이 저절로 언 땅에 소리를 내고 떨어졌다. 나는 그 칼을 들어 왜놈의 머리에서부터 발끝까지 점점이 난도를 쳤다. 2월 추운 새벽이라 빙판이 진 땅 위에 피가 샘솟듯 흘렀다. 나는 손으로 그 피를 움켜 마시고 또 왜의 피를 내 낯에 바르고 피가 뚝뚝 떨어지는 장검을 들고 방으로 들어가면서, 아까 왜놈을 위하여 나를 범하려던 놈이 누구냐 하고 호령하였다.

소지품에 의하여 조사한즉 그 왜는 육군 중위 쓰치다 조스케라는 자요, 엽전 800냥이 짐에 들어 있었다. 나는 그 돈에서 선인들의 선가를 떼어주고 나머지는 이 동네 가난한 사람을 구제하라고 분부하였다. 주인 이선달이 곧 동장이었다. 시체의 처치에 대하여 나는 이렇게 분부하였다. 왜놈은 다만 우리나라와 국민의 원수가 될 뿐만 아니라 물속에 있는 어별(魚鼈, 물고기와 자라)에게도 원수인즉 이 왜의 시체를 강에 넣어 고기들로 하여금 나라의 원수의 살을 먹게 하라 하였다.

김구의 《백범일지》에 있는 기록이다. 김구는 자신의 기록에서 살해한 일본인이 육군 중위라고 주장했다. 그런데 일본인들은 쓰치다 조스케의 직업이 약장수라고 주장했다. 김구가 아무 죄도 없는 일본인을 살해했기 때문에 유가족에게 배상해야 한다고 조선을 위협하여 막대한 배상금을 챙겼다. 재판하는 과정에서도 쓰치다 조스케는 선량한 약장수, 김구는 강탈범으로 만들었다.

그렇다면 무엇이 진실인가?

무엇이 진실인가?

일본이 쓰치다 조스케의 신분을 위장할 수도 있다. 만약 그의 신분을 조작하였다면 조선인들은 결코 알 수가 없었다.

> 9월 16일 인천 감리 이재정 씨가 법부에 보고하였는데 해주 김창수(김구) 씨가 안악군 치하포에서 일본 장사 토전양량을 때려 죽여 강물 속에 던지고 환도와 은전을 빼앗았기로 잡아서 공초를 받아 올리니 재판을 하여 달라고 하였더라.

〈독립신문〉의 기사 내용이다. 여기서 장사라고 한 것은 장사꾼을 말한 것인지 장사(壯士)를 말한 것인지 분명하지 않으나 일본 쪽의 기록에는 매약상으로 되어 있다.

쓰치다 조스케가 비록 약장수라고 해도 조선 침략의 첨병 노릇을 하는 일본인이었다.

일본은 외국을 침략할 때 반드시 밀정을 먼저 파견하는데, 조선에서도 예외는 아니었다. 조선에는 당시 수많은 일본의 밀정이 활약하고 있었다. 명성황후 시해 때 대원군을 강제로 입궐시킨 오카모토 유노스케가 대표적인 밀정이자 낭인이었고 배정자도 오랫동안 교육을 받고 밀정 노릇을 했다.

일본은 경부선을 부설할 때도 수많은 밀정을 파견하여 조선 전국을 파악했다.

"국모의 원수를 갚으려고 왜를 죽였노라."

김구는 쓰치다 조스케를 살해한 뒤에 포고문을 써서 대로의 벽에 붙이고 신천을 향해 떠났다. 그는 집에 있다가 석 달 후에 체포되었다.

> 인천재판소에서 잡은 강도 김창수는 자칭 좌통령이라고 하고 일본상인 토전양량을 때려 죽여 강에 던지고 재물을 탈취한 죄로 교형(絞刑)에 처하기로 하고…….

김구에 대한 재판이 끝나자 〈독립신문〉이 다시 보도했다. 〈독립신문〉은 여전히 김구를 강도로 보고 있다.

> 인천 감옥 죄수의 사형 집행은 언제나 오후에 하게 되었고, 처소는 우각동이란 것을 알므로 나는 아침과 점심을 잘 먹었다. 죽을 때에는 어떻게 하리라 하는 마음 준비도 할 마음이 없었다. 나는 이렇게 아무러하지도 아니하건마는 다른 죄수들이 나를 위하여 슬퍼해 주는 정상은 차마 볼 수가 없었다. 내게 음식을 얻어먹은 죄수들이며 글을 배운 제자들, 그리고 나한테 소장을 써 받고 소사에 대한 지도를 받아 오던 잡수들이 애통하는 양은 그들이 제 부모상에 그러하였을까 의심할 만큼 간절하였다.
> 차차 시간은 흘러서 오후가 되고 저녁때가 되었다. 교수대로 끌려 나갈 시각이 바싹바싹 다가오는 것이다. 나는 내 목숨이 끊어질 순간까지 성현의 말씀에 잠심하여 성현과 동행하리라 하고

몸을 단정히 하고 앉아서 《대학》을 읽고 있었다. 그럭저럭 저녁
밥이 들어왔다. 사람들은 내가 특별한 죄수가 되어서 밤에 집행
하는 것이라고 생각들 하고 있었다. 나는 예기하지 아니하였던
저녁 한때를 이 세상에서 더 먹은 것이었다.

밤이 초경이 되어서 밖에서 여러 사람이 떠들썩하고 가까이 오
는 인기척이 나더니 옥문 열리는 소리가 들린다. 나는 '옳지. 이
제 때가 왔구나' 하고 올 것을 가만히 기다리고 있었다. 나와 한
방에 있는 죄수들은 제가 죽으러 나가기나 하는 것처럼 모두 낯
빛이 변하여 덜덜 떨고 있었다. 이때 문밖에서, "창수, 어느 방에
있소?" 하는 소리가 들린다.

"이 방이요" 하는 내 대답은 듣는 것 같지도 않고, 방문도 열기
전부터 어떤 소리가, "아이구, 이제는 창수 살았소! 아이구, 감리
영감과 전 서원과 각청 직원이 아침부터 밥 한 술 못 먹고 끌탕만
하고 있었소. 창수를 어찌 차마 우리 손으로 죽이느냐고. 그랬더
니 지금 대군주 폐하께옵서 대청에서 감리 영감을 불러 계시고,
김창수 사형은 정지하랍신 친칙을 받잡고 밤이라도 옥에 내려가
김창수에게 전지하여 주랍신 분부를 듣고 왔소. 오늘 얼마나 상
심하였소?" 하고 관속들은 친동기가 죽기를 면하기나 한 것처럼
기뻐하였다. 이것이 병진년 윤 8월 26일이었다. 뒤에 알고 보니
내가 사형을 면하고 살아난 데는 두 번 아슬아슬한 일이 있었으
니, 그것은 이리하였다.

법부대신이 내 이름과 함께 몇 사형 죄인의 명부를 가지고 입궐

하여 상감의 칙재를 받았다. 상감께서는 다 재가를 하였는데 그 때에 입직하였던 승지 중에 하나가 내 죄명이, 국모보수인 것을 보고 이상하게 여겨서 이미 재가된 안건을 다시 가지고 어전에 나아가 임금께 보인즉, 상감께서는 즉시 어전 회의를 여시와 내 사형을 정지하기로 결정하시고 곧 인천 감리 이재정을 전화로 부르신 것이라 한다. 그러므로 그 승지의 눈에 '국모보수' 네 글 자가 아니 띄었더라면 나는 예정대로 교수대의 이슬이 되었을 것이니, 이것이 첫째로 이상한 인연이었다.

둘째로는 전화가 인천에 통하게 된 것이 바로 내게 관한 전화가 오기 사흘 전이었다고 한다. 만일 서울과 인천 사이에 전화 개통 이 아니 되었던들 아무리 위에서 나를 살리려 하셨더라도 그 은 명이 오기 전에 나는 벌써 죽었을 것이었다고 한다.

김구의 기록에 의하면 약간의 오류가 눈에 띈다. 전화가 조선에 처음 개통된 것은 1898년 1월 28일이고 이때 고종이 각 아문을 비 롯하여 인천과 통화했다. 그런데 김구는 8월 26일 자신에 대한 사 형이 면하게 된 것이 사흘 전에 한양과 인천 간에 전화가 개통된 덕 이라고 하였다. 김구가 말한 사흘 전은 8월 23일이다.

김구는 왜 자신의 이야기를 쓰면서 이와 같이 기록한 것일까?

김구가 이러한 기록을 남긴 것은 오랜 시일이 지나서 《백범일지》 를 썼기 때문에 착오를 일으켰거나 자신의 청년 시절을 미화하기 위해 창작을 했다고밖에 볼 수 없다. 그 바람에 김구가 명성황후의 복수를 하겠다는 이유로 쓰치다 조스케를 살해한 사실까지 진정성을 의심하는 사람들이 있다.

김구는 인천감리서로 연행되어 3차에 걸쳐 경무관 김순근의 심문을 받았다.

> 김순근 : 그대는 어디 사람인가?
>
> 김　구 : 해주에서 태어나고 해주에서 자랐다.
>
> 김순근 : 그대의 부모는 생존해 있는가?
>
> 김　구 : 생존해 계신다.
>
> 김순근 : 형제는 몇인가?
>
> 김　구 : 7대 독자라 형제가 없다.
>
> 김순근 : 그대의 범죄는 이미 초초(初招)와 재초(再招)에서 파악하였거니와 무슨 불협(不協)한 마음이 있어서 일본인을 살해했는가?
>
> 김　구 : 조선의 신민된 자로 국모의 원수를 갚고자 하는 것은 당연한 일이 아닌가. 그래서 거사를 행한 것이다.
>
> 김순근 : 그대는 신민된 자로서 통분한 심정이었다고 하나, 지방관은 법을 다스리고 있는데 그대 임의로 일본인을 죽이는 것은 방자한 처사가 아닌가?
>
> 김　구 : 내가 생각건대 비록 지방관에 고한다 하여도 실시하지 않을 것이므로 이 거사를 거행한 것이다.

김구가 인천감리서에서 세 번째 취조를 받았을 때의 기록이다. 이때 김구를 취조한 인물은 경무관 김순근이었고 서기는 진정진이었다.

이 기록에 의하면 김구는 조선인으로서 국모의 원수를 갚기 위해 거사를 했다고 당당하게 말하고 있다. 그러므로 국모보수라는 《백범일지》의 기록은 사실인 것이다.

쓰치다 로스케가 일본군 중위인지 장사꾼인지는 기록에 없다. 일본군 중위라는 말이 한 번도 언급되지 않아 많은 사람들이 그를 민간인으로 보고 있다. 그러나 그가 민간인이라고 해도 밀정일 가능성이 높고, 밀정이 아니라고 하더라도 조선인을 속여서 일확천금을 하려는 불순한 일본인이었던 것이다.

《백범일지》는 전화 개통 시기에 대한 기록으로 왜곡 의심을 받고 있다. 그는 과연 고종의 특사로 사형이 면죄되었는가? 김구는 얼마 후 탈옥을 하는데, 고종의 특사 부분은 왜곡인지 아닌지 여전히 미스터리로 남아 있다.

누가 대한제국의
애국가를 만들었는가?

우리는 모든 공식 석상에서 국기에 대해 경례를 바치고 애국가를 부른다. 그런데 이 애국가가 불리기 시작한 것은 언제일까. 정확한 기록이 나타나지 않고 있으나 1896년으로 추정된다. 독립협회는 서재필, 윤치호, 고영근 등이 회장을 맡으면서 독립운동을 고취해왔다. 〈독립신문〉을 발행하여 애국 계몽운동 차원에서 사설로 애국가 짓기를 제창했다.

찬송가에 가사를 붙여 부르던 애국가

〈독립신문〉에는 1896년 4월 11일부터 계몽운동 차원에서 애국가가 게재되었는데 5월 29일까지 32종의 애국가가 실렸을 정도였다. 이러한 애국 운동에 의해 7월 26일 고종황제의 탄신일 날 새문안교회에서 축하 예배를 드리면서 처음으로 애국가가 불렸다.

> 높으신 상주님 자비로우신 상주님
> 긍휼히 보소서 이 나라 이 땅을 지켜주시옵고
> 오 주여 나라 보호하소서
>
> 우리의 대군주 폐하 만세 만세로다
> 만만세로다. 복되신 오늘 날
> 은혜를 베푸사 만수무강케 하여주소서

새문안교회는 찬송가에 가사를 붙여 애국가를 불렀다. 특히 2절은 고종황제에 대한 충심이 극진하게 표현되어 있다.

새문안교회는 1887년 9월 27일 선교사 언더우드가 설립했다. 광화문 서쪽에 있는 돈의문 안에 있어서 새문안[新門內]이라고 불렸다. 민영익 등의 노력으로 1886년에 한국에 들어온 언더우드는 선교를 하면서 독립운동과 민주화운동에 많은 기여를 했다. 그가 교회를 설립한 지 10년 만에 애국가가 울려 퍼진 것이다.

명성황후가 시해되고 일본의 강압이 계속되고 있어서 외국인 선교사 언더우드도 무너져 가는 조선에 안타까움을 느꼈을 것이고 고종 황제의 탄신일을 맞아 축하 예배를 드린 것이다. 작사는 한국인이 했으나 작곡을 할 수 없었기 때문에 찬송가에 가사를 붙여 불렀다.

애국가의 기틀이 생기기 시작하다

독립협회의 서재필과 윤치호는 외국 공사관에서 군인들이 국기 게양식을 하고 국가를 부르는 것을 보았다.

"우리는 영은문을 헐고 독립문을 건설해야 합니다. 독립문 정초식에서 배재학당 학생들에게 애국가를 부르게 합시다."

서재필이 윤치호에게 말했다.

"애국가요?"

"그렇습니다. 나라 사랑도 사람들에게 가르쳐야 합니다."

"허면 가사도 써야 하고 작곡도 해야 하지 않습니까?"

"작곡은 시간이 오래 걸릴 테니 작사부터 하시지요."

서재필의 제안에 윤치호가 애국가 작사를 하기 시작했다. 그는 배재학교 교사였기 때문에 선교사 다니엘 벙커에게 작곡을 부탁했다. 그러나 벙커는 미처 작곡을 할 시간이 없어서 스코틀랜드 민요 〈올드 랭 사인〉에 가사를 붙여 학생들을 가르쳤다.

성자 신손 오백 년은 우리 황실이요
산수 고려 동반도는 우리 본국일세

무궁화 삼천리 화려강산
조선 사람 조선으로 길이 보존하세

1896년 11월 21일 수많은 애국지사들이 참석한 가운데 영은문을 헐고 독립문 초석을 놓는 행사에서 배재학당 학생들이 식순에 따라 애국가를 불렀다. 무너져 가는 조선이 안타까워서 그랬을까? 선교사 다니엘 벙커가 선택한 스코틀랜드 민요는 비장했다. 이 애국가는 해방이 될 때까지 가장 많이 불린 노래였다. 특히 후렴인 뒷부분은 '조선 사람 조선'으로가 '대한 사람 대한으로' 로 바뀌어 지금의 애국가에도 후렴으로 불리고 있다.

이 시기의 애국가는 대부분 계몽적이었다. 〈독립신문〉에 실린 양주 이중원의 〈동심가〉는 다음과 같다.

> 잠을 깨세 잠을 깨세 사천 년이 꿈속이라
> 민국이 회동하야 사회가 일가로다.
> 구구세절 다 버리고 상하동심 동덕하세
> 내 맘의 부강 불어하고 근본 없이 회빈하랴
> 벌을 보고 개 그리고 봉을 보고 닭 그린가
> 문명개화하랴 하면 실상일이 제일이라

이중원의 〈동심가〉는 제목이 애국가는 아니지만 역시 나라를 사랑하자는 취지의 가사로 독립신문의 애국운동과 취지를 같이 하고 민중들에게 개화를 역설하고 있다.

기렴의 애국가는 다음과 같다. 이 애국가는 독립신문을 홍보하고 정부를 비난하지 말자는 내용도 있다.

대조선국 인민들은 독립신문 자세보오

방자함을 내버리고 꿈들이나 어서 깨오

우리 정부 훼언 말고 내 맘이나 고쳐보세

반천 년 미친 듯이 일조에 푸러놓고

아세아 중 반도국이 자주독립 분명하니

상쾌하고 즐거운 말 만권서에 다할손가

대한제국의 공식적인 애국가

독립협회의 애국가 제정운동을 보고 대한제국 정부는 뒤늦게 애
국가를 만들기로 결정했다. 독일인 프란츠 에케르트에 의뢰하여 작
곡을 하고 민영환 등이 가사 제작에 참여했다. 민영환은 〈애국가집〉
을 반포할 때 서문을 쓰기도 했다. 가사는 영국의 국가를 참고했다.

상제는 우리 황제를 도우소서.

성수무강(聖壽無疆)하사 해옥주(海屋籌)를 산(山)같이 쌓으시고

위권(威權)이 환영(環瀛)에 떨치사 오천만세에 복녹(福祿)이 일신

케 하소서

상제는 우리 황제를 도우소서

대한제국 애국가는 오로지 황제를 위한 노래였다. 나라의 체제가
제국으로 되어 있기 때문에 황제에 대한 충성이 곧 나라를 사랑하
는 것이었다.

1902년 대한제국은 애국가를 제정하여 공포하고 전국에 배포했다. 그러나 윤치호가 작사한 애국가가 더욱 널리 불렸다.

대한제국 공식 애국가는 곡조가 어려웠기 때문에 쉽사리 불리지 않았다. 1905년 을사늑약이 체결되고 1910년 한일합병이 이루어지면서 애국가는 일본인들에 의해 금지곡이 되었다. 그러나 많은 사람들이 독립운동가와 함께 애국가를 불렀다. 애국가를 부르면 부정선인이 되어 체포했으나 민족운동가들에 의해 애국가가 불렸고 해외에서도 불렸다.

> 나가 나가 싸우러 나가
> 나가 나가 싸우러 나가
> 너 살거든 독립군의 용사가 되고
> 나 죽으면 독립군의 혼령이 됨이
> 동지야 너와 나의 소원 아니냐
> 나가 나가 싸우러 나가
> 나가 나가 싸우러 나가

만주 벌판에서 널리 불린 독립가였다. 애국가는 학교 같은 곳에서 주로 불렸고 독립가는 독립군들에 의해 널리 불렸다. 두 노래 모두 애국심을 고취하는 노래였다.

> 한 살 두 살 자라 열서너 살 넘으니

저 왜놈의 구박함을 더욱 서러워합니다.

내 사랑아 내 사랑아 나의 사랑 한민아

내가 비록 죽더라도 고려 민족이로다.

일제강점기에 불린 애국가로 가사가 노골적으로 일본을 비난하고 있어서 간도나 해외에서 불렸을 것으로 추정된다. 곡조는 〈클레멘타인〉이었다.

현재의 애국가

윤치호가 작사한 애국가는 가사가 "동해물과 백두산이……"로 바뀌면서 가장 널리 불렸다. 이 애국가는 계속 〈올드 랭 사인〉의 곡조에 맞추고 있었다.

현재의 애국가는 1936년 안익태가 오스트리아 빈에서 작곡을 한 것이다. 안익태는 당시 미국 장학재단의 장학금 덕분에 빈에서 세계적인 음악가인 요한 스트라우스에게 사사받으면서 〈코레아 환상곡〉을 작곡했다. 이때 애국가를 만든 것이다. 가사는 조선에서 널리 알려진 "동해물과 백두산이……"로 시작되는 애국가를 사용했다.

안익태는 이 애국가를 임시정부의 김구에게 보냈고, 〈임시정부공보〉 69호에 실려 대한민국 임시정부가 국가로 선포했다.

해방 이후 애국가는 〈올드 랭 사인〉과 안익태 작곡의 현재 애국가 2종이 혼재하며 불렸다. 대한민국 정부가 수립되면서 1948년 안익태 작곡의 애국가가 대한민국 애국가로 공식 확정 공포되었다.

조선은 왜
대한제국이 되었는가?

19세기는 산업혁명의 여파로 유럽의 여러 나라들이 팽창하던 시기였다. 프랑스, 영국, 독일 등 유럽 여러 나라들이 자국에서 생산되는 상품을 팔고 원자재를 저가로 수입하기 위해 외국으로 진출했다. 그 과정에서 기계문명이 발달하지 않은, 아시아와 아프리카를 비롯해 여러 나라를 보호국과 식민지로 만들어 지배했다.

나라의 주권을 빼앗긴 보호국이나 식민지 국가의 국민들은 약탈당하고 살육되었다.

외세에 끌려다니던 조선

조선에 1866년부터 개화의 바람이 불어오기 시작했지만 오랫동안 쇄국정책을 고수해 온 조선은 여전히 개화를 받아들이지 않았

러시아 공관으로 파천한 고종황제를
대포까지 끌고 와서 위협하는 일본군

다. 일본은 메이지유신을 단행하여 서구화되며 막강한 군사력을 보유하게 되었다. 일본은 이를 바탕으로 대륙 진출의 야망을 불태웠다.

김옥균, 박영효 등 급진 개화파들은 일본의 도움을 받아 조선을 개화시키기 위해 갑신정변을 일으켰다. 그러나 그들은 자력으로 개화를 하는 것이 아니라 일본을 끌어들여 개화를 하려다가 실패했다. 개화파 입장에서는 일본은 탐욕스러운 이리가 아니라 조선을 돕는 우군이었다.

개화파는 청나라의 속국에서 벗어나 조선을 독립국이 되게 하려 했고 조선 국왕을 일본이나 청나라와 같은 황제로 격상시키려고 했다. 그들은 조선 국왕을 대군주로, 전하를 폐하로 높여 불렀으며, 황명을 칙(勅), 국왕 자신을 과인에서 짐(朕)으로 부르도록 했다. 그러나 갑신정변이 실패하자 그들은 일본으로 망명했다.

갑신정변 이후에도 여전히 관리들은 부패했고 일본과 청나라의 간섭은 더욱 심해졌다. 지방 수령들은 백성들을 수탈하기에 혈안이 되었다.

1894년 농민들의 불만이 폭발하여 동학농민전쟁이 일어났다. 조선에는 이를 진압할 군대가 없었다. 조정이 청나라에 지원을 요청하자 일본도 조선에 군대를 파견하여 청일전쟁이 일어나게 되었다. 청일전쟁은 조선을 더욱 피폐하게 만들었다.

조선은 비로소 개혁을 해야 한다는 사실을 알게 되었고, 일본의 내정 개혁 요구를 받아들여 대대적으로 개혁하기 시작했다. 노비제도가 폐지되고 영의정 대신 총리가 집권하는 내각이 구성되었다. 그러나 이들의 개혁은 뿌리가 없었기 때문에 민중의 지지를 받지 못했다. 그러한 가운데 일본은 내정간섭을 하면서 이권을 탈취해 갔다.

고종과 명성황후는 인아거일 정책을 실시하여 일본을 곤혹스럽게 만들었다. 일본은 조선을 길들이기 위해 경복궁으로 쳐들어가 명성황후를 시해했다. 이후 단발령을 내리면서 각 부서에 일본인 고문관을 임명하여 조선의 내각을 장악했다. 일본의 음모와 압력이 거칠어지자 친러파가 은밀하게 활동하기 시작했다.

1895년 12월 고종은 친러파의 책략에 따라 아관파천을 단행했다. 고종은 러시아 공관으로 피신해서 김홍집 등에 대한 참수령과 포살령을 내렸다. 그러나 러시아 공관에 있는 고종을 비난하는 여론이 쏟아지고 환궁하라는 요구가 빗발쳤다. 고종은 러시아 황제에게 전권대신으로 민영환을 보내 도움을 청했다. 러시아는 고종의 안전을 보장하고 군사조약을 체결했다.

제국으로서 외세에 대항하려 하다

고종은 비로소 덕수궁으로 돌아왔다. 1896년 7월 2일 서재필이 윤치호와 안경수 등 30여 명과 함께 독립협회를 건설하고 〈독립신문〉을 발행하는 등 자주독립과 자강을 부르짖기 시작했다. 독립협회는 수구파와 연합하여 칭제건원(稱帝建元)을 추진하고 명실상부한 독립국을 만들기로 합의했다.

"칭제건원을 하면 국호도 바꾸어야 합니다."

"국호를 무엇으로 바꾸는 것이 좋겠소?"

"한(韓)이 어떻소. 한은 삼한의 전통을 잇는 것이오. 우리에게는 진한, 마한, 번한의 삼한이 있지 않소?"

"그럼 대한제국이 되겠군요."

조선의 국호를 한으로 바꾸는 것이 누구에게 나왔는지는 알 수 없다. 국호를 한으로 바꾸는 것을 고종이 윤허하면서 국호가 대한제국으로 바뀌게 되었다. 그러나 조선의 제국화는 여러 나라들의 강력한 견제를 받았다.

"조선은 작은 나라니 황제가 되는 것은 시기상조입니다."

미우라 일본 공사가 반대했다. 미국, 영국, 프랑스도 일제히 반대했다. 그들은 망해 가는 조선이 제국이 되는 것은 무모한 일이라고 생각한 것이다.

"조선이 제호를 쓰면 러시아는 단교할 것이오."

러시아도 조선과 단교를 하겠다면서 위협했다. 그러나 독립협회와 조정 대신들은 모든 나라가 제호를 쓰고 있는데 조선만 왕호를 쓰는 것은 옳지 않다고 계속 추진했다. 고종은 각국 공사들이 반대하자 대신들에게 밀지를 내려 대신들이 제호를 사용하는 것을 요구하고 고종이 마지못해 따르는 모양새를 취하라고 지시했다.

의정대신 심순택과 특진관 조병세가 백관들을 거느리고 표문을
올렸다.

> 지금 폐하의 높고 큰 덕망은 하늘처럼 위대하고 하늘과 같이 모
> 든 것을 살피고 있습니다. 하늘과 같이 위대한 것을 황(皇)이라
> 하고 하늘과 같이 모든 것을 살피는 것을 제(帝)라고 합니다. 이
> 제 제위에 올라 만국과 어깨를 나란히 하고 조선이 자주독립국
> 이라는 사실을 선포해야 합니다.

대신들은 몇 번이나 청원하고 고종은 사양하는 시늉을 하다가 이
들의 건의를 받아들여 1897년 8월에 광무로 연호를 바꾸고, 10월
12일 마침내 대한제국으로 국호를 바꾼 뒤에 황제 즉위식을 올렸다.

> 짐이 덕이 없어 보위에 오른 지 34년 동안 많은 어려움을 겪고
> 있다가 만고에도 없는 변을 당하였다. 정치는 짐의 뜻대로 되지
> 않았고 사직은 누란의 위기에 처하여 식은땀을 흘리면서 깨어날
> 때가 적지 않았다. 지금 걸맞지 않은 제위에 오르라고 대신들이
> 간청하고 궐 밖에서는 백성들이 청하니……

고종은 스스로 황제가 될 수 없다는 사실을 잘 알고 있었다. 그는
자신이 황제가 될 만한 덕이 없으나 대신과 백성들이 간청하여 어

쩔 수 없이 제위에 오른다고 했다. 이렇게 하여 조선은 없어지고 대한제국이 성립하게 된 것이다.

고종은 보위에 오르자 민비를 명성황후로 책봉했다.

> 옛날부터 어진 황후는 천명을 받아 정도를 따르고 대내의 존위에 앉아 있는 것이다. 우리 황후 민씨는 아름다우면서 숙행이 있을 뿐 아니라 명석했다. 또한 온화하고 어질고 단정하였다. 성녀로 태어나 대궐에 들어와 효를 다하고 경서와 사기에 밝아 짐을 내조했다. 변란에 처하여서는 경륜과 권모를 적절하게 행사하였다. 을미년 8월 20일에 변을 당하였는데 짐의 통한은 하늘과 땅처럼 끝이 없다. 그의 융성하고 아름다운 행적은 이름을 고양하기에 알맞아 명성황후라고 책봉한다. 아름다운 이름을 만국에 떨치고 사가들은 붓으로 공덕을 칭송하여 천추만대에 전하라.

입헌군주국의 꿈

그렇다면 왜 대한제국인가. 우리나라의 국호는 한국(韓國)이다. 황제가 다스린다고 하여 한제국이고 국민이 주인이라고 하여 한민국이다. 여기에 외교적인 수사나 의전상의 문제로 대(大) 자를 붙여 대한제국과 대한민국이 되는 것이다.

일본을 대일본제국, 영국을 대영제국이라고 부르는 것도 황제가 다스리는 나라라는 뜻이고 앞에 수사인 대 자를 붙였기 때문이다.

대한제국을 성립할 때까지 연합했던 독립협회와 수구파는 국가의 체제를 만드는 일로 대립하기 시작했다. 독립협회는 일본이나 영국과 같이 입헌군주제를 실시하려고 했고 수구파는 기존의 전제 군주제를 지키려고 했다.

입헌군주제가 되면 황제는 허수아비가 되고 권력이 신하들에게 넘어 간다.

고종으로서는 입헌군주제를 반대하고 전제군주제를 선택할 수밖에 없었다.

독립협회는 1898년 3월 10일 종로에서 만민공동회를 개최하여 1만여 명의 군중이 집결한 가운데 절영도의 러시아 조차 반대, 일본의 국내 석탄고 저장기지 철수, 한로은행 철거를 요구하고 대한제국의 자주 독립 강화를 결의했다.

러시아의 절영도 조차는 무산되고, 일본도 석탄기지를 반환했다. 일본과 러시아는 대한제국의 내정에 간섭하지 않는다는 조약을 체결했다.

독립협회는 토론회를 개최하여 조선민중을 교육하기 시작했다. 제1차 토론회의 주제는 '조선의 급선무는 교육' 이었고 2차 토론회의 주제는 '위생의 급선무는 도로를 개량하는 것' 이었다. 독립협회는 수십 회의 토론회를 열어 계몽운동을 펼쳤다.

서재필, 윤치호 등이 이끄는 독립협회는 더욱 적극적으로 입헌군주제를 추진했다.

"독립협회가 황제 폐하를 폐위시키고 박정양을 대통령, 윤치호를 부통령으로 하는 공화제를 수립하려고 한다."

수구파는 독립협회를 모함하는 전단을 대대적으로 살포했다. 고종으로서는 자신의 권력을 약화시키는 독립협회의 요구를 받아들일 수 없었다. 그는 경무청과 친위대를 동원하여 독립협회 간부를 모조리 체포했다. 조선을 개혁하려던 개혁파 정부는 붕괴되고 독립협회와 만민공동회는 강제로 해산되었다.

대한제국은 황제에게 절대 권력이 부여되는 전제군주제가 유지되었다.

종로를 달리는 전차에
불을 지른 까닭은?

근대화의 상징은 기차다. 기차가 조선 팔도를 달리면서 풍속이 달라졌다. 시간관념이 철저하지 않았던 조선인들이 철저하게 시간을 지키게 되었고, 느슨하던 생활이 빨라졌다. 각 지역에서 한양으로 사람이 올라오거나 물자가 올라올 때 며칠씩 걸리던 일이 하루밤에 걸리지 않았다. 그러나 철도보다 먼저 전기가 들어오고 전화가 개통되었다. 전화는 일반화되는 것보다 관용으로 먼저 개설되었다. 학교가 설립되고 신문이 창간되었다.

이러한 변화와 함께 일본인들이 쏟아져 들어오고 서양인들을 거리에서 흔하게 볼 수 있게 되었다. 민영환은 양복을 입고 다녀 조선인들을 놀라게 했다.

이제는 완고한 조선인들조차 개화와 개혁이 필연적이라고 인정하고 있었다.

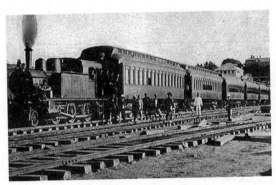
| 미국에 사업권을 내줬던 경인선 |

명성황후 시해 사건으로 시작된 전차 사업

조선의 개혁은 어떤 면에서 외세에 의해 이루어지고 있었다. 일본이나 러시아 등 많은 나라들이 그들의 이익을 위해 조선을 개혁하려고 했다. 독립자강하기 위해 독립협회를 결성하고 신문을 창간하고 학교를 설립한 서재필과 윤치호 같은 선각자들의 투쟁은 눈물겨웠다.

일본이 명성황후를 시해하면서 조정의 주도권은 개혁파에서 수구파로 넘어갔다.

일본은 경부선 부설권을 여러 차례 요구했다. 조정의 많은 관리들이 일본의 강압에 저항하면서 이권을 빼앗기지 않으려고 노력했다. 경인선 부설권은 미국인 모리스에게 넘어갔고 경부선은 몇 년을 끌다가 일본에 넘어갔다.

고종황제는 명성황후의 죽음을 애통해했고 그녀의 무덤을 자주 찾아갔다. 명성황후는 그의 부인이자 정치적 동지였다.

고종은 명성황후의 죽음을 애통하게 여겨 그녀의 이야기만 나오면 눈물을 하염없이 흘리고 그녀가 사용한 술잔이나 경대를 어루만지면서 차마 손을 떼지 못하였다.

황현의《매천야록》에 있는 기록이다.

고종은 명성황후의 장례를 치른 뒤에 홍릉을 자주 찾아갔다. 한 번 행차를 할 때 많은 비용과 시간이 소모되었기 때문에 미국인들은 시간과 경비를 절약하기 위해 전차가 필요하다고 고종을 설득하여 부설권을 획득했다.

경복궁에 전기를 가설하여 전등을 켜고 있던 고종은 전기를 이용한 근대문명 도입에 적극적으로 찬성했다.

고종과 미국인들은 자본금 150만 원 이상의 한미전기회사를 세워 출자의 반을 고종이 부담하기로 했다. 계약과 더불어 고종은 40만 원을 냈고 1904년 5월 말까지 35만 원을 추가로 출자한다는 약속어음을 발행했다.

그런데 황현의《매천야록》에 의하면 고종이 콜브란에게 준 돈은 100만 원이었고 이완용이 그중에 40만 원을 착복했다. 고종은 이후 70만 원을 추가로 출자했는데 나중에 콜브란이 전차 사업에서 손을 뗄 때 이완용을 통해 반납했으나 이완용이 반환하지 않고 착복했다. 이완용이 얼마나 탐욕스러운 인간인지 알 수 있는 대목이다. 그의 후손들이 갖고 있는 땅은 이때 착복한 돈과 을사조약, 한일합병 때 일본으로부터 하사받은 돈으로 마련한 것이었다.

콜브란과 보스트윅은 1898년 10월 18일부터 공사를 시작했다.

불안해하던 근대 문물에 익숙해지다

"외국인들이 왜 종로 땅을 파헤치는 거야?"

"땅만 파헤치고 있나? 전봇대도 세우고 있잖아? 철로도 깔고 있고……."

조선인들이 전차 궤도 부설을 하는 것을 보면서 수군거렸다. 그들은 서양인들이 역부를 동원하여 궤도를 부설하는 것이 신기했다.

"철로는 왜 깔지?"

"저 두 갈래 철로 위로 쇠수레가 달린대."

조선인들은 종로에 전차 궤도가 부설되는 것을 보면서 불안한 표정을 지었다. 종로에 전봇대가 세워지고 가로등이 밝혀졌다. 그리하여 그해 12월 25일, 서대문에서 청량리까지 1단계 공사가 완공되었다. 차량은 좌우 20명씩 40명이 앉을 수 있는 개방식으로 8대를 수입했다. 황실 전용으로 고급차량 1대도 도입했다. 전차의 운전사들은 일본 경도(京都)전차회사에서 경험 있는 일본인을 초청하여 왔고, 차장은 한국인이 맡았다.

전차의 개통은 쉽게 이루어지지 않았다. 조선인 중에 많은 사람들이 척양척왜를 부르짖으면서 공사를 방해했다. 이때 송전선을 잘라간 2명의 조선인이 체포되어 참수당하기도 했다.

1899년 음력 4월 8일(양력 5월 17일)에 마침내 전차 개통식이 열렸다. 많은 사람들이 신기한 전차를 보고 입을 다물지 못했다. 그러나 전차가 개통되고 일주일밖에 되지 않았을 때 종로3가에서 어린 아이가 치어 죽는 사고가 발생했다.

"전차가 사람을 죽였다!"

이때 조선인들이 흥분하여 전차를 불태웠다. 일본인 운전기사는 혼비백산하여 달아났다.

일본인 운전기사들이 전차를 운행할 수 없다며 일제히 사직했다.

"왜 운전을 하지 않으려고 하는가?"

"조선인들이 우리를 죽이려고 한다."

일본 운전기사는 사표를 내고 일본으로 돌아갔다. 전차는 일주일 만에 멈춰 서고 한동안 운행을 할 수 없었다. 그러나 미국인 운전수를 구하여 다시 운행을 하자 한양의 명물이 되었다.

"자네 전차 타봤나?"

"전차? 전기로 달리는 수레 말인가?"

"그래. 그거 참 신기하더군. 어떻게 수레가 말도 없이 달리지?"

"전기로 달린다잖아?"

전차는 순식간에 한양의 명물이 되었다. 처음엔 중인들이 주로 이용했으나 나중에는 양반과 부녀자까지 이용하게 되었다. 전차를 이용하는 승객은 급속하게 늘어나 경인선 개통과 더불어 근대화의 상징이 되었다.

조선인들은 근대의 상징인 경인선을 앞다투어 탔다. 하룻길이던 서울에서 인천을 불과 한 시간 만에 달리는 전차가 조선인들에게 문명의 이기가 무엇인지 가르쳐준 것이다.

종로를 달리는 전차와 경인선은 근대화를 향해 질주하는 신호탄이었다.

경부선은
누가 건설했는가?

경부선은 1905년 개통되어 105년 동안 한국인의 교통과 산업의 동맥 역할을 해왔다. 대한제국의 국권이 침탈당하던 시기에 일본인에 의해 건설되기 시작한 경부선은 철도 건설 당시 '힘깨나 쓰는 장정 철도 역부로 끌려가고 얼굴 반반한 계집 갈보로 끌려간다'는 노래가 불릴 정도로 많은 조선인들이 동원되어 건설한 것이다. 경부선 철도의 침목 하나하나에는 조선인의 피와 눈물이 배어 있다.

일본의 자원 수탈과 방곡령

1890년대가 시작되면서 일본은 조선에서 많은 이권을 가져가기 시작했다. 일본의 첫 번째 이권은 곡물 수입이었다. 일본에 흉년이 들어 곡물이 부족해지자 대량으로 수입해 가기 시작했고 이로 인해 조선에는 쌀이 부족하여 폭동까지 일어날 조짐이 보였다.

1889년 5월 황해도 관찰사 조병철은 방곡령을 내렸다. 방곡령은 곡물을 외국으로 수출하는 것을 금지하는 것이다. 일본의 곡물상인 이소베와 이시가와 등이 황해도에서 구입한 곡물 2,130석을 인천으로 반출하려다가 저지당했다. 그들은 인천감리서에 격렬하게 항의했다.

"황해도는 개항장이 없다."

외아문 독판 조병직은 일단 조병철을 두둔했다.

"황해도에서 선적하는 것이 아니라 인천에서 선적한다."

일본 대리공사 곤도가 조병직에게 강력하게 항의했다.

"황해도의 곡물 수입은 위법이다."

"억지를 부리면 용납하지 않을 것이다."

"억지를 부리는 것은 일본이다."

"방곡령을 해제하지 않으면 군대를 투입할 것이다."

조병직은 곤도의 위협에 굴복하여 일본인들이 곡물을 운반하는 것을 허용하라고 조병철에게 지시했다. 그러나 조병철은 한일통상장정에 황해도가 개항장에 포함되지 않았다며 응하지 않았다.

일본 대리공사 곤도는 또다시 군대를 출동시키겠다고 위협하여 가까스로 방곡령이 해제되었다. 외아문독판 조병직은 이 사건으로 해직되고 민종묵이 독판으로 임명되었다.

1889년 10월에는 함경도에서도 방곡령 사건이 일어났다. 함경도 관찰사 조병식이 원산항을 통해 일본으로 수출되는 콩의 유출을 1년

간 금지하면서 일본으로부터 항의를 받았다. 조병식은 1883년의 통상장정에 따라 9월 1일 외아문에 방곡령 실시를 통고하고 10월 1일부터 실행에 옮겼다.

"조선이 또 콩의 수입을 방해하는군."

일본의 대리공사 곤도는 머리를 절레절레 흔들었다.

"이번에는 절차에 따랐기 때문에 방법이 없습니다."

"절차가 제대로 진행되었는가?"

"9월 1일 조선의 외아문으로 통보했습니다."

"우리에게는 언제 통보되었는가?"

"9월 17일입니다."

"조선의 외아문에서 우리에게 한 달 전에 통고해야 한다. 이를 빌미로 방곡령을 해제시킬 것이다."

일본 대리공사 곤도는 외아문이 일본 상인들에게 통고한 날짜가 9월 17일이라는 사실을 트집 잡아 민종묵에게 방곡령 해제를 강력하게 요구했다. 민종묵은 함경도 관찰사 조병식에게 방곡령을 해제하라고 지시했다.

"방곡령은 정당하다. 일본 상인들의 곡물을 압수하라."

조병식은 오히려 일본 상인들로부터 곡물을 압수하여 일본 상인들을 분노하게 만들었다. 곤도는 민종묵을 찾아가서 방곡령의 폐지를 강력하게 요구하면서 조병식을 처벌하라고 다그쳤다.

조선 정부는 1890년 1월 조병식에 대하여 3개월 감봉 처분을 내렸다.

"조병식을 반드시 경질시켜야 한다. 본국에 군대 출동을 요청하라."

곤도는 일본 내각에 군함을 파견해달라고 요청했다. 조선은 부랴부랴 조병식을 강원도 관찰사로 보냈다.

"이건 눈 가리고 아웅 하는 것이다. 조선은 일본 상인들의 손해를 배상하라."

일본 상인들이 대리 공사 곤도에게 강력하게 요구했다.

1890년 2월 황해도관찰사 오준영은 일본 상인 쓰지이와 사다케가 황해도에서 대량으로 구입한 곡물을 황해도 밖으로 가지고 나가지 말라는 방곡령을 내렸다. 일본은 1889년 대흉년이 들었기 때문에 오사카 상인들이 황해도에서 약 6만 5,000석의 곡물을 구입했다. 이들이 황해도 곡물을 싹쓸이하면서 황해도는 식량난으로 굶어죽는 사람들이 속출했다.

오준영은 백성들을 구제하기 위해 방곡령을 내렸으나 군대를 앞세운 일본에 굴복하지 않을 수 없었다. 일본은 세 차례의 방곡령으로 일본 상인들이 손해를 입었다면서 20만 냥이 넘는 배상을 요구했다.

수탈을 위해 철도를 건설하다

일본인들은 무력으로 조선을 침략한 것이 아니라 경제적으로도 침략하고 있었다. 조악한 공산품을 팔고 곡물은 씨를 뿌릴 때부터 밭뙈기로 매입했다. 가난한 농민들에게 고리로 돈을 대출해주고 가을에 곡물로 가져가 농촌을 피폐하게 만들었다.

일본이 철도부설을 계획하면서 첫 번째로 눈독을 들인 것은 경인선이었다. 그러나 러시아의 견제와 조선인들의 일본에 대한 반감으로 미국인 모리스에게 넘어갔다.

1890년 일본군 참모차장 가와카미 소로쿠는 조선과 만주에서 전쟁이 일어났을 때 바다로 일본군을 수송하는 것은 한계가 있다고 판단하고 부산과 한양, 의주로 이어지는 철도와 목포와 한양, 원산으로 이어지는 철도 건설 예정지를 답사하라는 훈령을 비밀리에 내렸다.

일본의 철도 건설은 한국의 병합과 대륙 침략의 장기적인 계획에 의해 치밀하게 전개되었다.

일본 민간인과 군대는 합작해서 한국에서 철도부설권을 획득하는 데 총력을 기울였다. 그러나 조선 정부가 필사적으로 반대를 하는 바람에 1890년 후반에 이르러서야 간신히 부설권을 획득하고 토지 수용에 들어갔다.

일본의 강압에 의해 대한제국 정부는 경부철도합동조약을 체결했다. 그러나 일본의 위협으로 체결한 조약이었기 때문에 토지를 무상으로 제공하는 등 불리한 조항이 많았다. 대한제국 정부는 재정이 고갈되어 있었기 때문에 토지에 대한 보상을 할 수가 없었다.

일본은 남대문 역사 예정지로 자그마치 20만 평을 요구하는 등 많은 토지를 요구했으나 주민들의 격렬한 반대에 부딪쳤다. 이에 일본은 남대문 역사 부지를 5만 평으로 축소하는 등 대부분의 철도 부지를 축소하여 수용하게 되었다.

철도 건설에 수천만 원을 동원해야 했기 때문에 일본으로서도 자금 확보가 어려워지자 채권을 발행하여 일본 전국에서 모금했다. 그러나 철도 건설이 본격화되면서 가장 필요한 것이 철도 공사를 위한 역부들이었다.

공사는 일본이 세운 경부철도합작회사가 총지휘를 했으나 실제 공사는 하청을 주었다. 한국에서는 철도 공사에 거액의 자금이 투입된다는 사실을 알고 많은 사람들이 회사를 세우고 하청을 받기 위해 전력을 기울였다.

일본도 한국인들의 반발을 무마하기 위해 한국인이 운영하는 회사에 하청을 주는 것을 원칙으로 했다. 그러나 이들로부터 하청을 받은 회사의 사장은 대부분 전직 고관이었고 친일파들이었다.

일본이 대한제국에 대한 영향력을 확대하자 러시아가 제동을 걸고 나섰다. 일본은 러시아의 간섭이 계속되자 전쟁을 치밀하게 준비했다. 러일전쟁이 다가오면서 군수물자와 군대를 수송하기 위해 공사를 서둘러 마쳐야 했다. 이에 일본 회사들이 본격적으로 한국에 진출하고 군대가 철도 건설을 지휘하게 되었다.

| 철도 공사 모습 |

민초의 눈물과 땀 그리고 반발

철도 건설은 막대한 노동력이 동원되었다. 수많은 장정들이 철도 건설에 종사하게 된 탓에 농사를 짓는 노동력이 부족하게 되었다. 일본인들은 농사를 짓는 사람들까지 강제로 역부로 동원했다. 농부들이 철도 건설 현장에 동원되어 농사를 짓지 못하는 바람에 양식이 부족해지고 농토가 피폐해졌다.

철도 근처의 군(郡)에서는 침목으로 사용하기 위해 울창한 삼림을 훼손했다. 철도 침목으로 밤나무가 가장 우수했으나 밤나무가 없으면 대추나무를 비롯해 소나무까지 마구 베었다. 나무를 베면 이를 다듬기 위한 목수가 필요했고, 이를 나르기 위한 목도꾼이 필요했다.

일본군과 일본 토건회사 직원들은 사무소와 숙소로 사용하기 위해 민가를 점령했다. 그들은 집을 차지하고 조선인의 가축을 잡아먹고 수십 명, 혹은 수백 명에 이르는 식사를 조선인들에게 부담시켰다. 부녀자들을 겁탈하는 자도 있었다.

일본인과 조선인이 공사를 하는 곳에는 술집이 생기고 몸을 파는 여자들까지 모여들었다.

> 힘깨나 쓰는 장정 철도 역부로 끌려가고
> 얼굴 반반한 계집 갈보로 끌려간다

항간에는 조선인의 고달픈 신세를 한탄하는 노래가 불렸다. 그러나 백성을 보호해야 할 대한제국 정부는 힘이 없었다.

일본은 러일전쟁이 임박하자 역부들에게 채찍까지 휘두르면서 일을 시켰다.

역부들에게는 임금과 식비를 제공하기로 하였으나 철도회사에서 나온 돈은 뇌물로 사용되고 일본인의 주머니로 들어갔다.

철도가 지나가는 각 고을은 역부를 동원해야 하고, 그 역부의 임금과 식비까지 부담해야 했다.

1904년 7월 시흥군에 철도 역부 8,000명을 동원하라는 관찰사의 명령이 내려왔다.

"8,000명의 장정을 동원하라니 이게 무슨 날벼락인가?"

박우양 시흥 군수는 관찰사의 명령이 내려오자 당황했다.

"우리 군의 장정을 다 합해도 8천 명이 안 됩니다."

시흥군 관리들이 얼굴이 하얗게 변해 박우양에게 말했다.

"관찰사의 명이니 어찌하겠는가. 동임에게 지시를 내리게."

박우양은 시흥군의 각 동임에게 장정들을 모두 동원하라는 영을 내렸다. 그러자 시흥군이 발칵 뒤집혔다.

"군수는 어찌 이런 명을 내립니까? 열다섯 살에서 오십 살까지 다 모아도 턱없이 부족합니다."

동임들이 불만이 가득하여 박우양에게 항의했다. 박우양은 상황이 심상치 않게 돌아가자 경기도 관찰사에게 달려가 상황을 설명하고 할당량을 줄여 달라고 청했다.

"그럼 5,000명이 어떻소?"

"안 됩니다. 그것도 너무 많습니다."

박우양은 3,000명으로 줄여달라고 청했다. 박우양이 돌아와 각 동(洞, 현재의 동이 아닌 부락단의 작은 마을)마다 역부 10인을 차출하라는 영을 내렸다. 그러나 역부에 드는 비용마저 마을 사람들이 공동 부담하라는 영을 내리면서 그러잖아도 흉흉한 민심을 들끓게 만들었다.

일본인들은 역부에게 주는 노임이나 동원비용을 결제하지 않았다. 일본인 토건회사들이 이를 조선 관청에 떠맡겼고, 관청은 마을에 넘긴 것이다. 게다가 중간에 있는 관리자들이 역부들의 노임을 횡령했다.

일본 토건회사에서부터 조선인 관찰사, 군수, 서기 등이 횡령하여 그러잖아도 적은 임금이 한 끼 식사비도 되지 않았다. 노임이 턱없이 부족한 것을 메우기 위해 마을마다 출역비를 강요하자 민심이 폭발했다.

"우리 마을에 2,000냥이 할당되다니 이게 무슨 소리야? 역부로 끌려 나가 일을 하는 것도 분통이 터져 죽을 노릇인데 돈까지 내는 법이 어디 있어?"

시흥군 물왕리에 살고 있는 민용훈이 분개하여 말했다. 민용훈은 시흥군에서 돈까지 거두려고 하자 눈에서 불이 일어나는 것 같았다.

"이게 모두 군수가 돈을 횡령했기 때문이야."

광명리에 사는 하주명이 민용훈에게 동조했다. 그러자 장정들이 일제히 웅성거렸다.

"돈을 횡령했다고? 그게 사실이야?"

"군수가 역부를 빼주면서 이 사람 저 사람에게 받은 돈이 수만 냥이래."

"맞아. 일본인에게 받은 돈도 300원이나 된대."

"군수뿐이 아니야. 군서기도 장정 1인당 13냥 5전씩 나오는 돈을 해먹었대. 벼락을 맞아 죽을 놈들 아니야?"

민용훈과 하주명이 불만을 토로하자 장정들도 여기저기서 주워들은 이야기를 꺼내놓았다. 장정들은 일본인들과 관리들을 성토하기 시작했다. 물왕리의 민심은 흉흉해졌다.

"귀 있는 사람은 듣고 눈 있는 사람은 보라. 일본의 철도 부설에 역부를 강제로 동원하고 군수와 서리가 뇌물을 받아먹고 우리에게 돈을 내라고 강요하고 있다. 이는 옳지 않으니 모두 한천교로 나오라."

민용훈은 장정들에게 사발통문을 돌렸다. 그의 사발통문은 시흥군 관내 43개 동에 돌아 장정들이 속속 집결했는데 순식간에 1만여 명이 몰렸다. 한천교에 장정들이 모이자 시흥군 관리들이 해산시키려고 했다.

"철도 역부로 나가는 것은 황제 폐하의 칙명이다. 너희들은 황제 폐하의 칙명을 거역할 것인가? 속히 해산하라."

시흥군 관리인 성무경이 군중들에게 해산하라는 영을 내렸다.

"철도 건설 역부에게는 노임과 식비를 지급하게 되어 있다. 그런데 노임과 식비를 지급하기는커녕 우리가 돈을 내야 하니 이런 경우가 어디 있는가?"

하주명이 시흥군 관리인 성무경을 비난했다.

"노임과 식비는 나중에 나온다. 지금은 철도 건설이 시급하다."

성무경이 궁색한 변명을 했다.

"노임이 왜 나중에 나오는가? 해명을 해봐라."

"나라에서 하는 일을 내가 어떻게 아는가?"

"네가 군수와 짜고 돈을 횡령한 것을 다 알고 있다."

"무슨 소리냐? 정 그렇다면 군수님에게 가서 따져보자."

"좋다. 군수님에게 가자."

시흥의 장정들은 박우양 군수가 있는 군위로 몰려갔다. 박우양은 장정들 1만여 명이 몰려오자 대경실색했다. 그는 당황하여 인근에 있던 일본인 석공 10여 명을 불렀다. 일본인들은 일본도와 몽둥이로 무장하고 장정들을 향해 달려왔다. 그들은 일본도를 휘두르면 조선인들이 물러갈 것이라고 단순하게 생각했다.

"모두 해산하라. 해산하지 않으면 용납하지 않는다."

일본인들이 마구 일본도를 휘두르면서 장정들을 위협했다. 성무경은 일본인들이 조선인들을 죽이겠다고 말했다고 통역했다.

"뭣이 어째? 왜놈이 우리를 죽인다고? 그래 어디 죽여봐라!"

조선인들이 흥분하여 소리를 질렀다.

"죽여라!"

장정 하나가 일본인에게 달려가면서 소리를 질렀다. 그러자 일본인이 깜짝 놀라 칼을 휘둘렀다. 조선인이 피투성이가 되어 나뒹굴었다.

"왜놈들이 사람을 죽인다."

물왕리의 김원록은 가슴속에서 뜨거운 분노가 치밀어 올랐다. 그는 몽둥이를 들고 일본인들을 향해 달려갔다.

"왜놈을 죽여라!"

장정들도 함성을 지르면서 일본인들에게 달려갔다. 일본인들은 도망을 치면서 칼과 몽둥이를 휘둘렀다. 일본인이 휘두른 칼에 김원록의 귀가 베였다. 일본인들은 달아나면서 마구 칼을 휘둘렀기 때문에 조선인 1명이 사망하고 7명이 부상을 당했다.

'이 놈이 내 귀를 잘라?'

김원록은 눈에서 불이 일어났다. 김원록은 몽둥이를 들고 달아나는 일본인들을 쫓아가 내리쳤다.

"이놈, 네놈들이 무엇이건대 남의 땅을 빼앗고 강제로 역부로 끌고 가느냐? 나라도 빼앗고 땅까지 빼앗을 작정이냐?"

김원록은 쓰러진 일본인에게 마구 몽둥이를 휘둘렀다. 언제 다쳤는지 머리에서도 피가 흘러내려 눈을 뜨기가 어려웠다. 조선인들은 흥분하여 일본인 2명을 살해하고 군수 박우양과 그 아들을 때려죽인 뒤에 관청 건물에 불을 질렀다.

"우리는 일본인과 군수를 죽였다. 이는 모두 군수가 잘못한 탓이다."

민용훈은 다음날 광명리에 장정들을 집결시키고 군수의 죄상을 열거한 연판장을 만들어 경기도 감영에 제출했다. 경기도 감영은 발칵 뒤집혔다.

일본군은 동대문에 주둔하고 있던 수비대 1개 소대를 급파하고 조선인 순검을 파견했다. 시흥군에서 대대적인 검거 선풍이 일어났다. 대한제국 정부는 안핵사를 파견하여 20여 일 동안 사건을 조사한 뒤에 재판에 회부했다.

1905년 4월 17일 김원록에게는 교수형이 선고되고 성무경 등에게는 100대의 곤장형과 종신형이 선고되었다.

경부선 철도를 부설하면서 곳곳에서 일본인과 조선인 사이에 마찰이 일어났다. 3년 동안 수많은 조선인 장정이 동원되어 강제 부역을 하다가 과로로 죽었다. 철도 연변에 있던 마을은 일본인에게 부녀자가 겁탈을 당하고 재물을 약탈당했다.

조선인의 피와 땀으로 완성한 경부선은 1905년에 개통되었다. 경부선은 이후 민족의 수많은 애환을 실어 날랐다.

1905년에는 러일전쟁을 위해 일본군을 실어 날랐고 1910년에는 비록 나라를 빼앗겼어도 개화의 물결이 철도를 통해 거세게 몰아쳐 왔다. 그런가 하면 일확천금을 꿈꾸는 일본인들이 조선으로 몰려와 부산에서 경부선을 타고 경성으로 들어왔고 반대로 신학문을 배우려는 조선인들이 경성에서 경부선을 타고 남으로 달려 부산을 통해 일본으로 건너갔다.

23

러일전쟁(1904~1905)

러시아는 왜
일본과의 전쟁에 패했는가?

국호를 바꾸고 칭제건원을 했지만 대한제국은 여전히 누란의 위기에서 벗어나지 못하고 있었다. 일본은 이미 조선에 많은 군대를 주둔시키고 있었고, 군대를 앞세워 조선에서 이권을 탈취하기에 혈안이 되어 있었다. 독립협회가 자주독립과 자강 운동을 펼치고 민중들이 호응하기 시작했으나 강대한 일본을 상대하기에는 역부족이었다.

일본은 1880년대부터 서구 열강과 어깨를 나란히 할 정도로 강대국이 되어 있었다. 특히 그들의 해군은 세계 최강이라고 불러도 손색이 없을 정도였다. 1895년에 청나라의 북양함대를 격침한 뒤에 해군력을 더욱 강화했다.

서구 열강은 청나라의 분할 경쟁에 돌입해 있었다. 러시아는 관동

주의 조차권을 획득하고 독일은 아주만, 영국은 구룡반도와 위해
위, 프랑스는 광주만을 조차하기에 이르렀다. 거대한 중국이 갈가
리 찢기었다.

러시아의 일본 견제

청일전쟁 이후 러시아는 일본을 견제하기 위해 독일과 프랑스를
끌어들여 삼국간섭으로 일본의 요동반도 할양을 철회시켰다.

'러시아가 우리 일본의 대륙 진출을 막는구나.'

일본인들은 러시아를 향해 이를 갈았고 전쟁을 준비하기 시작했다.

'일본은 반드시 대륙으로 진출할 것이다.'

1896년 러시아는 청나라와 러청동맹을 맺고 일본이 청나라, 조
선, 러시아의 극동지역을 침략할 경우 상호 원조하기로 약속했다.

이 조약의 결과로 블라디보스토크에서 북만주 하얼빈에 이르는
동청절도 부설권을 따내고 블라디보스토크에 대규모 군대를 주둔
시켰으며 남진정책을 추진했다. 그들은 압록강 일대까지 군사를 이
동시켰다.

이러한 과정에서 극동에서는 영국과 미국이 연합하고 러시아는
프랑스와 독일과 연합했다. 일본은 서구 열강 대열에 합류하기 위
해 필사적인 노력을 기울였다.

1899년 청나라에 의화단 사건(義和團事件)이 발생했다. 1900년 1월
서태후가 폐위시킨 광서제를 서구 열강이 복위시키라고 압력을 넣
자 서태후는 의화단을 부추겼고, 의화단은 청나라를 침략하는 외세

를 물리치자는 운동을 벌였다.

6월이 되자 의화단은 북경에 있는 서양 공관을 포위하고 불을 질렀다. 이에 독일, 러시아, 미국, 영국, 이탈리아, 오스트리아, 프랑스와 일본 등 8개국이 군대를 파병해서 북경과 양자강 이북을 대부분 점령했다.

청나라는 이로 인해 산산조각이 나고 서구 열강의 식민지나 다름없게 되었다. 일본은 청나라에서 계속 영향력을 확대하고 싶었으나 서구 열강 때문에 뜻을 이루지 못해 고심했다. 의화단 사건이 일어났을 때 일본은 기회로 여기고 군대를 파견했다. 그러나 청나라 본토의 이권을 얻는 데는 실패했다.

"일본은 대륙으로 진출하려고 하고 있다. 일본을 막지 않으면 러시아에 위협이 될 것이다."

러시아는 일본의 대륙 진출을 막으려고 했다. 일본에서는 영국과 손을 잡고 러시아를 견제하자는 일영동맹론이 일어났다.

1902년 1월 일본은 마침내 일영동맹을 맺고 러시아와 대립하기 시작했다.

"일본이 영국과 동맹을 맺었다. 이는 러시아와 전쟁을 하려는 것이다."

러시아는 만주 일대에서 철병하다가 중지하고 만주를 지배하며 압록강 연안까지 진출하여 일본을 압박했다.

일본의 대러 전략

"러시아와의 개전은 불가피하다."

일본에서는 러시아와 전쟁을 해야 한다는 주전론이 일어났다.

"개전이 불가피하면 필승 대책을 세우라."

일본이 러시아와 대립하면서 전쟁의 바람이 휘몰아쳤다. 한편으로는 전쟁 준비를 하고 한편으로는 만주에 대한 러시아의 우선권을 인정하고 일본은 조선에서의 우선권을 인정한다는 내용으로 협상을 해나가기 시작했다. 러시아를 안심시키려는 전략이었다.

일본이 전쟁 준비를 하자 러시아도 군대를 남하시키면서 일본과 맞섰다.

"우리가 전쟁을 하면 러시아를 이길 수 있겠소?"

일왕이 총리대신 가츠라 타로에게 물었다. 가츠라 총리는 야마구치 현에서 출생하여 육군대장을 역임했다. 그는 1870년 독일에서 유학하고 돌아와 군제를 독일식으로 바꾸었다. 1898년 제3차 이토 히로부미 내각과 제1차 오쿠마 시게노부 내각, 제2차 야마가타 아리토모 내각, 제4차 이토 히로부미 내각에서 육군대신으로 활약했다.

"우리의 경제력으로는 러시아까지 진격할 수 없습니다. 전쟁은 남만주에 국한되어야 합니다."

가츠라 총리가 머리를 조아리고 대답했다.

"전쟁이 더 계속되지는 않겠소?"

"러시아는 국내 사정 때문에 전쟁을 오래할 수 없습니다. 반드시 강화회담을 추진할 것입니다."

"국내 사정이란 무엇이오?"

"밀정의 보고에 의하면 러시아에서 혁명이 일어날 것이라고 합니다."

"개전은 언제 할 것이오?"

"1904년 2월로 예정하고 있습니다."

일왕에 보고를 마친 가츠라 총리는 일본군에 전쟁 준비 명령을 내렸다. 일본은 이미 군국주의화되어 있었다. 내각에 대장 출신의 육군대신과 해군대신이 있었고 총리들도 군 출신들이 많았다.

일본은 전쟁이 임박하자 러시아와 국교를 단절하고 사실상 일본군이 한양을 점령한 상태에서 군대를 앞세워 대한제국에 조약 체결을 강요했다. 일본이 친러파 탁지부대신 이용익을 일본으로 납치하자 대한제국은 외부대신 이지용을 내세워 협약을 체결할 수밖에 없었다.

제1조 한·일 양제국은 항구불역(港口不易, 영원히 변치 않음)의 친교를 보지(保持)하고 동양의 평화를 확립하기 위하여 대한제국 정부는 대일본제국 정부를 확신하고 시정(施政)의 개선에 관한 충고를 들을 것.

제2조 대일본제국 정부는 대한제국의 황실을 확실한 친의로써 안전·강녕하게 할 것.

제3조 대일본제국 정부는 대한제국의 독립과 영토보전을 확실히

보증할 것.

제4조 제3국의 침해나 내란으로 인하여 대한제국의 황실 안녕과 영토 보전에 위험이 있을 경우에는 대일본제국 정부는 속히 임기응변의 필요한 조치를 행할 것이며, 대한제국 정부는 대일본제국 정부의 행동이 용이하도록 충분히 편의를 제공할 것. 대일본제국 정부는 전항의 목적을 성취하기 위하여 군략상 필요한 지점을 임기수용할 수 있다.

제5조 대한제국 정부와 대일본제국 정부는 상호의 승인을 경유하지 아니하고 훗날 본 협정의 취지에 위반할 협약은 제3국 간에 정립(訂立)할 수 없다.

제6조 본 협약에 관련되는 미비한 세부 내용은 대한제국 외부대신과 대일본제국 대표자 사이에 임기협정한다.

〈한일의정서〉의 중요한 내용은 대한제국이 일본의 충고를 듣는 것, 대한제국의 영토를 일본이 자유롭게 이용하는 것이었다. 이로 인해 일본군은 대한제국 영토를 자유롭게 수용하고 대한제국은 모든 편리를 제공해야 했다.

일본군은 인천에 상륙하여 속속 압록강을 향해 진군했다. 대규모 육군이 상륙하면서 조선인들은 탄약을 운반하고 군량을 운반하는 노무자로 전락했다.

러시아는 패했고 조선은 불행해졌다

1904년 2월 4일 일본은 러시아를 향해 개전을 선언했다. 이에 앞서 여순의 러시아 함대를 봉쇄하고 공격했다. 러시아 함대는 여순항을 벗어나지 못하고 세계 최강 일본 함대에 의해 침몰당했다.

인천과 원산에 상륙하여 북상한 일본 제1군은 5월 초 압록강 연안에서 러시아군을 격파하고 요동반도에 상륙한 제2군은 요동의 남산과 대련을 공격하여 점령했다. 일본군은 점점 늘어나 15사단 30만 명에 이르렀고 총사령부를 만주에 설치했다. 8월이 되자 일본군은 요양 부근에서 러시아와 대규모 전투에 돌입했고 10월에는 사하회 전투, 1905년 1월에는 흑구대 전투에서 잇달아 승리했다.

노기 마레스케 장군이 지휘하는 일본군 제3군은 여순에서 가까운 203고지를 대대적으로 공격했다. 그는 청일전쟁 때 여순을 하루 만에 점령하여 일본군에서 명성이 높았다. 그는 러일전쟁을 반대했으나 높은 명성 때문에 다시 소환되어 일본군 제3군을 지휘하고 있었다. 203고지의 러시아군도 막강했다. 양측 몇 개 사단이 시체가 되어 나돌 정도로 치열한 전투였다. 결국 일본군이 승리하여 러일전쟁의 분수령이 되었다.

러일 양군은 봉천에서 대회전을 치르게 되었다.

러시아군은 크로파트킹 장군의 지휘하에 유럽의 지원군까지 합하여 32만 명으로 전선을 펼쳤고 일본은 오야마 이와오 대장의 지휘로 25만 명을 동원했다. 전투는 처절하게 전개되었다. 일본군은 7만에 이르는 사상자를 내면서도 맹렬하게 공격하여 대승을 거두었다. 러시아군은 15만 명에 이르는 사상자를 냈고 수많은 장군과 병사들이 일본군에 투항하여 포로가 되었다.

이때 러시아의 수도 상트페테르부르크에서는 노동자와 농민들이 대규모 시위를 벌였고 제정러시아가 시위 군중에게 발포를 했다. 이 시위에서 수많은 노동자와 농민 학생들이 죽어 '피의 일요일' 이라고 부르게 되었다.

러시아는 혁명의 기운이 몰아치는 바람에 내정이 혼란하여 일본과의 전쟁을 효과적으로 수행할 수 없었다.

봉천 전투는 20세기 초 최대의 전투였다.

러시아는 봉천에서의 패배를 만회하기 위해 발틱 함대를 출동시켜 일본군에 타격을 가하려고 했다. 그러나 발틱 함대는 도고 헤이하치로가 지휘하는 일본 함대를 대한해협에서 만나 모조리 격침당했다.

일본은 전쟁 비용이 부족했기 때문에 유럽과 미국에 공채를 발행했다. 영국과 미국은 약 12억 엔의 공채를 사들여 일본을 도왔으나 일본이 만주를 점령하면 동북아시아의 판도가 달라진다고 생각했다.

때문에 영국과 미국은 일본에 강화하라고 요구했다. 결국은 러시아와 일본 사이에 강화회담이 체결되어 일본은 남만주에서의 우선권과 대한제국을 보호국으로 만드는 것을 묵인한다는 열강들의 승인을 받았다.

러일전쟁은 조선에게는 가장 불행한 전쟁이었다.

러시아는 왜 일본에 패했는가? 패배의 결정적인 원인은 전략 실패에 있었다. 러시아는 남만주에서 일본과 맞서는 것이 아니라 일본이 남만주로 진격할 때 일본 본토로 진격했어야 했다. 또 하나, 러시아군이 봉천에서 일본군과 치열한 전투를 벌이고 있을 때 상트페테르부르크에서 혁명이 일어난 사정이 있었다. 제정러시아는 공산주의 물결이 휩쓸고 있었다.

을사조약은 왜 무효인가?

러일전쟁은 일본의 승리로 끝이 났다. 대한제국은 일본이 패배하기를 간절하게 바랐으나 소용이 없었다. 일본은 러일전쟁을 진행하면서도 대한제국을 보호국으로 만들기 위한 치밀한 책략을 세웠다. 1904년 8월 22일 제1차 한일협약을 체결하여 재정과 외교의 실질적인 권한을 박탈했다. 일본은 재정과 외교 분야에 일본 고문관을 임명하여 실권을 빼앗아 갔다.

1905년 7월 27일 일본은 미국과 〈가츠라-태프트 조약〉을 체결하면서 대한제국을 보호국으로 만드는 데 미국의 동의를 받고 8월 12일에 영국과 제2차 동맹을 맺으면서 영국의 동의까지 받았다. 9월 5일에는 미국의 포츠머스에서 러시아와 강화조약을 체결하고 대한제국의 허락만 얻으면 보호국에 동의한다는 밀약을 받았다. 이로 인해 대한제국의 운명은 바람 앞의 등불처럼 위태로워졌다.

일본의 협박과 고종의 분투

"일본이 조선을 보호국으로 만들려고 한다네."

"보호국이 무엇인가?"

"일본이 조선을 다스리는 것일세."

"그렇다면 조선은 망하는 것이 아닌가?"

대한제국은 발칵 뒤집혔고 곳곳에서 일본을 성토했다. 그러나 이미 군대와 경찰까지 일본에 빼앗긴 뒤였다. 게다가 조선에는 하세가와 사령관이 지휘하는 일본군 수만 명이 주둔하고 있었다.

일본은 외무대신 고무라, 주한일본 공사 하야시, 총리대신 가츠라 등이 보호조약을 체결할 음모를 확정하고, 11월 추밀원장 이토 히로부미를 고종 위문 특파대사 자격으로 파견했다.

이토 히로부미는 11월 9일 한성에 도착하여 일왕의 친서를 바쳤다.

"짐이 동양 평화를 유지하기 위해 대사를 특파하오니 대사의 지휘를 따라 조처하소서."

일왕 친서는 무례하고 오만하기 짝이 없는 내용이었다. 일왕은 이미 고종을 신하처럼 대하고 있었다.

'일왕이라는 자가 어찌 이런 친서를 보냈는가?'

고종은 일왕의 친서를 받고 부들부들 떨었다.

"폐하, 대세가 이리 되었습니다. 더 큰 불행을 막기 위해 협약안에 서명하십시오."

이토 히로부미가 고종을 노려보면서 말했다. 이토 히로부미는 친서 외에도 협약안까지 내밀었다. 협약안은 국권을 강탈하는 것이어서 참정대신 한규설을 비롯하여 다른 대신들이 일제히 반대했다.

"이 협약안은 너무나 무도하여 절대로 승인할 수 없습니다."

한규설이 피를 토하는 듯한 목소리로 말했다.

"대신들은 잘못 생각하고 있소. 일본은 조선의 국권을 빼앗으려는 것이 아니라 보호하려는 데 그 목적이 있소."

이토 히로부미가 반박했다.

"손바닥으로 하늘을 가릴 수 있는가?"

"대한제국이 홀로 독립할 수 있겠소?"

이토 히로부미가 한규설을 비웃었다. 이완용과 이지용은 눈을 지그시 감고 있었다. 이토 히로부미는 조선을 보호국으로 만들기 위해 군대를 동원하여 위협하는 동시에 대신들을 회유했다. 그는 막대한 자금을 뿌려 이완용 등을 포섭했다. 이완용은 친러파 대신이었으나 러시아가 일본에 패하면서 일본으로 기울고 있었다. 이토 히로부미는 배정자를 이완용에게 보내 양녀로 삼게 했다. 그는 돈과 미인계로 이완용을 포섭했다.

"나는 사직에 죽기로 맹서하였으니 협약안을 받아들일 수 없다."

고종은 강경하게 내뱉었다.

"오늘은 일단 물러갈 테니 심사숙고해 보십시오, 협약안에 승인하지 않으면 폐하도 안전하지 못할 것입니다."

이토 히로부미는 고종을 위협하고 물러갔다. 고종은 이토 히로부미가 물러가자 침소로 돌아와 울었다.

'아아, 이 나라가 어쩌다가 이렇게 되었는가?'

고종은 비통했다. 명성황후가 죽은 뒤에 그에게 충성하는 대신들이 없었다. 권력을 탐하는 자들과 정세에 어두운 대신뿐이었다. 조병세와 한규설 같은 대신들은 충성심이 깊었으나 일본의 위협을 감당하지 못하고 있었다.

이토 히로부미는 11월 15일 다시 고종을 알현하고 협박했다.

고종은 그동안 영국, 미국 등의 공사를 불러 도움을 청했다. 그러나 영국과 미국은 이미 조선을 보호국으로 만드는 데 동의한 처지였다. 열국 공사들은 도움을 청하는 고종이 불쌍했으나 도울 방법이 전혀 없었다.

이토 히로부미는 일본군 사령관 하세가와 요시미치까지 대동하고 고종을 위협했다.

"폐하의 안전을 언제까지나 보장하지는 못할 것입니다."

"나는 죽어도 망국의 군주가 되지는 않겠다."

"보호국 조약안을 받아들이지 않으면 우리의 칼에 폐하의 피를 묻히게 될 것입니다. 그렇게 되면 대한제국은 사라집니다. 500년 왕조가 종말을 고하는 것이지요."

고종은 이들의 협박이 계속되자 공포에 떨었다. 무엇보다 조선 왕조가 사라진다는 사실이 비참했다.

"폐하, 우리는 오래 기다리지 않을 것입니다."

이토 히로부미와 하세가와 사령관은 고종을 위협하고 돌아갔다.

'악독한 놈들, 너희들은 반드시 천벌을 받을 것이다.'

고종은 비통했으나 대처할 방법이 없었다.

이토 히로부미는 이날 밤 남산에 있는 숙소에서 하세가와 사령관과 함께 연회를 열기까지 했다.

"각하, 조선의 왕이 무서워서 몸을 떨고 있는 것을 보셨습니까?"

하세가와 사령관이 이토 히로부미에게 웃으면서 말했다.

"이 달 안으로 조선을 보호국으로 만들어야 한다. 조선은 일본의 손바닥에 들어와 있지 않은가?"

이토 히로부미가 유쾌하게 웃음을 터트렸다.

"내일 다시 고종을 협박하겠습니다."

이토 히로부미는 일본에서 경성으로 올 때 기생까지 데리고 왔다. 기생은 이토 히로부미의 부인으로부터 돈을 받고 이토 히로부미를 잘 모시라는 당부를 받았다. 이토 히로부미를 비롯한 일본인들은 매일같이 대책회의를 열었고 기생들은 수발을 들었다. 그러면서 고종을 협박하고 이를 자랑스워하면서 술을 마시는 것을 지켜보았다. 이 기생은 훗날 이런 기록을 남겼다.

일본인들이 조선의 황제를 협박한 이야기를 들으면서 조선 황제가 불쌍하여 울었다.

일본 기생의 눈에까지 고종이 불쌍해 보일 정도로 일본인은 고종을 집요하게 협박했다.

협박과 회유에 넘어간 대신들

이토 히로부미는 하세가와 사령관을 대동하고 다시 대궐로 들어 갔다. 고종은 덕수궁에 머물고 있었다. 고종과 대한제국 대신들을 협박하기 위해 시내 곳곳에서 일본군이 시위를 벌였고 대궐 안에도 무장한 일본군 헌병과 경찰이 들어와 회의장을 에워쌌다. 여기저기 서 총을 쏘면서 고종과 대신들에게 공포 분위기를 조성했다.

"폐하, 오늘은 반드시 협약을 체결해야 합니다."

이토 히로부미가 고종을 위협했다.

"나는 죽기로 맹서하였으니 마음대로 하시오."

"일본군이 대궐을 에워쌌습니다."

"명성황후를 시해한 것처럼 나도 시해하시오."

고종의 완강한 반대에 회의가 무산되었다.

11월 17일에는 일본 공사가 대한제국의 각부 대신들을 일본 공사 관으로 불렀다.

"한국 대신들은 속히 협약안에 찬성하시오. 대신들이 찬성하면 황제도 어쩔 수 없을 것이오."

하야시 공사가 대신들을 윽박질렀다. 그러나 대신들은 필사적으 로 반대했다. 회의는 대궐로 장소를 옮겨 다시 열렸다. 이토 히로부 미는 대신들을 한 사람씩 불러서 찬성과 반대 의견을 물었다.

"이는 나라를 팔아먹는 협약이오. 나는 찬성하지 않을 것이오."

참정대신 한규설이 반대했다.

"나도 반대하오. 이 조약에 찬성하면 역적이 되는 것이오."

탁지부대신 민영기도 반대했다. 법부대신 이하영과 농상공부대신 권중현은 소극적인 반대를 하다가 찬성으로 돌아섰다. 학부대신 이완용, 군부대신 이근택, 내부대신 이지용, 외부대신 박제순이 일본 측의 조약안 자구 몇 개를 수정하는 조건으로 찬성 의사를 밝혔다.

"대신들이 찬성했으니 폐하의 재가를 받으시오."

이토 히로부미가 강경하게 말했다.

"무슨 말이오? 나는 분명히 반대했소."

한규설이 노기를 터트렸다.

"나도 반대했소."

민영기도 분개하여 소리를 질렀다.

일본은 을사조약 체결 이후 경복궁의 광화문 안에 통감부 건물을 지었다.

"일곱 대신 중에 다섯이 찬성했소. 외부대신은 가서 재가를 받으시오."

이토 히로부미가 강압하자 박제순이 엉거주춤 자리에서 일어섰다.

"폐하께서 재가하면 안 되오."

한규설은 고종에게 달

려가다가 일본군의 방해로 쓰러졌다. 이토 히로부미는 한규설과 민영기를 연금했다. 일본군이 총칼로 위협하면서 한규설과 민영기를 연금하는 걸 보고 대신들이 공포에 떨었다.

"자, 이제 외부대신이 서명하시오. 황제가 반대해도 상관이 없소."

이토 히로부미가 박제순을 협박했다.

"오늘은 기필코 서명해야 할 것이오. 서명하지 않으면 아무도 이 방에서 나가지 못할 거요."

하세가와 사령관도 대신들을 위협했다. 박제순은 이토 히로부미와 하세가와 사령관의 협박에 견디다 못해 마침내 협약안에 서명했다.

한국 정부 및 일본국 정부는 양제국을 결합하는 이해를 공통으로 공고히 하고자 한국의 부강의 실(實)을 인정할 수 있을 때에 이르기까지 이를 위하여 이 조관(條款)을 약정한다.

제1조 일본국 정부는 재도쿄 외무성을 경유하여 금후 한국의 외국에 대한 관계 및 사무를 감리(監理), 지휘하며, 일본국의 외교 대표자 및 영사는 외국에 재류하는 한국의 신민(臣民) 및 이익을 보호한다.

제2조 일본국 정부는 한국과 타국 사이에 현존하는 조약의 실행을 완수할 임무가 있으며, 한국 정부는 금후 일본국 정부의 중개

를 거치지 않고는 국제적 성질을 가진 어떤 조약이나 약속도 하지 않기로 상약한다.

제3조 일본국 정부는 그 대표자로 하여금 한국 황제 폐하의 궐하에 1명의 통감(統監)을 두게 하며, 통감은 오로지 외교에 관한 사항을 관리하기 위하여 경성(서울)에 주재하고 한국 황제 폐하를 친히 내알(內謁)할 권리를 가진다.

일본국 정부는 또한 한국의 각 개항장 및 일본국 정부가 필요하다고 인정하는 지역에 이사관(理事官)을 둘 권리를 가지며, 이사관은 통감의 지휘하에 종래 재한국 일본 영사에게 속하던 일체의 직권을 집행하고 아울러 본 협약의 조관을 완전히 실행하는데 필요한 일체의 사무를 장리(掌理)한다.

제4조 일본국과 한국 사이에 현존하는 조약 및 약속은 본 협약에 저촉되지 않는 한 모두 그 효력이 계속되는 것으로 한다.

제5조 일본국 정부는 한국 황실의 안녕과 존엄의 유지를 보증한다.

을사보호조약이라고 부르는 이 조약에 의해 한국은 외교권을 박탈당했다. 을사조약이 체결되자 조선은 발칵 뒤집혔다. 한양에 있는 모든 사람들이 넋을 잃고 거리로 몰려나와 통곡했다.

협약안에 찬성한 대신들은 을사오적(乙巳五賊)이라고 불리게 되었다. 일본에 외교권을 빼앗기면서 외국에 있던 한국 공사관이 모두 폐지되고 한국에 있던 영국, 미국, 청국, 독일, 벨기에 등 유럽의 공사관도 폐지되어 공사들이 철수하여 돌아갔다.

이토 히로부미는 1906년 2월 서울 남산에 조선통감부를 설치하고 초대 통감으로 부임했다.

민영환은 왜
자결했는가?

하늘이 무너지는 듯한 충격이었고 땅이 뒤집히는 듯한 슬픔이었다. 조선인들은 하루아침에 나라 잃은 백성으로 전락했다. 고종은 을사조약이 선포되자 이를 무효화시키기 위해 전력을 기울였다. 유럽 여러 나라의 언론은 을사조약이 강압에 의해 체결되었다면서 무효라고 주장했다. 그러나 영국, 미국 등은 이미 일본과 협약을 맺었기 때문에 공식적으로 언급을 회피했다.

시일야방성대곡

'천하에 이런 악독한 놈들이 어디에 있는가? 개돼지만도 못한 놈들이 나라를 팔아먹었다.'

〈황성신문〉 사장 장지연은 이를 갈았다. 〈황성신문〉은 1898년 9월

5일 낭궁억 등이 공모하여 2,500원의 자본금으로 발행한 신문이었다. 주필로 유근, 박은식 등 쟁쟁한 인물들이 참여했고 나중에는 장지연이 주필이 되었다가 사장이 되었다.

장지연은 사장이 되자 1904년 2월 4일 〈한일의정서〉를 게재했다가 삭제하라는 명령을 받는 등 일본의 불합리한 일들을 낱낱이 보도했다. 일본의 탄압이 극심해지자 장지연은 신문의 활자를 뒤집어 인쇄하는 속칭 '벽돌신문'으로 발행하여 대항했다.

11월 19일 속칭 을사보호조약이라고 불리는 한일조약이 선포되었다.

장지연은 1905년 11월 20일 〈황성신문〉 사설에 저 유명한 〈시일야방성대곡(是日也放聲大哭)〉을 발표했다.

> 지난 번 이등(伊藤) 후작이 내한했을 때에 어리석은 우리 인민들은 서로 말하기를, "후작은 평소 동양 삼국의 정족(鼎足) 안녕을 주선하겠노라 자처하던 사람인지라 오늘 내한함이 필경은 우리나라의 독립을 공고히 부식케 할 방책을 권고키 위한 것이리라" 하여 인천항에서 서울에 이르기까지 관민상하가 환영하여 마지않았다. 그러나 천하 일 가운데 예측키 어려운 일도 많도다. 천만 꿈밖에 5조약이 어찌하여 제출되었는가. 이 조약은 비단 우리 한국뿐만 아니라 동양 삼국이 분열을 빚어낼 조짐인즉, 그렇다면 이등 후작의 본뜻이 어디에 있었던가? 그것은 그렇다 하더라도 우리 대황제 폐하의 성의(聖意)가 강경하여 거절하기를 마다하지

않았으니 조약이 성립되지 않은 것인 줄 이등 후작 스스로도 잘 알았을 것이다. 그러나 슬프도다. 저 개돼지만도 못한 소위 우리 정부의 대신이란 자들은 자기 일신의 영달과 이익이나 바라면서 위협에 겁먹어 머뭇대거나 벌벌 떨며 나라를 팔아먹는 도적이 되기를 감수했던 것이다.

아! 4천 년의 강토와 5백 년의 사직을 남에게 들어 바치고, 2천만 생령들로 하여금 남의 노예 되게 하였으니, 저 개돼지보다 못한 외무대신 박제순과 각 대신들이야 깊이 꾸짖을 것도 없다 하지만, 명색이 참정(參政)대신이란 자는 정부의 수석임에도 단지 부(否)자로써 책임을 면하여 이름거리나 장만하려 했더라 말이냐. 김청음처럼 통곡하여 문서를 찢지도 못했고, 정동계처럼 배를 가르지도 못해 그저 살아남고자 했으니, 그 무슨 면목으로 강경하신 황제 폐하를 뵈올 것이며, 그 무슨 면목으로 2천만 동포와 얼굴을 맞댈 것인가.

아! 원통한지고. 아! 분한지고. 우리 2천만 동포여, 노예된 동포여! 살았는가, 죽었는가? 단군 기자 이래 4천 년 국민정신이 하룻밤 사이에 홀연 망하고 말 것인가. 원통하고 원통하다. 동포여! 동포여!

장지연의 〈시일야방성대곡〉이 〈황성신문〉에 발표되자 온 나라가 들끓었다. 장지연은 을사오적을 비롯하여 참정대신 한규설까지 개돼지라고 비난했다. 일본군은 즉각 장지연을 비롯하여 〈황성신문〉

관계자 10여 명을 체포했다.

국권을 침탈당한 일이었다. 죽지 못한 신하 최익현이 상소를 올리고 조정 대신들은 다투어 조약을 파기하라는 상소를 올렸다. 최익현은 그들을 매국노라고 부르면서 저들이 황실을 보전한다는 말을 믿느냐면서 고종까지 비난했다.

죽음으로써 항거하다

'이제 나라의 주권을 빼앗겼으니 어떻게 살아야 한다는 말인가?'

시종무관장 겸 육군부장인 민영환은 비통했다. 그는 전 좌의정 조병세 등과 함께 고종에게 상소를 올려 늑약을 파기할 것을 요구했다. 수많은 유림의 선비들과 군중들이 대한문 앞으로 몰려와 통곡했다.

"폐하께서 속히 조약을 파기하고 오적을 참수하소서."

대한문 앞에는 흰옷을 입은 선비들이 가득했다. 그들은 밤늦게까지 대한문 앞을 떠나지 않고 조약의 파기와 오적의 참수를 요구했다.

"일본은 조선에서 물러가라."

조선인들은 일본을 격렬하게 비난했다.

'유서 깊은 한양이 통곡의 바다가 되었구나.'

조선인들은 주권을 빼앗겨 슬퍼하고 있었다. 날씨는 을씨년스러웠다. 11월이라 나뭇잎들이 모두 떨어지고 찬바람이 불었다. 고종이 있는 덕수궁의 정문 대한문은 일본군이 삼엄하게 지키고 있어서 들어갈 수가 없었다.

"조선의 대신들을 체포하라."

밤이 깊어도 조선인들이 물러가지 않자 일본군이 출동하여 전현 직 대신을 체포했다.

민영환과 조병세는 대한문 앞에서 일본군에게 체포되어 평리원에 갇혔다. 그는 회유와 협박을 받았다.

"나는 죽어도 이 조약에 찬성할 수 없다. 이토 히로부미는 2천만 조선인의 원수니 반드시 조선인에게 죽임을 당할 것이다."

민영환이 일본인들을 노려보며 소리를 질렀다. 통감부 관리들은 고개를 흔들면서 돌아갔다.

"이완용 등 을사오적에게 전하라. 역적의 더러운 이름은 천 년 만년이 지나도 사서(史書)에 남을 것이다."

민영환은 이완용에게도 저주를 했다. 그러나 을사조약이 파기되지는 않았다. 조선인들이 곳곳에서 통곡하고 의병을 일으켰으나 소용이 없었다.

민영환은 11월 29일에야 조병세와 함께 석방되었다.

민영환은 비통한 심정으로 집으로 돌아왔다.

'이제 나는 무엇을 해야 하는가?'

민영환은 나라가 망했는데도 일본에 저항할 수 없다는 사실에 절망했다. 명성황후가 시해되었을 때 피눈물을 흘렸으나 복수도 하지 못했고 일본을 몰아낼 방도도 찾지 못했다. 민영환은 아무것도 할 수 없는 현실에 분노했고 나중에는 슬픔으로 가슴이 찢어질 것 같았다.

'그래. 나라가 망했는데 살아서 무엇을 하는가? 죽어서 열국 공사들에게 일본의 만행을 알리고 백성들을 궐기해야 한다.'

민영환은 순절하기로 결심했다. 그는 가족들에게 자신이 죽어야 하는 이유를 설명하고 열국 공사들에게 보내는 편지와 동포들에게 보내는 유서 〈결고아대한제국이천만동포(決告我大韓帝國二千萬同胞)〉를 남기고 칼로 목을 찔러 자진했다.

아아! 국가의 수치와 백성의 욕됨이 여기에 이르렀으니, 우리 인민은 장차 생존경쟁에서 잔멸하리로다. 대체로 살기를 바라는 자는 반드시 죽고, 죽기를 바라는 자는 반드시 사는 법인데, 제공(諸公)들은 어찌해서 이를 알지 못하는가?

이제 영환은 한 번 죽음으로써 우리 임금의 은혜에 보답하고 이로써 2천만 동포형제에게 사례하는 바이니, 영환은 죽어도 아주 죽는 것이 아니요, 기필코 구천(九泉) 밑에 가서라도 제군들을 도우리라. 바라건대 우리 동포형제들은 더욱 분투하고 노력하며 지기(志氣)를 견고히 하여, 그 학문에 힘쓰고 마음을 합하고 힘을 다하여 우리의 자유와 독립을 회복시키라. 그리하면 죽은 자는 마땅히 명명(冥冥)한 속에서도 웃을 것이다.

아아! 여러분들은 조금도 실망하지 말지어다.

민영환이 2천만 동포들에게 피 끓는 유서를 남기고 자살하자 많은 사람들이 슬퍼하면서 그의 충심을 기렸다. 고종은 민영환이 자결했다는 말을 듣고 울었다.

"이 중신은 타고난 성품이 온화하고 유순하며 의지와 기개가 단정하여, 왕실의 근친으로서 보좌한 것이 많았고 공적이 컸다. 이 어려운 때에 괴로운 심정을 이기지 못해 열렬한 의분을 참을 수 없어 마침내 자기 목숨을 깨끗하게 끊었다. 충성스럽고 의로운 정신은 해와 달을 뚫을 만하다. 짐의 비통한 마음을 어찌 다 말할 수 있겠는가?"

고종은 민영환의 죽음이 가슴을 에는 것 같았다.

'너는 죽어서 편하겠으나 나는 죽지도 못 하니 어이하란 말이냐?'

고종은 민영환의 장례를 성대하게 치르도록 영을 내렸다. 열국 공사들도 민영환의 자살 소식에 큰 충격을 받았다.

세상을 마음에 담았던 사람

민영환은 1861년 7월 2일 한양 견지동에서 태어났다. 그는 임오군란 때 구식 군대의 군사들에게 죽은 민겸호의 아들이었다. 민겸호는 부패하여 조야의 원성을 샀다. 그는 아버지의 죽음에 충격을 받고 나라를 위한 삶이 무엇인지 깊은 생각에 잠겼다.

'아버지가 부패한 대신이었다니……'

민영환은 아버지의 죽음이 슬프면서도 치욕스러웠다. 아버지와 같은 오명을 쓰지 않겠다고 마음속으로 굳게 다짐했다.

민영환은 민태호에게 입양되었는데 민태호는 갑신정변 때 김옥균 일파에게 살해되었다. 민영환은 임오군란으로 민겸호가 살해되자 관직을 사직하고 3년 동안 아버지의 묘를 돌봤으나 민태호마저 죽임을 당한 것이다.

'어찌 이와 같은 일이 있는가? 생부가 살해되었는데 양부마저 살해당하다니……'

민영환은 운명이 기구하다고 생각했다. 민태호는 민겸호가 죽은 이후 정치에 나서지 않았으나 김옥균 일파가 단지 척족이라는 이유로 살해한 것이다.

민영환은 민태호의 죽음 이후 관직에 나가고 싶지 않았다. 깊은 산속으로 은거하고 싶었으나 명성황후가 놓아 보내지 않았다. 그는 상중인데도 이조참의 등 요직을 역임한 뒤에 1887년 27세에 예조판서로 승진했다.

1895년, 명성황후가 시해되었다.

'중전마마께서 시해당하다니, 참으로 흉악한 놈들이다.'

민영환은 일본의 만행에 치를 떨었다. 그러나 한양은 일본군에게 점령당해 있었다.

고종의 아관파천으로 친일 김홍집 내각이 붕괴되고 친러 정권이 들어서자 민영환은 특명전권공사로 임명되어 러시아 황제 니콜라이 2세 대관식에 참석하게 되었다. 니콜라이 2세 대관식은 5월 26일 모스크바 크레믈린 궁에서 열리기로 되어 있었다. 민영환은 윤치호, 김득련, 김도일 등을 대동하고 러시아로 길을 떠났다. 인천에서 러시아 군함을 타고 상해, 나가사키, 동경을 거쳐 캐나다 밴쿠버에 도착했다.

민영환은 밴쿠버를 살핀 뒤에 기차를 타고 뉴욕으로 갔다. 그는 비록 3일 동안밖에 뉴욕에 머무르지 않았으나 발전한 도시 문명에 충격을 받았다.

'조선은 우물 안 개구리였어.'

민영환은 뉴욕을 보고 조선이 얼마나 기계문명에 뒤떨어져 있는지 알 수 있었다. 그는 상선을 타고 대서양을 건너 런던으로 갔다.

태평양을 건널 때도 망망대해를 보았으나 대서양 역시 끝이 보이지 않는 바다였다. 그는 런던에서 대영제국의 위용을 보고 네덜란드, 독일, 폴란드를 거쳐 러시아로 들어갔다.

'미국도 큰 나라지만 러시아도 작은 나라가 아니구나.'

민영환은 광활한 대륙을 갖고 있는 러시아에 감탄했다. 그는 3개월 동안 러시아에 머물면서 러시아의 군사제도에 깊은 관심을 기울였다.

민영환은 1896년 10월 21일 귀국한 뒤 군부대신 등을 역임했다.

1897년 1월 민영환은 다시 영국, 독일, 러시아, 프랑스, 이탈리아, 오스트리아 등 6개국 특명전권공사로 겸임 발령을 받았다. 3월 1일 영국 빅토리아 여왕 즉위 60년 축하식에 참석하라는 어명을 받고 3월 24일 한양을 출발하여 상해, 나가사키를 거쳐 마카오로 갔다. 다시 싱가포르, 인도를 거쳐 수에즈운하를 통과하고 지중해를 건너 러시아에 도착했다.

민영환은 러시아 황제 니콜라이 2세에게 고종의 친서를 전달하고 러시아를 떠나 6월 5일 런던에 도착하여 빅토리아 여왕을 알현하고 국서와 고종의 친서를 전달한 뒤에 6월 22일 열린 즉위 60주년 기념식에도 참석했다.

민영환은 두 차례의 여행으로 많은 경험을 쌓았다. 그는 여행에서 돌아와서 부국강병과 군사제도 개편으로 대한제국을 발전시키려 노력했으나 뜻을 이루지 못했다. 국제정세는 그가 손을 쓸 수 없을 정도로 급변했고 조선은 기어이 일본에 주권을 빼앗기게 된 것이다.

민영환이 자결한 뒤에 그의 피 묻은 옷을 간직한 마루에서 푸른 대나무가 자라났다. 대나무 잎사귀는 모두 45개였는데 민영환이 순국할 때의 나이와 같았다.

> 경성 사람들이 모두 와서 구경하여 10일에서 한 달 동안 인산인해를 이루었다. 서양 상인들도 와서 보고 처음 자결할 때와 같이 술을 따르고 곡을 했다. 도성 사람들은 그 광경을 그리거나 목판에 새겨 팔았다. 청나라 사람들이 그 광경을 시로 읊어 사람들이 시집을 만들기도 했다.

황현의 《매천야록》에 있는 기록이다. 민영환의 집에서 대나무가 자라자 많은 사람들이 충신의 절개가 대나무로 자란 것이라고 말했다.

이준 열사가 헤이그에서
분사한 사건

을사늑약은 조선인들을 깊은 슬픔과 좌절 속으로 몰아넣었다. 고
종은 하루하루를 살아가는 것이 고통스러웠다. 전국에서 의병이 일
어났으나 소용이 없었다. 민영환과 조병세를 비롯하여 여러 사람들
이 을사늑약에 분개하여 자결했으나 역사의 물줄기를 돌리기에는
역부족이었다. 이토 히로부미는 통감이 되자 본격적으로 조선을 다
스리기 시작했다. 통감부가 절대적인 권한을 갖고 있었기 때문에
대한제국의 황제는 허수아비에 지나지 않았다.

이토 히로부미는 일본 헌병을 동원하여 대한제국의 행정권과 사
법권까지 장악했다.

세계 만국평화회의

1907년 4월 러시아의 니콜라이 2세 황제가 헤이그 제2차 만국평화회의에 초대하는 초청장을 보내왔다. 그러나 고종은 만국평화회의가 무엇인지도 몰랐고 통감부는 초청장이 온 사실도 보고하지 않았다.

이 사실을 먼저 알게 된 것은 상동교회부설 상동청년학교의 전덕기 목사와 이상설, 최남선, 양기탁, 이준 등이었다.

"만국평화회의에 우리 대표를 파견하여 을사조약의 무효를 선언하고 대한제국이 독립국이라는 사실을 세계만방에 알려야 합니다."

이준과 이상설은 절호의 기회라고 생각했다.

"그렇다면 헤이그에 특사를 파견해야 하는데 황제 폐하의 위임장이 필요하오."

"폐하를 만날 수 없는데 어떻게 위임장을 받겠소?"

"폐하의 근위대 중에 조남익이라는 시종이 있소. 그를 설득하여 폐하를 알현합시다."

이준과 이상설은 조남익을 만나 상의했다.

"그런 일이라면 내가 어찌 돕지 않겠소?"

조남익은 일본인들의 눈을 피해 대궐에 들어가 고종에게 보고했다.

"폐하, 헤이그에서 만국평화회의가 열린다고 합니다."

"만국평화회의가 무엇인고?"

"세계 여러 나라의 대표들이 모여 평화에 대해 논의하는 것이라고 합니다. 우리의 독립을 전 세계에 알릴 기회입니다."

조남익은 이준을 만나보라고 고종을 설득했다. 고종이 허락하여 이준은 밤중에 몰래 대궐에 들어가 고종을 알현했다. 그는 헤이그에 밀사를 파견하는 일을 고종에게 설명했다.

"알겠다. 숙고하여 알려주겠다."

고종은 일단 이준을 물러가게 했다. 고종은 이준이 물러간 뒤에 많은 생각을 했다. 특사를 헤이그에 파견하면 이토 히로부미가 격렬하게 반발할 것이다. 그러나 특사를 보내지 않을 수 없었다. 고종은 친히 위임장을 쓰고 대한제국 직인 대신 수결을 찍었다.

"이것을 이상설에게 전하라."

고종이 위임장을 시종 조남익에게 주었다. 이상설을 헤이그 정사, 이준을 부사로 한다는 밀지와 함께였다.

조남익은 내시 안호형과 함께 위임장을 조남승에게 전달하고 조남승이 이를 이상설에게 전달했다. 그러나 그들은 헤이그까지 가는 여비가 없었기 때문에 선뜻 출발하지 못하고 있었다.

"특사들이 떠났는가?"

고종이 조남익에게 물었다.

"아직 떠나지 못하고 있습니다."

"무슨 까닭으로 떠나지 못하는가?"

"여비가 없다고 합니다."

"내가 여비를 마련해 줄 것이다."

고종은 헤이그에 가는 밀사들에게 여비를 마련해 주기로 했다. 그러나 고종의 자금 마련이 쉽지 않아 이준은 일단 부산으로 출발했다.

그는 블라디보스토크에서 이상설과 이위종을 만났다. 이위종은 이때 러시아에 있었고 아버지 이범진을 따라 다니면서 독립운동을 하며 세계 여러 나라를 다녔기 때문에 러시아어와 영어에 능통했다.

| 헤이그 밀사 이준, 이상설, 이위종 |

"헤이그까지 가려면 막대한 여비가 필요한데 여비는 가지고 왔소?"

이위종이 어두운 표정으로 이준에게 물었다.

"폐하께서 주신다고 하셨으나 시간이 없어서 내가 먼저 출발했소."

"그럼 어찌합니까?"

"여기 교민들에게 모금하는 방법밖에 없을 것 같습니다."

"그렇게라도 합시다."

이상설이 찬성했다. 이상설과 이준은 연해주의 한인지도자 최재형과 정순만 등을 만나 협조해줄 것을 부탁했다. 그들이 연해주 교민들을 움직여 1만 8천 원을 마련해주었다. 한 달이 지나서야 러시아의 블라디보스토크에서 상트페테르부르크를 거쳐 헤이그로 출발할 수 있었다.

"어디가 불편하십니까?"

이준이 때때로 가슴을 움켜쥐는 것을 보고 이위종이 물었다.

"배가 조금 아플 뿐입니다."

이준은 미소를 지으면서 대답했다.

"나라 걱정을 너무하여 아픈 것입니다."

이준은 내내 배가 아파 고통스러워했다.

이위종은 이준과 이상설을 데리고 헤이그에 도착했다.

일본의 방해와 피 끓는 항변

이준을 비롯하여 헤이그에 밀사들이 도착하자 일본은 발칵 뒤집혔다. 밀정 배정자의 활약으로 고종이 헤이그에 밀사를 파견한 것을 눈치챘으나 그들은 밀사를 헐버트로 생각하고 있었다.

"한국의 밀사가 회의장에 입장하지 못하게 하라."

일본은 영국과 손을 잡고 이상설, 이준, 이위종이 회의장에 입장하려고 하자 강제로 끌어냈다.

"수만 리 먼 길을 달려왔는데 회의장에 입장하지 못하다니 이게 무슨 꼴인가?"

이준은 피를 토하고 회의장 앞에 쓰러졌다. 이준은 즉각 헤이그의 병원으로 실려 갔다.

"이대로 물러날 수 없소."

이위종은 프랑스어가 유창했기 때문에 기자 클럽으로 가서 일장 연설을 했다.

일본인들은 항상 큰 목소리로 얘기합니다. '우리는 한국에서 일본의 국익만을 추구하는 것이 아니라 모든 세계 문명인으로서의

일을 하는 것이며, 개방정책을 유지하며 모든 국가에 동등한 기
회를 보장한다'고 말합니다. 그러나 러일전쟁 이후 그들은 변했
습니다. 놀랍고도 원통하게도 그들은 모든 나라에 대한 정의롭
고 평등한 기회 대신 추하게, 불의하게, 비인도적으로, 자기 욕
심대로, 결정적으로 야만적인 정책을 펴기 시작했습니다.

이위종의 연설은 기자들을 감동시켰고 〈기자협회신문〉에 연설문
전문이 실리기까지 했다. 그러나 그의 연설도 소용이 없었고 오히
려 헤이그 병원에 입원했던 이준 열사가 회복하지 못하고 병사했다.
'아아 어찌 이럴 수가 있는가?'
이위종과 이상설은 이준이 분사(憤死)하자 울면서 그를 헤이그에
묻고 러시아로 돌아왔다. 일본은 궐석 재판으로 그들에게 사형을
선고했다.
헤이그에는 이상설과 이준, 이위종뿐 아니라 또 다른 밀사가 있었
다. 그는 미국인 선교사 헐버트였다. 헐버트는 미국을 거쳐 헤이그
에 도착하여 평화클럽에서 일장 연설을 하는가 하면 한국의 밀사들
을 적극적으로 도왔다.
그들의 활약으로 일본의 야만성이 전 세계에 폭로되었다.
헤이그 밀사 사건은 한국에도 알려졌다.

그들이 헤이그에 도착했을 때 이위종은 한일 간의 변란에 대한
전말을 일일이 역설했는데 각국 대표들은 외교권이 없다고 연설

한국인보다 한국을 더 사랑한 선교사 헐버트의 묘. 양화진 외국인 선교사 묘지에는 헐버트를 비롯하여 언더우드, 벙커 등 수많은 선교사들이 묻혀 있다

을 못하게 했다. 이준은 분을 참지 못하고 스스로 배를 가른 후 피를 한 줌 쥐어 회의장에 뿌리면서 '이래도 믿지 않습니까?' 하였다. 피가 낭자하게 흘러내리고 이준은 쓰러졌다. 대표들이 크게 놀라 열혈장부라고 소리를 질렀다.

황현의 《매천야록》에 있는 기록이다. 이 기록 때문에 1960년대까지 이준 열사는 배를 갈라 자결한 것으로 알려졌다. 이 기록 때문에 이준은 열사로 불린 것이다. 그러나 그가 병사했다는 사실이 당시 기록으로 밝혀져 《매천야록》이 오류라는 사실을 알게 되었다.

이준이 비록 병사한 것이기는 하지만 대한제국의 독립을 위해 임

무를 수행하다가 죽었다는 것을 인정하여 열사라는 칭호는 취소되
지 않았다.

고종의 퇴위로 이어지다

헤이그 밀사 사건이 터지자 누구보다도 분노한 것은 통감 이토 히
로부미였다. 그는 이완용을 불러 고종을 퇴위시키라고 지시했다.

1. 을사조약에 어인(御印)을 찍어라.
1. 황위를 황태자에게 양위하라.
1. 고종이 일본으로 가서 일왕에게 사죄하라.

이완용은 이토 히로부미의 지시를 받고 고종에게 을사조약에 어
인을 찍고 양위하라고 강요했다. 그러나 고종은 윤허하지 않았다.

"태자에게 전위하십시오. 그러지 않으면 책임을 면할 수 없습니다."

"네가 대체 어느 나라 대신이냐?"

고종은 몸을 떨면서 분통을 터트렸다.

"폐하께서는 지금이 어느 세상이라고 그따위 무모한 짓을 하십니
까? 전위를 하지 않으면 살아날 수 있을 것이라고 생각하십니까?"

이완용은 칼을 뽑아들고 고종을 위협했다. 고종은 결국 황위를 태
자에게 양위한다는 조칙을 내렸다.

아! 짐이 역대 임금들의 크나큰 위업을 계승하고 지켜온 지 이제

44년이 되었다. 여러 차례 큰 난리를 겪으면서 정사가 뜻대로 되지 않아 인재 등용이 더러 적임자로 되지 못하여 소란이 나날이 심해지고 조치가 시기에 대부분 맞지 않아 근심스러운 일이 급하게 생겼다. 백성들의 곤궁과 나라의 위기가 이보다 심한 때가 없어서 두려워하는 것이 마치 얇은 얼음을 건너는 듯하다. 다행히 황태자의 덕스러운 기량은 하늘이 준 것이고 훌륭한 명성은 일찍부터 드러났다. 문안을 하고 식사를 살펴보는 겨를에 도움을 주는 것이 컸고 정사를 베풀고 개선하는 방도에 부탁할 만한 사람이 있게 되었다. 짐이 가만히 생각하건대 황위를 물려주는 것은 원래 역대로 시행해오는 규례였고, 또한 우리 선대 임금들의 훌륭한 예의를 옳게 계승해야 할 것이다. 짐은 지금 군국(軍國)의 대사(大事)를 황태자로 하여금 대리하게 하노니, 의식 절차는 궁내부와 장례원(掌禮院)에게 마련하여 거행하도록 하라.

1907년 7월 18일의 일이었다. 고종은 12세의 어린 나이에 조선의 국왕이 되어 44년 동안 군림했으나 그는 망국의 군주에 지나지 않았다. 그가 죽자 황태자 척이 즉위하여 조선의 마지막 황제 순종이 되었다.

대한제국이 무너져가고 있을 때 오로지 독립을 세계에 알리기 위해 낯선 나라, 낯선 땅까지 수만 리를 여행하여 찾아간 이준 열사는 뜻을 이루지 못했으나 그의 숭고한 죽음은 오랫동안 사람들의 가슴을 아프게 했다.

안중근은 왜
이토 히로부미를 저격했나?

1909년 일본은 조선을 합병하기 위한 모든 계획을 치밀하게 세워 놓고 초읽기에 들어가 있었다. 그런데 10월 26일 저 멀리 북만주의 하얼빈 역에서 이토 히로부미가 안중근에게 사살되면서 일본 조야가 발칵 뒤집혔다.

"이토 히로부미는 안중근의 총탄을 맞고 급히 특급열차로 옮겨졌으나 곧바로 숨이 끊어졌다."

"이토 후작 조선인에게 암살!"

전보가 쉬지 않고 날아오고 일본 신문들이 대서특필했다. 일본 조야는 당황했으나 조선인들은 춤을 추면서 환호했다. 10월 26일의 이 거사는 실의의 나날을 보내고 있던 조선인에게 한 줄기 단비와 같았다.

"안중근이 누구야?"

"황해도 해주 사람이래."

조선인들은 삼삼오오 모여서 안중근의 의거에 박수를 보냈다. 대한제국의 운명이 마지막 숨결만 남아 있던 시절이었다.

흔들리는 마음

안중근이 이토 히로부미를 저격하기 위해 하얼빈에 도착한 것은 1909년 10월 22일이었다. 그는 10월 24일 하얼빈에 있는 고려인 김성백의 집에서 묵기로 했으나 그 집이 옹색하여 여관을 잡고, 여관방에 앉아서 블라디보스토크에 있는 대동공보사의 이강에게 편지를 썼다.

> 저희가 이달 22일 오후 하얼빈에 도착하여 원동보를 본즉, 이토 히로부미는 6일 뒤 관성자 역을 출발하여 러시아 철도국 총독 특별열차로 하얼빈에 도착한다 하였으므로 우리는 조도선과 함께 가족을 출영(出迎, 마중 나가다)하는 것처럼 위장하여 관성자 역으로 향할 것입니다. 하얼빈 역과 몇 정거장 떨어진 어느 역에서 기다리다가 거사할 계획인데, 일의 성사는 하늘에 있는지라 요행히 동포의 선도를 기다려 도움을 받을 것을 바라나이다. 하얼빈 시내의 김성백 씨에게서 돈 50원을 빌려서 여비에 사용하였으니 갚아줄 것을 희망합니다. 대한 독립 만세!

안중근은 자신의 거사를 이강에게 알려 대동공보사에서 보도하기를 바랐다. 그의 거사가 단순히 이토 히로부미를 저격하는 것이 아니라, 일본과 전쟁을 치르는 대한제국 의병으로서 무장 투쟁의 하나라는 사실을 널리 알리려고 한 것이다.

안중근은 좀처럼 잠이 오지 않았다. 그의 나이 불과 서른두 살이었다. 고향에 있는 어머니와 아내, 그리고 아이들의 얼굴이 떠올랐다. 회령 일대에서 일본군에 대항해서 무장투쟁을 하던 일도 머릿속을 스치고 지나갔다.

의병을 이끌고 일본군과 싸우다가 패한 것은 안중근의 가슴에 많은 회한을 남겼다. 연해주 일대에 거주하는 수많은 젊은이를 이끌고 일본군과 싸웠으나 무참하게 패배한 것이다. 그는 의병 투쟁을 하다가 죽은 동지들을 떠올릴 때마다 비감했다.

'동지들을 위해, 대한제국을 위해 이토 히로부미를 죽여야 한다.'

안중근은 나라의 원수를 갚기 위해 이토 히로부미를 죽이기로 결심했다. 이토 히로부미를 저격하고 나면 그도 살아남지 못할 것이다. 아내는 남편이 자신과 아이들을 두고 죽음의 길을 택한 것을 알면 얼마나 슬퍼할 것인가.

안중근은 잠이 오지 않자 자신의 마음을 다잡기라도 하듯이 시 한 수를 지었다.

장부가 세상에 처함이여 그 뜻이 크도다
때가 영웅을 지음이여 영웅이 때를 지음이로다

천하를 응시함이여 어느 날에 대업을 이룰꼬

동풍이 점점 차가우나 장사의 뜻이 뜨겁다

강개하여 한 번 감이여 반드시 목적을 이루리로다

쥐도적 이등이여 어찌 즐겨 생을 같이하랴

어찌 이에 이를 줄을 헤아렸으리요 사세가 고연하도다

동포여 동포여 속히 대업을 이룰지어다

만세 만세여 대한 독립이로다

만세 만세여 대한 동포로다

안중근은 붓을 놓고 끓어오르는 감정을 억누르기 위해 천천히 숨을 쉬었다. 이토 히로부미를 저격하면 일본군에게 넘겨져 사형을 당할 것은 불을 보듯 뻔한 일이었다. 죽음이 두려운 것은 아니었다. 이토 히로부미를 저격하고 그것이 대한제국 의병으로서 마땅히 할 일이라는 사실이 널리 알려지지 않을까 봐 걱정이 되었다.

"안 동지 시를 지었소?"

우덕순이 일어나 앉아서 안중근의 시를 살폈다.

"잠이 오지 않아 몇 줄 적어 보았소."

안중근이 빙그레 웃었다. 밖에는 찬바람이 음산하게 불고 있었다.

"좋은 시요. 그럼 나도 한 수 지어 보겠소."

우덕순도 즉석에서 시를 지었다. 안중근이 지은 시가 〈장부가〉이고 우덕순이 지은 시가 〈거의가〉다.

만났도다 만났도다 너 원수를 만났도다

나 너를 만나려고 수륙 몇만 리 달렸던가

때로는 기차를 타고 때로는 윤선을 타고

앉으나 서나 빌고 빌었다

살피시라 살피시라 우리 구주 살피시라

아, 간흉 네 놈이 우리 강토를 빼앗고

우리 동포를 살해하더니

또 무슨 야심으로 이곳에 오느냐

나의 손에 죽기를 바라느냐

우덕순도 거사를 앞두고 시를 지은 것이다. 그의 시는 직설적이고 간결하다.

"훌륭한 시입니다."

안중근이 우덕순의 시를 읽고 칭송했다.

"부끄럽소. 그저 내 마음을 담았을 뿐입니다."

우덕순이 멋쩍은 표정을 지었다.

안중근과 우덕순은 오랫동안 잠을 이루지 못했다. 창문 밖에는 북만주의 스산한 바람이 불고 있었다. 바람이 불 때마다 창문이 덜컹대고 흔들렸다.

어디에 내릴 것인가?

안중근은 아침이 되자 조도선을 만나 하얼빈 역에 가서 동청열차와 남청열차가 바뀌는 지점이 어디인지 역원에게 물어보게 했다. 러시아 재무장관 코코프체프와 이토 히로부미가 하얼빈에서 만나 회담을 하게 되어 있었으나 철도가 바뀌는 지점에서 하차할 가능성이 많았기 때문이었다.

"남청열차는 채가구에서 정차합니다."

하얼빈 역에 있는 역무원이 대답했다.

"채가구는 조그만 역인데 특별열차도 정차합니까?"

"채가구에 석탄 저장고가 있기 때문에 어떤 열차든지 연료인 석탄을 싣기 위해 정차합니다."

조도선은 고개를 끄덕거리고 안중근에게 돌아와 보고했다.

"그렇다면 채가구 역을 정찰하자."

안중근은 일행과 함께 하얼빈에서 기차를 타고 채가구 역으로 갔다. 차창으로 북만주의 황량한 벌판이 지나갔다. 북만주는 이역 땅이다. 광활한 벌판이 끝없이 펼쳐져 있었다. 채가구 역에 도착하자 짧은 가을 해가 기울기 시작했다.

'이런 곳에 특별열차가 서겠는가?'

안중근은 채가구 역의 초라한 모습을 보고 눈살을 찌푸렸다. 안중근은 러시아 말을 아는 조도선을 시켜 역원과 이야기를 나누게 했다. 조도선이 한참 동안 역원과 이야기를 한 뒤에 안중근에게 돌아왔다.

"역원이 무엇이라고 하는가?"

"하루에 세 번 기차가 지나간다고 합니다."

"특별열차는 어떤가?"

"오늘밤에 하얼빈을 떠나 내일 장춘에서 일본 대신을 태우고 온다고 합니다. 모레 새벽에 채가구에 이를 것이라고 합니다."

일본 대신은 이토 히로부미를 말하는 것이 분명했다. 안중근은 가슴속에서 피가 끓어오르는 것을 느꼈다.

"새벽 몇 시라고는 하지 않던가?"

"6시 정도라고 했습니다."

안중근은 잠시 깊은 생각에 잠겼다. 새벽 6시에는 기차가 정차를 한다고 해도 이토 히로부미가 하차하지 않을 것 같았다.

안중근은 채가구 역을 살피면서 계속 생각했다. 장춘까지 가서 자세히 확인하고 싶었으나 여비가 부족하여 움직일 수 없었다. 하는 수 없이 안중근은 하얼빈에 남아 있는 유동하에게 전보를 보내 '긴급한 일'이 있으면 알려달라고 부탁했다. 긴박한 일은 하얼빈에서 수집한 정보를 의미하는 것이었다.

해가 지자 유동하에게서 답신이 왔다. 하얼빈에는 특별한 일이 없다는 내용이었다. 안중근은 그날 밤 채가구의 허술한 여인숙에서 잠을 잤다. 쓸쓸하고 스산한 북만주의 밤이었다.

'내가 이토 히로부미를 반드시 죽여야 하나?'

안중근은 자리에 누워서 깊이 생각했다.

'이토 히로부미는 우리나라를 강탈한 원흉이다. 이런 놈을 죽이는 것은 당연한 일이다.'

안중근은 이토 히로부미의 죄상을 낱낱이 꼽아 보았다. 그의 죄는 국모인 명성황후를 시해한 죄에서부터 자그마치 15가지나 되었다.

'이토 히로부미는 대동아공영 어쩌고 하면서 입으로는 동양평화를 부르짖고 있지만 실제로는 동양을 짓밟으려는 이리와 같은 자다. 동양평화를 위해서 이러한 자는 반드시 죽여야 한다.'

그렇게 생각하자 한결 마음이 편안해졌다.

"우 동지, 우리 셋이 모두 채가구에 있는 것은 좋지 않소. 특별열차가 새벽에 지나간다고 하니 이토 히로부미가 내리지 않을 가능성이 더 많소."

안중근은 이튿날 아침 우덕순과 상의했다.

"그럼 어떻게 하는 것이 좋겠소?"

"우리가 정확하게 알고 있는 것은 내일 새벽 특별열차가 채가구를 지나간다는 사실뿐이오."

"어떻게 하는 것이 좋을지 안 동지의 계획을 말해 보시오."

"만일을 대비하여 우 동지와 조도선은 채가구에 남고 나는 하얼빈으로 가는 것이 어떻겠소? 이토 히로부미가 채가구에 내리면 우 동지가 쏘고 채가구에서 내리지 않으면 내가 하얼빈에서 쏘는 것이오."

안중근은 이토 히로부미를 저격하는 일을 두 곳에서 나누어 하자고 우덕순에게 제안했다.

"좋소. 그렇게 하면 이토 히로부미를 반드시 제거할 수 있을 것이오."

우덕순은 안중근의 제안에 흔쾌히 승낙했다. 안중근은 우덕순과 작별하고 하얼빈으로 향했다. 일본에서 총리대신을 여러 차례 역임한 이토 히로부미를 러시아 경찰과 군인들이 삼엄하게 경계를 할 것이다. 채가구에서 우덕순과 조도선이 거사에 성공하면 안중근은 위험을 무릅쓰지 않아도 된다. 그들이 성공하면 안중근은 하얼빈 역에서 할 일이 없어지는 것이다. 이토 히로부미를 죽이지 않았기 때문에 사형을 당하지 않아도 될 것이다.

'이토 히로부미는 반드시 내 손으로 처단해야 한다.'

살고 싶다는 생각과 이토 히로부미를 죽여야 한다는 생각이 번갈아 뇌리를 오갔다.

안중근은 하얼빈 역에서 내렸다. 안중근은 제홍교에서 하얼빈 역의 플랫폼을 살폈다. 철로가 초승달처럼 굽어 있었기 때문에 플랫폼은 자세히 보였으나 거리가 멀어서 저격할 수 없었다.

'역사 안에서 저격해야 한다.'

안중근은 하얼빈 거리를 배회했다. 하얼빈은 원래 청나라 영토였으나 러시아에 할양되어 러시아 영토가 되어 있었다. 그래서 거리에 만주인이 많았으나 러시아인도 적지 않았다.

안중근은 돈이 없었기 때문에 날이 어두워지자 김성백의 집으로 향했다. 김성백은 안중근이 무엇을 하는지도 몰랐고 살림도 궁색했으나 안중근을 재워 주었다. 안중근은 자리에 누워 잠을 청했다. 거사를 불과 몇 시간 앞두고 있는데도 기이하게 편안했다. 수많은 고뇌가 씻은 듯이 사라지고 물속처럼 마음이 고요하여 평정심을 찾을 수 있었다.

일본인이 아닌 침략의 원흉에게

10월 26일, 마침내 운명의 날이 밝기 시작했다. 안중근은 새벽에 일어나 세수를 하고 깨끗한 옷으로 갈아입고 마지막으로 권총을 점검했다. 총에는 탄환이 장전되어 있었다. 안중근은 총을 점검한 뒤에 천주님께 조용히 기도를 드렸다. 오랫동안 무릎을 꿇고 기도를 올리자 마치 수난절 성금요일에 수난복음을 읽는 것처럼 가슴속에 성령이 충만한 기분이 들었다.

'아려…… 당신에게 작별할 시간이 없을지도 모르겠소.'

기도를 마치자 고향에 있는 부인 김아려의 얼굴이 떠올랐다.

'아려, 사랑하오.'

안중근은 부인에게 마음속으로 작별의 인사를 하고 군청색 프록코트의 단추를 채웠다. 오늘을 위하여 준비한 새 옷이다.

| 안중근 |

안중근은 김성백의 집을 나와 하얼빈 역을 향해 성큼성큼 걸음을 떼어놓았다. 아직 해는 뜨지 않았고 서리가 내려 유럽풍 건물 지붕과 보도에 하얗게 덮여 있었다. 날씨가 쌀쌀하여 코트의 깃을 바짝 올려 세웠다. 거리에는 인적이 전혀 없었다.

어느 사이에 7시가 되었다. 날이 부옇게 밝아오고 있었으나 자신의 발자국 소리가 들릴 정도로 조용했다.

하얼빈 역은 이토 히로부미를 맞이할

준비를 하느라 새벽부터 러시아 병사와 일본인이 들끓었다. 안중근은 하얼빈 역이 평화로운 것을 보고 특별열차가 채가구 역을 지나 하얼빈을 향해 달려오고 있을 것이라고 생각했다. 채가구에서 우덕순이 성공했다면 하얼빈 역이 발칵 뒤집혀 있을 것이라고 생각했다. 하얼빈 역은 경비는 삼엄했으나 러시아 병사들은 동양인을 일본인으로 생각해 검문하지 않았다.

하얼빈 주재 일본 총영사 카와카미가 이토 히로부미를 환영하는 일본인을 검문하지 말아달라고 러시아 당국에 요청했기 때문이었다.

'하늘이 나를 돕는구나.'

안중근은 하얼빈 역사 안으로 의연하게 걸어 들어갔다. 동청철도와 남청철도가 만나는 하얼빈 역은 역사가 거대하고 인파가 들끓었다. 역 구내 곳곳에 일장기와 러시아 국기가 꽂혀 있고, 러시아의 귀부인과 기모노를 입은 일본 여인이 담소를 나누는 모습도 보였다.

안중근은 역 구내에서 서성거리면 의심을 받을 것 같아 역 안에 있는 다방으로 들어갔다. 날씨가 제법 차가워서 커피를 주문하여 천천히 음미하듯이 마셨다. 그러는 동안 사람들이 점점 많아졌다. 군악대가 도착하여 음을 맞추고, 의장대가 사열 연습을 하는 소리가 들려왔다.

'우덕순이 이토 히로부미를 저격하지 못했어.'

안중근은 이토 히로부미가 특별열차를 타고 하얼빈으로 달려오고 있는 것이 분명하다고 생각했다. 우덕순이 실패했으니 자신이 반드시 성공해야 한다고 생각했다.

'이번에 기회를 놓치면 다시는 기회가 없을 것이다.'

안중근은 비장하게 입술을 깨물었다.

'이토 히로부미, 오늘이 너의 제삿날이 될 것이다.'

안중근은 시간이 흐를수록 긴장하기 시작했다. 안중근은 품속에 있는 권총을 가만히 만지작거렸다. 그 묵직하고 차가운 감촉에 저절로 몸이 떨렸다.

'나는 동양의 평화를 위해 이토 히로부미를 처단하는 거야.'

안중근은 나약해지는 마음을 떨쳐버리기 위해 고개를 세차게 흔들었다. 흔들리거나 비겁해지면 천추의 죄인이 되는 것이다. 가슴속에 있는 총을 가만히 움켜쥐었다.

그때 열차의 기적이 길게 울리고 다방이 갑자기 소란스러워졌다. 안중근은 열차가 마침내 역 구내로 들어오고 있다고 생각했다. 이제는 머뭇거리고 있을 시간이 없었다.

안중근은 주위를 살피면서 다방에서 나와 환영인파가 몰려 있는 플랫폼으로 갔다. 시간이 흐를수록 많은 사람들이 몰려들어 하얼빈 역은 인산인해를 이뤘다. 이토 히로부미가 거물 정객이기 때문에 하얼빈에 주재하는 각국 영사를 비롯하여 일본의 고위 관리와 러시아 관리까지 나와 러시아 국기와 일장기를 흔들어댔다.

안중근은 일본인들 틈에서 기다렸다. 그때 기적이 길게 울리면서 특별열차가 플랫폼으로 들어오는 것이 보였다. 열차의 덜컹대는 굉음에 섞여 사람들이 환호성을 질러대고 군악 소리가 하늘 높이 울려 퍼졌다.

'저자는 남의 나라를 침략하는 악마인데 어찌하여 뭇사람들이 환영하는가. 이는 세상에 정의가 없기 때문이다.'

안중근은 군중이 이토 히로부미를 환영하는 소리를 듣고 분노가 치솟았다.

드디어 열차가 플랫폼에 멎었다. 안중근은 이마에서 흘러내리는 땀방울을 주먹으로 훔쳤다. 러시아 재무장관 코코프체프와 수행원들이 열차에 올라가 이토 히로부미를 맞이하여 내려왔다. 그 시간이 5분쯤 걸렸는데 안중근에게는 억겁의 세월이 흐르는 것처럼 길게 느껴졌다.

플랫폼에 러시아 의장대가 양쪽으로 도열한 가운데 군악을 연주했고, 흰 수염을 길게 늘어뜨리고 지팡이를 짚은 작달막한 노인이 일본인 관리의 에스코트를 받으며 나와 군중을 향해 손을 흔들었다.

'염치도 없는 늙은이야, 네 어찌 개명천지를 횡행하느냐?'

안중근은 품속에서 권총을 꺼내 노인을 겨누었다. 노인의 풍채나 사람들이 에워싼 것으로 보아 이토 히로부미가 분명하다고 생각했다.

'너는 대한제국의 원수다, 내 총을 받아라!'

안중근은 흰 수염의 노인을 향해 잇달아 방아쇠를 당겼다.

탕, 탕, 탕.

요란한 총성이 잇달아 세 번 울리면서 노인이 가슴을 움켜쥐었다. 장내는 순식간에 아수라장으로 변했다. 노인이 가슴을 움켜쥐고 쓰러지는 것이 보였다. 안중근은 그순간 멈칫했다.

'저자가 이토 히로부미가 아니라면?'

안중근의 머릿속으로 그런 생각이 번개처럼 스치고 지나갔다. 안중근은 노인의 뒤에 의젓하게 서 있던 일본인을 향해 권총 네 발을 잇달아 쏘았다. 그러자 또다시 사람들이 비명을 지르면서 흩어졌다.

'저자들이 일본 관리라도 죽여선 안 된다. 나는 침략의 원흉만 죽일 뿐이다.'

안중근이 잠시 머뭇거리는 사이, 뜻밖의 사태에 넋을 잃고 있던 러시아 장교들이 재빨리 그를 덮쳤다.

"우레 코레아!"

안중근은 헌병들이 덮치자 역두에 있는 사람들이 모두 들을 수 있도록 러시아 말로 대한제국 만세를 크게 세 번 외치고 순순히 체포되었다. 이토 히로부미는 가슴에 피를 홍건히 적시며 바닥에 쓰러졌다.

15가지의 죄

1909년 10월 26일 이토 히로부미는 안중근에 의해 하얼빈 역에서 사살되었다.

안중근은 즉각 러시아 헌병대에 체포되었다. 검찰관의 예비검문을 받을 때는 당당하게 자신이 이토 히로부미를 저격한 이유를 밝혔다. 러시아는 안중근의 신병을 일본인들에게 넘겨주었고 안중근은 여순 감옥에서 재판을 받았다.

첫 번째 대한제국의 명성황후를 시해한 죄, 두 번째 대한제국 황제를 강제로 폐위시킨 죄, 세 번째 을미5조약과 정미7조약을 강제로 체결한 죄, 네 번째 무고한 조선인을 학살한 죄, 다섯 번째 정권을 강제로 빼앗은 죄, 여섯 번째 철도, 광산, 산림, 천택을 강제로 탈취한 죄, 일곱 번째 제일은행 지폐를 강제로 사용하게 한 죄, 여덟 번째 대한제국 군대를 강제로 해산한 죄, 아홉 번째 대한제국의 교육을 방해한 죄, 열 번째 조선인의 외국 유학을 금지한 죄, 열한 번째 교과서를 압수하여 불태운 죄, 열두 번째 조선인이 일본의 보호를 받고 싶어 한다고 전 세계에 거짓 선전한 죄, 열세 번째 조선과 일본 사이에 전쟁이 끊이지 않는데 조선이 태평무사하다고 천황에게 거짓말한 죄, 열네 번째 동양 평화를 깨뜨린 죄, 열다섯 번째 일본 천황의 아버지 태황제를 시해한 죄다.

안중근은 재판 과정에서 당당하게 이토 히로부미의 열다섯 가지 죄목을 밝혀 일본인 재판관들마저 숙연하게 만들었다.

전 세계 언론은 그의 의거를 상세하게 보도했고 중국인들은 그들이 하지 못한 일을 안중근이 했다면서 영웅이라고 칭송했다.

안중근은 1910년 3월 26일 여순 감옥에서 처형당했다.

한국 최초의 여의사는
누구인가?

조선에 들어온 선교사들은 선교 외에 학교를 설립하여 아이들을 가르쳤다. 그들이 조선에 처음 들어왔을 때 조선인 대부분이 문맹이었다. 남자 중에 선비라는 일부 계층이 한문으로 공부를 했으나 여자들은 부귀해도 공부를 하지 않았다. 선교사들은 조선인의 의식을 바꾸기 위해 교육을 해야 한다고 생각했다. 서구 열강으로부터 위협을 받는 조선을 구하기 위해서는 교육이 급선무였다. 그러나 서양문화를 접한 일이 없는 조선인을 교육하는 것은 어려운 일이었다. 특히 여성의 교육은 더욱 어려웠다.

여학교가 설립되다

"여자들이 공부하는 학교를 설립해야겠어요."

선교사 메리 스크랜튼이 조선인들에게 말했다.

"학교요? 서당 말입니까?"

"학교는 서당과 조금 달라요. 영어와 수학, 과학을 공부할 거예요."

메리 스크랜튼이 말했으나 조선인들은 여자가 공부를 해서 무얼 하느냐고 퉁명스러운 반응을 보였다.

'여자들도 배워야 해.'

선교사들은 학교를 설립하는 방법을 연구하기 시작했다. 조선인들은 서양인들이 세우는 학교를 좋아하지 않았고 유학 외에는 배울 필요가 없다고 생각하고 있었다.

관립학교인 육영공원이 설립되었을 때는 남자들도 입학을 하려고 하지 않아 고종이 관리의 자제들을 입학시키라는 왕명을 내렸을 정도였다. 서양을 오랑캐로 인식하고 있던 조선인들이 육영공원이 설립되었는데도 입학을 하지 않은 것이다.

메리 스크랜튼은 1886년 5월 정동에 있는 자신의 집에서 학생들을 모집하여 가르치기 시작했다. 1년 후에는 고종황제가 이화학당이라는 이름을 지어주기까지 했다. 이화학당은 학교 근처에 배꽃이 활짝 피었기 때문에 붙인 이름이었다.

"학교를 설립해도 학생들이 오지 않는군요."

이화학당은 여성학교였으나 입학생이 없었다. 그 바람에 고아와 기생들, 그리고 기독교와 관련 있는 사람의 자녀만 다니고 있었다.

처음에는 세 명의 여학생으로 시작했고 1887년에는 18명, 1893년에는 30명으로 늘었다.

선생님 집에서 심부름하던 소녀

김정동은 10세 때부터 메리 스크랜튼의 집에서 심부름을 하던 소녀였다. 총명하고 예뻐서 메리 스크랜튼의 사랑을 받았는데, 김정동은 그녀에게서 많은 영향을 받았다.

"정동이."

하루는 메리 스크랜튼이 김정동을 불렀다.

"네?"

"이제부터 학교에 나와요."

메리 스크랜튼은 이화학당을 설립하고 곧바로 김정동을 학교에 다니게 했다.

김정동은 이화학당에 다니면서 교회를 다니고 메리 스크랜튼의 집에서 일을 하면서 자연스럽게 영어를 익혔다. 조선인인 김정동의 눈에 선교사들의 삶은 신기했고 그들과 같은 삶을 살고 싶었다. 때때로 그들이 미국 이야기를 할 때는 눈을 반짝이면서 귀를 기울였다.

'미국에 가보았으면 좋겠다.'

그녀는 선교사의 영향을 받아 교리를 배우고 성서도 읽었다. 한가한 시간에는 조용히 기도하면서 예수의 은총이 충만하기를 빌었다.

김정동은 1891년 1월 25일 올링거 목사로부터 에스터라는 이름으로 세례를 받았다.

"에스터는 영어를 잘하는군요. 우리 병원에서 통역을 해주세요."

부인병원에서 일하는 여자 선교사 로제타가 김정동에게 말했다. 로제타는 의료 선교사로 1890년 조선에 와서 부인병원에서 일을 하고 있었다. 그때 그녀의 나이는 25세였다.

조선에는 최초의 서양식 병원인 제중원이 있었으나 여자들은 병이 있어도 찾지 않았다. 서양인과 말을 하는 것도 어려운데 남자 의사에게 진찰을 받는 것은 더욱 두려웠다. 그리하여 감리교회 쪽에서 부인병원을 설립하여 치료를 하기 시작했는데 로제타가 처녀의 몸으로 조선에 와서 의료 선교를 하고 있던 중이었다.

"통역이요?"

김정동이 놀라서 물었다.

"우리는 조선말을 할 줄 몰라요. 그러니 조선의 환자들과 통역을 해주고 병원 일을 좀 거들어줘요."

"네. 그렇게 할게요."

김정동은 흔쾌히 승낙했다. 김정동의 나이 불과 15세였을 때였다. 그녀는 로제타에게 여자 환자의 말을 통역해 주었다. 처음에는 단순하게 통역이나 하고 병원의 허드렛일을 하는 것으로 생각했으나 일이 점점 많아졌다. 주사를 놓는 것을 배우고, 처방전을 쓰고, 약을 조제하는 일을 하게 되었다.

로제타는 조선에 의료 선교사로 온 윌리엄 홀과 결혼을 했다. 교회에서 올린 그들의 결혼은 아름다웠다. 드레스를 입은 로제타 홀은 천사처럼 예뻤다.

"너도 이제 시집을 갈 나이가 되었다."

로제타 홀이 결혼한 지 1년쯤 지났을 때부터 아버지 김홍택과 어머니가 걱정하기 시작했다.

"아버지, 저는 마음에 없는 사람과 결혼하고 싶지 않아요."

김정동은 가슴이 철렁하여 얼굴을 찌푸렸다. 김정동은 자신의 결혼 문제를 로제타 홀과 상의했다.

"그럼 내가 중매를 설까요?"

김정동은 로제타 홀의 중매로 박유산과 결혼했다. 박유산은 그녀보다 나이가 열 살이 더 많았으나 성실한 청년이었다. 김정동은 혼인을 한 뒤에도 병원에서 열심히 일했다. 선교사인 윌리엄 홀과 로제타 홀 부부는 성실하고 근면한 김정동을 좋아했다.

"에스터는 착하고 성실해요."

로제타 홀은 김정동을 항상 칭찬했다. 김정동은 남편의 도움을 받으면서 선교 활동과 의료 활동을 계속했다. 그녀는 로제타 홀 부부가 병자들을 위해 자신의 몸을 돌보지 않고 헌신하는 것을 보고 깊은 감동을 받았다. 로제타 홀은 여자인데도 수많은 조선 사람들을 치료했다. 심지어 열여섯 살의 소녀가 화상을 입어 병원으로 오자 자신의 피부까지 이식해 치료를 해주었다.

'로제타 홀은 천사와 같은 여자다.'

김정동은 로제타 홀이 조선인 환자들을 치료하는 것을 보고 자신도 의사가 되겠다고 결심했다. 로제타 홀 부부는 선교를 위해 평양으로 갔고 김정동 부부도 따라갔다.

서양인 여자가 조선에서 활동하는 것은 어려운 일이었다. 조선인들은 서양인을 조선을 침략하는 오랑캐로 생각했다. 로제타 홀 부부에게 돌을 던지기도 하고 욕을 하기도 했다. 로제타 홀은 조선인들의 핍박을 받으면서도 선교를 하고 치료를 해주었다.

미국에서 의술을 배우다

조선은 풍전등화의 위기에 있었다. 1894년 청일전쟁이 일어나자 평양에서 일본군과 청나라군의 치열한 전투가 벌어졌다. 그때, 로체타 홀은 남편과 함께 부상자들을 치료했으나 남편이 갑자기 병으로 죽었다.

로제타 홀은 하늘이 무너지는 듯한 충격을 받았다. 그녀의 배 속에는 유복자가 있었다.

로제타 홀은 남편이 죽자 미국으로 돌아가기로 했다.

"에스터, 에스터는 의사가 되고 싶나요? 나는 아이를 키워야 하기 때문에 미국으로 돌아가야 돼요. 조선에는 조선인 의사가 필요해요."

로제타 홀이 김정동에게 물었다.

"네. 저는 의사가 되고 싶어요."

김정동은 남편 박유산과 상의하여 대답했다.

"그럼 미국에 가서 공부를 해야 돼요."

"미국에 가고 싶지만 어떻게 가요?"

"그건 내가 도와줄게요."

로제타 홀은 1894년 미국으로 귀국하면서 김정동 부부를 데리고 갔다. 여비는 미국 감리교회 선교회로부터 받았다. 김정동은 미국으로 가면서 미국 식으로 남편의 성을 따라 박에스터로 이름을 바꾸었다.

박에스터는 처음부터 곧바로 대학에 들어갈 수 없었다. 그녀는 고등학교 과정을 공부하지 않았던 것이다.

1895년 박에스터는 뉴욕공립학교에 입학하여 고등학교 과정을 밟았다. 남편 박유산이 그녀를 헌신적으로 도왔다. 박에스터는 학교에 다니면서 뉴욕의 유아병원에 취업하여 돈을 벌었다. 그러나 공부를 하면서 돈을 버는 것은 여간 어려운 일이 아니었다.

'나는 반드시 의사가 될 거야.'

박에스터는 의사가 되겠다는 생각을 버리지 않았다.

1896년 10월 1일 박에스터는 고등학교를 졸업하고 마침내 볼티모어 여자의과대학에 입학했다. 볼티모어 의과대학은 훗날 존스홉킨스 대학이 된다.

볼티모어 의과대학은 그녀가 입학했을 때 처음으로 4년제 학부과정이 도입되어 수업이 더욱 어려워졌다. 지금처럼 전문의 시대가 아니었기 때문에 기초의학부터 모든 전문 과목을 이수해야 했다.

박에스터가 의학공부에 열중하고 있을 때 남편이 갑자기 폐결핵을 앓기 시작했다. 그녀는 의학 공부를 하며 생활비를 벌면서 남편의 병간호까지 했다. 그러나 박에스터의 노력에도 불구하고 박유산은 그녀의 졸업시험 3주 전에 사망했다.

'머나먼 미국 땅에 와서 세상을 떠나다니……'

박에스터는 통곡을 하고 울었다. 조선에서 머나먼 미국까지 와서 온갖 고생을 하다가 죽은 남편의 삶이 너무나 초라하고 비통했다. 그녀는 슬픔 속에서도 졸업시험을 보고 우수한 성적으로 졸업하여 학사 자격증을 취득했다.

'내가 의사가 된 것도 모르고 이역 땅에 묻혀 있으니…….. 나는 당신을 데리고 갈 수도 없어요. 내가 없는 미국에서 외로워서 어떻게 해요? 귀신이 있다면 나를 따라 조선으로 가요.'

박에스터는 남편의 무덤 앞에서 오랫동안 울었다.

조선 최초의 여의사가 되다

1900년 10월 박에스터는 박유산의 위패를 가슴에 안고 조선으로 돌아왔다. 미국 감리교 해외여성선교회의 선교사 자격이었다. 박에스터는 로제타 홀이 의료사업을 펼치고 있던 평양의 광혜여원에서 의사로 활약했다. 그의 외과 수술이 탁월하여 사람들은 귀신이 재주를 부린다고까지 했다.

박에스터는 병원에만 있지 않았다. 그녀는 시골 구석구석까지 찾아다니면서 치료를 했다. 그녀의 머릿속에는 정신적 스승인 로제타 홀이 자리 잡고 있었다.

1903년 한국에 콜레라가 몰아쳤다. 박에스터는 평안도와 황해도의 구석진 촌락까지 다니면서 무료 진료를 하고 위생 강연을 했다.

"박에스터는 선녀와 같은 여인일세."

치료를 받은 환자들은 감격하여 수없이 머리를 조아렸다. 가난한 농민들은 돈이 없었기에 병을 치료해도 약값을 받을 수 없었다. 그들은 치료가 끝나면 마을 어귀까지 전송을 하면서 감자와 보리쌀, 옥수수 같은 것을 자루에 담아 주었다.

'이 사람들이 모두 학교에서 교육을 받아야 하는데…….'

박에스터는 조선의 농촌 사람들이 배움이 부족하다고 생각했다. 나라에서 학교를 세우고 교육을 해야 한다고 생각했으나 대한제국은 빠르게 멸망해 가고 있었다.

1905년 을사조약으로 주권이 일본으로 넘어갔다. 박에스터는 사람들이 통곡하는 것을 보고 가슴이 아팠다.

'내가 할 일은 선교와 의술이다.'

박에스터는 주말에는 교회에서 일을 하고 평일에는 치료를 했다.

1910년 박에스터는 남편 박유산처럼 폐결핵에 걸려 4월 13일 세상을 떠났다. 그녀의 나이 불과 34세였다. 그녀가 조선에서 의술을 펼친 것은 불과 10년밖에 되지 않으나 상록수와 같은 여인으로 남았다.

한일합병은
어떻게 이루어졌나?

조선은 1392년 태조 이성계에 의해 건국되었다. 500년을 면면하게 이어왔으나 19세기 서구 열강의 등장에 효과적으로 대처하지 못해 망국의 길을 걷게 되었다. 고종이 재위에 있던 기간은 44년이었으나 개화의 물결이 도도하게 밀려오고 일본의 침략이 거세어지면서 백척간두에서 갈피를 잡지 못했다.

헤이그 사건으로 고종이 황태자에게 황위를 물려주었고, 황태자 척은 즉위하여 순종이 되었다. 그러나 그는 이미 국권을 상실한 대한제국의 꼭두각시 황제에 지나지 않았다.

1910년 한성의 인구는 16만 명이었고 일본은 2만 6,000명이었다. 일본인들이 6분의 1이나 될 정도로 급속하게 밀려와 한성이 일본화 되어 갔다.

이 해는 날씨도 좋지 않았다. 1월에 혹독한 한파가 몰아쳐 하룻밤 사이에 40여 명이 얼어 죽었다.

군대와 경찰 해산

일본은 고종을 퇴위시킨 뒤에 7월 24일에 정미칠조약을 강제로 체결하여 한국의 내정권마저 장악했다. 7월 27일에는 언론 탄압을 목적으로 한 광무보안법을 공포하여 한국인의 항일 활동을 한층 탄압하고 8월 1일부터는 한국군을 강제 해산하기 시작했다.

군인으로서 나라를 지키지 못하고 신하로서 충성을 다하지 못하였으니, 만 번 죽은들 무엇이 아깝겠는가.

박승환 참령은 시위연대 제1대대 대대장이었다. 일본군이 한국군을 해산하기 위해 대대장 이상을 일본사령부로 불러 연금했을 때 병을 핑계로 나가지 않고 있다가 "군불능수국 신불능진충 만사무석(軍不能守國 臣不能盡忠 萬死無惜)"이라는 글을 남기고 권총으로 자결했다.

"박승환 참령이 자결했다. 박 참령을 따라 죽을 사람이 누구인가?"

부위 남상덕이 비분강개하여 소리를 질렀다.

"우리 모두 박 참령의 뒤를 따를 것입니다."

병사들이 총을 흔들면서 외쳤다. 남상덕은 병사들을 이끌고 일본군과 치열하게 싸웠으나 전사했다.

고종의 강제 퇴위와 한국 군대의 해산으로 인해 정미의병이 일어났다. 정미의병에는 강제 해산을 당한 한국군이 포함되어 있어서 대일 전면전으로 확대되었다. 이에 일본은 '남한대토벌작전'을 벌여 수많은 의병을 학살했다. 의병들은 조선을 떠나 만주와 연해주로 망명하여 독립운동을 전개했다.

일본은 군대를 해산한 뒤에 10월에는 경찰권마저 빼앗았다.

매국노들의 경쟁

1910년 5월 육군대신 출신의 데라우치 통감이 부임했다. 그는 한국을 일본에 합병시키려는 음모를 가지고 왔다. 데라우치가 한일합병을 할 것이라는 사실을 눈치챈 송병준과 이완용은 일본에 충성경쟁을 펼치기 시작했다.

일본 내각은 일진회 고문 스기야마 시게마루에게 '병합청원' 시나리오를 준비시켰다. 조선인들이 일본에 병합되기를 원한다는 터무니없는 내용이었다.

송병준은 1909년 2월 일본으로 건너가 이토 히로부미를 만나 자신이 조선을 합병시키겠다고 역설했다. 그는 가츠라 타로 총리대신 등 일본 정계의 실력자들을 만나 이를 설득했다.

이완용은 송병준의 매국 활동을 눈치채고 자신의 내각이 한일합병 조약을 맺게 할 수 있다고 통감부에 알렸다.

"한국 내각이 붕괴되어도 우리보다 더 친일적인 내각이 나올 수 없다."

한일합병을 추진하기 위해 일본은 나남, 청진, 함흥, 대구 등에 주둔하고 있던 일본군을 야음을 틈타 비밀리에 한성으로 이동시켰다. 조약 체결일인 8월 22일 지방에서 올라온 일본군과 용산에 주둔하고 있던 제2사단이 한성의 요소요소에 배치되어 삼엄하게 경비를 섰다.

8월 22일 데라우치 통감은 한일합병을 하도록 이완용에게 지시했다. 학부대신 이용직은 나라를 팔아먹을 수 없다면서 반대를 하다가 쫓겨났다. 이완용과 송병준은 다투어 일본에 충성 경쟁을 하면서 순종을 협박하여 합병안에 조인했다.

한국 황제 폐하와 일본국 황제 폐하는 두 나라 사이의 특별히 친밀한 관계를 고려하여 상호 행복을 증진시키며 동양의 평화를 영구히 확보하자고 하며 이 목적을 달성하고자 한국을 일본국에 병합하는 것이 낫다는 것을 확신하고 이에 두 나라 사이에 합병 조약을 체결하기로 결정하였다.

이를 위하여 한국 황제 폐하는 내각 총리대신 이완용을, 일본 황제 폐하는 통감인 자작(子爵) 사내정의(寺內正毅, 데라우치 마사타케)를 각각 그 전권 위원으로 임명하는 동시에 위의 전권 위원들이 공동으로 협의하여 아래에 적은 모든 조항들을 협정하게 한다.

1. 한국 황제 폐하는 한국 전체에 관한 일체 통치권을 완전히 또 영구히 일본 황제 폐하에게 양여한다.

2. 일본국 황제 폐하는 앞 조항에 기재된 양여를 수락하고, 완전히 한국을 일본 제국에 병합하는 것을 승락한다.

3. 일본국 황제 폐하는 한국 황제 폐하, 태황제 폐하, 황태자 전하와 그들의 황후, 황비 및 후손들로 하여금 각기 지위를 응하여 적당한 존칭, 위신과 명예를 누리게 하는 동시에 이것을 유지하는 데 충분한 세비를 공급할 것을 약속한다.

4. 일본국 황제 폐하는 앞조항 이외에 한국 황족 및 후손에 대해 상당한 명예와 대우를 누리게 하고, 또 이를 유지하기에 필요한 자금을 공여할 것을 약속한다.

5. 일본국 황제 폐하는 공로가 있는 한국인으로서 특별히 표창하는 것이 적당하다고 인정되는 경우에 대하여 영예 작위를 주는 동시에 은금(恩金)을 하사한다.

6. 일본국 정부는 앞에 기록된 병합의 결과로 완전히 한국의 시정을 위임하여 해당 지역에 시행할 법규를 준수하는 한국인의 신체 및 재산에 대하여 전적인 보호를 제공하고 또 그 복리의 증진을 도모한다.

7. 일본국 정부는 충실하게 새 제도를 존중하는 한국인으로 적당한 자금이 있는 자를 사정이 허락하는 범위에서 한국에 있는 제국 관리에 등용한다.

본 조약은 한국 황제 폐하와 일본 황제 폐하의 재가를 받은 것이
므로 공포일로부터 이를 시행한다.

위 증거로 삼아 양 전권위원은 본 조약에 기명 조인함.

융희 4년 8월 22일 내각총리대신 이완용
메이지 43년 8월 22일 통감자작 데라우치 마사타케

8월 22일 대한제국 총리대신 이완용과 조선 통감 데라우치는 합병조약을 조인했다. 합병조약의 공포는 8월 29일에 이루어져 이를 경술국치(庚戌國恥)라고 부른다.

일본은 한일병합을 한 뒤에 통감부를 폐지하고 총독부를 설치했다. 이렇게 하여 길고 암울한 일제강점기가 시작되었다.

한일합병이 선포되자 조선인들은 통곡했다. 을사늑약으로 주권을 빼앗긴 것도 억울한데 한일합병으로 나라가 완전히 없어지자 비분강개한 충의지사들이 잇달아 목숨을 끊었다. 그러나 이완용과 송병준, 이용구와 같은 매국노들은 일왕으로부터 작위를 수여받고 막대한 자금을 하사받았다.

《매천야록》을 쓴 황현은 아편을 복용하고 목숨을 끊으면서 절명시를 남겼다.

백발이 성성한 나이에 나라가 망하게 되니

몇 번이나 목숨을 끊으려고 해도 그러지 못했고

오늘에 이르러 더 이상 살 수가 없도다

요망한 기운에 밀려 나라의 별이 떨어지고

옛 궁궐은 무너지고 글은 느려터져

이제는 따를 조칙마저 다시 없겠구나

한일합병, 혹은 한일병탄으로 불리는 조약으로 대한제국은 역사에서 사라졌다. 고종은 이태왕으로, 순종은 이왕으로 강등되었다. 일본은 조선통감부를 조선총독부로 바꾸고 조선을 다스리기 시작하여 길고 암울한 일제강점기가 시작되었다.